JN016023

Sorcières

La puissance invaincue des femmes

女性たちの不屈の力

モナ・ショレ 著　いぶきけい 訳

国書刊行会

魔女
――女性たちの不屈の力

SORCIÈRES–LA PUISSANCE INVAINCUE DES FEMMES
by Mona Chollet

© Éditions La Découverte, Paris, 2018.
Zones est un label des Éditions La Découverte.
Japanese translation rights arranged with Mona Chollet
c/o Éditions La Découverte, Paris
through Tuttle-Mori Agency, Inc., Tokyo.

謝辞

ギヨーム・バルー、アクラム・ベルカイド、オットー・ブルーン、イリナ・コツェリ、トマ・デルトンブ、エレオノーラ・ファレッティ、セバスチャン・フォントネル、アラン・グレシュ、マッドメグ、エマニュエル・モープティ、ダリア・ミシェル・スコッティ、ジョイス・A・ナシャワティ、ジュヌヴィエーヴ・セリエ、マイテ・シモンチーニ、シルヴィ・ティソ、ラエリア・ヴェロンに感謝します。関連書の紹介、記事のリンクおよび切り抜き、議論、励ましなどで、ご協力いただきました。とはいえ、当然のことながら、すべての責任は著者にあります。

セルジュ・アリミは、本書を執筆するためにサバティカル休暇の取得を許可してくださいました。

心からの感謝を、カティア・ベルジェ、ドミニク・ブランシェ、フレデリック・ル・ヴァンに。原稿を読んで、適切なアドバイスをいただきました。

ゾーン叢書の編集者グレゴワール・シャマユーにもお礼を。

最後に、トマ・ルマイユにあらためて感謝を捧げます。

目次

本文中の（　）は著者および原著の表現に準じ、［　］は訳者によるものです。

編集部

「あなたが女性で、
ためらうことなく自分と向き合うことができるならば、
WITCHに加入する必要はありません。
すでにあなたは魔女の一員なのですから」
——地獄から来た国際女性テロリスト陰謀団
（Women's International
Terrorist Conspiracy from Hell：WITCH）の声明
1968年、ニューヨーク

あとを引き継ぐ者たちへ

はじめに

魔女といえば、ウォルト・ディズニーの映画『白雪姫』が当然のように思い出される。黒い頭巾の下のつやのない灰色の髪、いぼのある鉤鼻、唇を引きつらせ、バカみたいに笑ったときに覗く一本しかない歯、目の上のボサボサの眉毛といった容貌が、不吉な印象をさらに強めている。けれども、わたしが子どものころ、いちばんのお気に入りは北欧の想像上の国で暮らす魔女フラクサだった。

フラクサは、スウェーデンの児童文学作家マリア・グリーペ（一九二三—二〇〇七）の『忘れ川をこえた子どもたち（*The Glassblower's Children*）』[1]の登場人物で、リンゴの木かげに建つ丘の上の一軒家に住んでいる。くっきりと空高くそびえるリンゴの老木が遠くからでもよく見える、のどかで美しい風景なのに、近隣の村の者は近づこうとしない。なぜなら、かつてそこは刑場だったから。夜には窓に灯りがともり、飼っている片目の大ガラス（知恵の泉に片方の目を落としたという）クローケに話しかけながら、フラクサは日がな一日カーペットを織っている。魔女がもつ力以上に、わたしを惹きつけたのはフラクサが放つオーラだった。穏やかで深淵なる、未来を予見することのできる不思議な力。

物語で描写されるフラクサのなんて素敵なこと――「フラクサ〔「はためく」の意〕という呼び名は、このおばあさんがいつも、大きなケープのついた、あい色の大マントを着てあるいていることからついた。縁がぎざぎざの、ゆったりとしたケープは、大きなつばさのように肩をつつんで『はためいて』いた。頭には、なんとも奇妙な帽子をかぶっている。スミレ色の小高い帽子の山にチョウが何匹もかざってあって、すそは、ぐるりと花にかこまれ、つばがベルのような形に大きく張り出していた」。道でフラクサとすれちがった人は、その青い目でみつめられると、身動きができなくなる。「その目はしょっちゅう変わり、人びとに対して威力を発揮したからだ」。のちにわたしがファッションに興味をもつようになったとき、山本耀司の圧倒的なクリエーションに惹かれたのは、おそらく幼いころのフラクサのイメージがあったからだろう。ゆったりとした服、大きな帽子……、いわばこの布製の避難所は、女の子は最大限肌を露出して体のラインを強調するという、当時支配的だったファッションの対極にあった。[2] 記憶の底のおまもりのように、フラクサはスケールの大きな女性が秘めている可能性を記憶に残してくれた。

村人のことを案じてはいても親しく交わることはない、フラクサの孤独な生活にもあこがれた。マリア・グリーペは書いている――「この丘のふところに守られている形で、村があった」。魔女の織るカーペットは普通ではなかった。「フラクサはくる日もくる日も機にむかい、村人や村の生活にすこしずつ思いをはせていた。そんなある日、人びとの身の上に何が起こるか、自分にもわかることを発見したのだった。手の下でしだいにおりあがっていくカーペットの模様から、それがわかるのである」。めったにないことだが、村の通りでフラクサを見かけると（会ってもたちまち姿を消してしまう）、その人には何かいいことがあった。ほんとうの名前はだれも知らなかったが、フラクサの下の名前は「ミルドヴェーデル」で、「雪どけ日和」という意味だった。冬のあいだ、一度も外に出ることはなかったが、その日が「たとえ零下三〇度の寒さでも」、「フラクサの出現は、春のしるしとしていちばん確かなものだった」。

『ヘンゼルとグレーテル』や『ムフタール通りの魔女』に登場する魔女、ロシア民話でおなじみのバーバ・ヤガー（鶏の足の上に建つ丸太造りの家にうずくまっている）は人を怖がらせたが、幼いわたしはいやがるどころか、目を輝かせてお話を読みふけったものだ。想像がふくらみ、歓びに全身が震え、冒険心がめざめ、もうひとつの世界に通じる扉が開かれる。小学生のとき、授業中、子どものことなど何もわかっていない教師と向き合って過ごさなくてはならなかった反動からか、休憩時間になるとクラスメートと校庭の茂みに住んでいた女性を取り囲んだもので、それはほとんど脅しに近かった。突然、自分はなんでもできるような気がして、人畜無害のかわいらしさや、たわけたやさしさだけが女性に許された未来ではないと感じた。この目がくらむような感覚がなかったら、子ども時代は味気ないものに終わっていたことだろう。けれども、フラクサを知ってからというもの、魔女に対する肯定的なイメージは決定的になった。悪い奴らを打ち負かし、最後に勝利を収めるのは魔女のほう。一九六〇年代に登場した女性版スーパーヒーロー、ファントメットからは、自分を見下す敵に仕返しをする喜びをもらった。しかも、黄色いチュニックと黒いスパッツ姿のファントメットは優れた運動能力ではなく、機転によって問題を解決するのだ――やれやれ、幸いなるかな、わたしは運動が大嫌い。わたしはフラクサを通じて、女性であることはひとつの強みだと考えるようになる（それまでは、漠然とその反対だと思っていた）。以来、「魔女」という言葉に出会うたびに、ますます強く惹きつけられ、これこそがわたしの力だと告げられているように感じた。「魔女」の周囲には、エネルギーが渦巻いている。地に足のついた智慧、生命力、積み重ねられた経験……、知識がないがしろにし、排除してきた分野だ。一生を通じてたゆまず磨いてきた技、ひたむきに身を捧げてきた技術は、そのために傾けてきた情熱の賜物にすぎないけれど、身を護る武器になる。魔女は、あらゆる支配、あらゆる限界を乗り越えた女性の象徴、めざすべき理想、指針なのだ。

過去の犠牲者ではなく、現代社会の犠牲者

子どものころ、わたしを取り囲む文化で魔女といえば、度を越したファンタジーと超能力を駆使するヒロインがつきもので、それが誤解だと気づくには驚くほど長い時間を要した。想像力の起爆剤、または名誉称号になる以前、「魔女」は卑劣の極み、嘘のかたまりで、それゆえ数万人もの女性が拷問を受け、命を絶たれてきた。おもに一六世紀から一七世紀にかけてヨーロッパで猛威を振るった魔女狩りは、民衆の意識のなかで奇妙な位置を占めている。サバトに行った、夜、ほうきに乗って空を飛んだ、悪魔と性的に交わる契約をした等々、魔女裁判が根拠としたのは常軌を逸した告発ばかり。こうした告発のせいで被疑者は非現実の世界に連れてゆかれ、「歴史」的事実に基づいているかどうかは問われない。マルタン・ル・フランの長編詩『女性の擁護者』（一四四一―一四四二）の手書き原稿の余白に描かれた、ほうきで空を飛ぶ魔女は、史上初の魔女の表象として知られているが、今日、あらためてその絵を見ると、おどけた姿で深刻なところは何もない。ティム・バートンの映画から飛び出してきたような、だれもが知っている『奥さまは魔女』のような、ハロウィンの飾りのような、そんな感じ。ところが、この絵が描かれた一四四〇年ごろから、魔女にとって受難の時代が始まる。サバトの起源について、フランスの歴史家ギィ・ベシュテルは言う――「この偉大な詩によって、多くの人が殺された[3]」。他方、レイプに関する事実は、激しい動揺をもたらすこともあり、サド的イメージのうちに埋没してしまったようだ。

二〇一六年、ベルギーのサン＝ジャン＝ド＝ブルージュ美術館で、「ブリューゲルの魔女」と題する美術展が開かれた。このフランドルの大家は、魔女をテーマとする絵を初めて描いたとされ、会場のパネルには街の広場で魔女として火刑に処された数十名の女性たちの名が記されていた。「現在ブルージュ市に住む人の多くがパネルに書かれた魔女と同じ姓を名乗っていますが、この展覧会を訪れるまで、自分が魔女として糾弾された女性の子孫だとは思ってもみなかったことでしょう」――美術館長は、笑顔でそう語っている。(4) 根拠のない主張に基づき処刑された無実の女性が祖先にいたところで別段大したことではない、そう友だちに話しているかのようだ。ここで、疑問が生まれる――過去の犯罪のうち、こんなふうに笑って話せる集団的犯罪があっただろうか。

家族全員を打ちのめす、人びとのあいだに恐怖を巻き散らす、ある種の行為や習慣を許さず容赦なく弾圧する……、魔女狩りは現在わたしたちが生きている世界の形成になんらかの形で影響を及ぼしており、それがなければ、わたしたちは今と違った社会で生きている可能性がある。魔女狩りの歴史をたどることは、そのとき何が選択され、何が強要され、その後、社会がどのような方向に進むことになったのか、多くのことを教えてくれる。なのにわたしたちは、それと正面から向き合おうとはせず、歴史上の事実であることは認めても、敬遠し、かかわらないようにしてきた。魔女狩りがあったのは中世という、遠い昔の蒙昧な時代であり、自分とは関係がないと多くの人が考えたのだ。しかし実際には、魔女狩りが大々的におこなわれたのはルネサンス期で、一四〇〇年ごろに始まり、一五六〇年以降に拡大、一八世紀末になっても、まだ魔女の処刑はおこなわれていた

（一七八二年、スイス・グラールス州でアンナ・ゲルディが「ヨーロッパ最後の魔女」として処刑されている）。「魔女は現代社会の犠牲者であり、過去の犠牲者ではない[5]」と、ギィ・ベシュテルは書いている。

迫害についても同様だ。迫害は狂信的で倒錯した異端審問官による集団的犯罪と考えられがちだが、宗教裁判所のターゲットはあくまで異端者。迫害の対象となった魔女の数は限られており、有罪判決の圧倒的多数は非宗教的な民事裁判だった。魔術に対しては、世俗の裁判官のほうが「ローマ（カトリック教会）よりもよほど残酷で、狂信的だった[6]」という。そもそも当時の社会は信仰と分かちがたく結びついており、宗教と世俗の差は相対的でしかない。一五六三年、「無実の人の大殺戮」を告発したドイツの医師ヨーハン・ヴァイヤーのように、迫害を非難する人もいないわけではなかったが、悪魔の存在を否定したわけではなかった。他方、一般に合理的だと考えられているプロテスタントも、迫害の激しさについてはカトリックの異端審問官となんら変わるところはなかった。一六世紀の宗教改革では聖書の読み直しが盛んだったが、魔女に対しては寛大になるどころかむしろその逆で、『出エジプト記』に「女呪術師を生かしておいてはならない」と書かれていたことから、カルヴァンのいたジュネーヴでは三五人の魔女が処刑され、当時支配的だった不寛容の空気のなか、宗教戦争による流血の饗宴（一五七二年、パリで、三千人にのぼるプロテスタントが殺されたサン・バルテルミーの虐殺が勃発）が、両陣営をさらなる残虐行為に駆り立てた。

実をいえば、魔女狩りは今日の世界の問題を提示しているがゆえに、人びとは正面から向き合おうとしない。あえて目を向ければ、人類最大の醜悪さに直面することになるからだ。魔女狩りを通じて浮かび上がるのは、第一に、不幸な事件が起こるたびに贖罪の山羊をみつけては罪を被せ、非合理的なスパイラルに陥る硬直化した社会――もっともな主張を拒み、あからさまなヘイト・スピーチを繰り返すことで肉体への暴力を肯定し、社会を護るための正当行為だとみなす今日の社会の在り方だ。フランスの作家フランソワーズ・ドボンヌがいうように、人間は「狂人にも匹敵する理由で、虐殺に走ることさえできる」[7]。実際、「魔女」の烙印を押された女性には、多くの点で反ユダヤ主義と共通する点があった。魔女の「夜会（サバト）」とか「魔女のシナゴーグ」といった表現があるが、魔女は、ユダヤ人同様にキリスト教徒を滅亡させる陰謀を企て、ユダヤ人同様に鉤鼻をしているとされた。一六一八年、フランス・コルマール近郊で魔女の処刑に立ち会った裁判所の書記が退屈のあまり報告書の余白に描いた魔女は、「ダビデの星に囲まれ、固まった髪の房がぶらぶら垂れ下がる」伝統的なユダヤ女の髪型をしていた[8]。

よくあることだが、贖罪の山羊を求めたのは下層の民衆ではなく、もっと教養のある社会層だった。魔女伝説の誕生は、一四五四年、その後決定的な役割を果たす印刷術の誕生とほぼ時を同じくしている。ベシュテルは「あらゆる情報伝達の媒体を総動員した」「メディアによる操作」について語っている。「字が読める者には本を、それ以外の者には説教を、すべての者に大量の表象を」というわけだ。異端審問官、アルザス地方（当時はドイツ）のハインリヒ・クラーマー、バーゼル地方のヤーコプ・シュプレンガーが書いた『魔女に与える鉄槌』（一四八七年）は、アドルフ・ヒトラーの『我が闘争』にも匹敵する。この本は、約一五回にわたる改訂を経て、魔女狩りが席巻するヨーロッパ全土で三万部が売れた。「最盛時、裁判官はことごとくこの本を参照し、本に書かれているとおりの質問をし、本に書かれているとおりの回答を得た」[9]。想像とは異なり、印刷術の初期の用途が魔女の迫害だったことに、わたしたちは動揺をおぼえずにいられない……。『魔女に与える鉄槌』は、非常手段も辞さないような脅威が間近に迫っていると吹き込み、世間の人はその集団的幻影を信じた。この本の成功以降、悪魔研究者たちはさらなる使命に燃え、出版という金もうけの種に飛びつく。フランスの思想家ジャン・ボダン（一五三〇―一五九六）をはじめとする著者は狂信者のようにもみえるが、実際は教養ある著名人だった。ベシュテルは強調する――「悪魔論を展開するのにボダンが発揮した残酷さは、表面上の人の好さと相容れないものだった」。

目障りな女性を排除する

この話は戦慄を禁じえない。自分が女性であればなおさらだ。たしかに多くの男性も魔術を使ったかどで処刑されているが、迫害の根底にあったのは女性蔑視（ミゾジニー）で、『魔女に与える鉄槌』には「男の魔術師は恐れることはない」と書かれている。ふたりの著者によれば、「魔女はもちろん、女の『悪意』さえなければ、この世はどれほど多くの危険から解放されることか」。心も体も弱く、飽くなき淫蕩への欲望に駆られる女性は容易に悪魔の餌食になり、平均すると裁判では被告の八〇％、有罪判決の八五％を女性が占めた。[10] また、司法機構のなかで、女性に救いの手が差しのべられることもなかった。フランスの場合、被告の二〇％が男性だったが、高等法院への上訴の半数は男性だった。裁判所は女性の証人を認めていなかったので、法の観点からすれば、ヨーロッパで女性が一臣民として扱われるのはほぼ被疑者である場合に限られていた。[11] 一五八七年から一五九三年にかけて、ドイツのトリーア近郊にあるおよそ二二の集落（スイスとともに、魔女狩り発祥の地だとされている）、そのうちとくにふたつの集落で魔女狩りが徹底的に実行された結果、三六八名にのぼる女性が火刑に処せられ、たった一人の女性しか生き残らなかった。こうして、女性はことごとく排除された。例えば、一六七〇年、カンブレジで火あぶりにされたマグドレーヌ・ドナは当時七七歳。求刑には不明な点があったものの、すでに伯母、母親、娘が処刑されていたため、魔術は先祖代々伝わるものとみなされた。[12]

長年、上流階級は告発を免れていたが、魔女狩りの波がこの階層に及ぶや、たちまち訴訟は取り消される。なかには政敵を陥れようと、名士の妻や娘を魔女として告発した者もいたが（そのほうが、本人を攻撃するよりも簡単だったからだ）、犠牲者の大半は庶民の女性だった。しかも、質問者、司祭または牧師、拷問吏、看守、裁判官、死刑執行人に至るまで、すべて男性によって構成される組織に判断はゆだねられる。女性たちの恐怖と絶望は想像に難くない。通常、被疑者は完全なる孤独のなかで、試練に耐えなければならなかったことを考慮すれば、なおさらだったろう。家族の男性が告発することはないにしても、弁護にまわることはほとんどなかった。理由のひとつは恐怖。有罪になった男性の大半は、「魔女」の家族か親戚だったからだ。また、フェミニズム運動の活動家シルヴィア・フェデリーチによれば、疑いがかけられたのをよいことに、「じゃまになった妻なり愛人なりを厄介払いするため、あるいは自分が誘惑し、暴行した女性の復讐から逃れるため」に口を閉ざしていることもあったという。フェデリーチは、「この恐怖とプロパガンダの時代に、心理の奥底で男性が女性を阻害する種が蒔かれた」と考える[13]。

有罪宣告を受けた女性の一部は魔術を使うだけでなく、病気の治療もしていた。現代に生きるわたしたちは、この事実を前にいささか当惑せざるをえないが、当時はこれが普通だった。これらの女性たちは呪いをかけ、呪いを解き、効き目のある薬や飲みものを与え、病人やけが人の治療をし、出産時の産婆もつとめた。民衆は彼女たちに助けを求めるほかなく、それが悪魔の陰謀だとみなされるようになるまでは、共同体で尊敬されているのが常だった。しかし、それ以降、普通と異なる目立つ女性であれば、魔女として迫害されるのに十分で、隣人に反論する、大声で話す、ものごとに動じない、性欲がいくらか強い、なんらかの理由で人から疎まれている等々、いずれかにあてはまれば危険にさらされた。時代を問わず、ある行動が（その真逆であっても）自分にはね返ってくることは、女性ならばみな身に覚えがあるだろう。ミサに来なければ疑われ、欠かさず出ていれば疑われ、女友だちと定期的に会えば疑われ、誰にも会わなければ疑われる……[14]。「水による試練」は、それをよく示している。女性を水中に投げ込んで、溺れれば無罪、浮かべば魔女として処刑された。また、「施しの拒否」として一般に知られるメカニズムがはたらくことも多かった。ある金持ちが物乞いの女に施しをしたところ、のちに病気になるか、些細な不幸な目に会うかすると、物乞いの呪いのせいだとされた。日ごろ抱いていた富裕者ゆえの漠然とした罪悪感を、物乞いの女に転移したというわけだ。スケープゴートとしか考えられない例は、これにとどまらない。「海上で船が遭難すれば、ベルギーに住むディニャ・ロベールが捕まり、火刑に処され、刑車でさらし者になる（一五六五年）。ボルドー近郊の風車が回らなくなれば、それはガッシュこと、ジャンヌ・ノアルスが釘で打ちつけたせいだ（一六一九年）」[15]。虫も殺さぬような女性であってもおかまいなし。ジャンヌがとてつもない力をもっていると、人びとは信じて疑わなかった。シェイクスピアの『テンペスト』（一六一一年）に、野蛮で異形の奴隷キャリバンについて、「こいつの母親は強い力を持つ魔女だった」という一節がある。一八六四年、フランスの政治家フランソワ・ギゾーはこの作品を訳したとき、「過去に英国で妖術を用いたかどで告発された魔女には、ことさら強調するかのように『strong（強い）』という特有の形容詞が「魔女」という語に付されている。法廷は世論に反して、『strong』がついていたところで、訴追に影響は及ばないと判断せざるをえなかった」と述べている。

女性の体さえしていれば、容疑者として疑われるには十分で、逮捕された女性は服を脱がされ、頭を剃られ、悪魔のしるしがないか、針を突き刺して体の内も外も仔細に調べ上げられた。いかなる染み、傷跡、異変も証拠になり、多くの場合、老女というだけで十把ひとからげに魔女とみなされたという。悪魔のしるしは痛みを感じないとされていたが、実際のところ、捕まった女性はみな、この羞恥心を踏みにじる行為、端的にいえば暴行を受け、ショックのあまり半ば気を失っていたため、針を刺されても反応しなかった。スコットランドでは、住民のあいだに潜んでいる魔女の正体を暴くという口実のもと、この針刺しが村から村、町から町へと実行された。一六四九年、イギリスのニューカッスル・アポン・タインでは、ひとりの被疑者に対し二〇本の注射針が供され、三〇人の女性が役場に連行され、服を脱がされ、驚いたことにその大半が有罪とされた[16]。

「日記を読むたび、想像していた以上に人間がもつ残酷さについて学んだ気がする」――ヨーロッパの魔女狩りについて書いた論文の序文で、歴史家のアンヌ・L・バーストウはこう告白する[17]。実際、拷問に関する記述は読むにたえない。つり落としの刑に処されて体はバラバラになり、白くなるまで熱した金属製の椅子で焼かれ、拷問道具で脚を締めつけられ骨を砕かれる。悪魔研究者たちは、魔女の流す涙は悪魔の入れ知恵によるもので偽物にちがいないから、だまされてはならないと警告する。魔女狩りをおこなう者は、女性のセクシュアリティにとり憑かれ、恐れを抱いていたとしか考えられない。被疑者である女性に対し、審問官は悪魔のペニスはどんなふうであったのかと繰り返し訊ねている。『魔女に与える鉄槌』によれば、魔女たちは男性の性器を奪い、箱や鳥の巣に入れてコレクションにし、あわれな男性器はそのなかでぴくぴく動いていたそうだ（ただし、証拠はない）。魔女のまたがるほうきは家事労働の婉曲的な表象だが、形が男根に似ていることから性的自由を象徴し、サバトは抑制の利かない奔放な性の祝宴とみなされた。異端審問官たちは、囚われの女たちを絶対的な支配下に置き、喜びにうち震えながら、みずからののぞき趣味と性的サディズムを満足させたのだ。看守によるレイプが横行し、拘留された女性が独房内で首を絞められた状態で発見されても、悪魔が女中を連れもどしに来たといって片づけられるのが常だった。処刑時、受刑者の多くは立っていることさえやっとだったのに、苦しみはそれで終わらず、死は過酷きわまりなかった。炎が達する前に受刑者の首を絞めるという約束を死刑執行人が果たさなかったため、薪の山から二度逃れたクローダ＝ジャム・ギヨームの最期について、悪魔研究者アンリ・ボゲは、「三回めに激しく殴打され、クローダは意識を失った状態で死んだ[18]」と書いている。

否定された、またはありえなかった歴史

こうしたことから、魔女狩りは女性に対する戦争とみなされても不思議ではない。それにもかかわらず……。一九九二年、セイラムの魔女事件三百周年を機に多くの学術書や一般書が出版されたが、米国ニューイングランド地方の魔女狩りに詳しい歴史家キャロル・F・カールセンは、研究対象としてジェンダーはくだらないと無視されるか、さもなくば間接的に異議を唱えられるかのいずれかだったと嘆く[19]。記念出版自体は注目に値するが、「魔女狩りは女性蔑視の勃発」だと考える説を、歴史家が執拗に否定したことにも驚かされる」と、アンヌ・L・バーストウは書いている[20]。

バーストウが例として挙げるのは、自身の研究から導かれた結論に、同業の歴史家——男性だけでなく女性もいた——が加えた信じがたい歪曲の数々だ。ギィ・ベシュテルもその例にもれず、魔女狩りが起こる以前に「女性が悪魔と同一視された例」を詳しく紹介したのち、「魔女が火あぶりになったのは、アンチフェミニズムによって説明できるか」との問いに、「そうとはいえない」と断言しているが、説得力に欠けている。この結論を導くに至った根拠について、ベシュテルは、第一に「男性も火刑に処され」、次に「アンチフェミニズムは一三世紀末に発展したが、それは火刑の時代よりはるか以前にさかのぼる」と述べた。しかし、フランスのルーダンやルヴィエで起きた有名な事件でみられるように、なかには「とり憑かれた」女性の告発で処刑された男性もいたものの、大半は妖術を使ったせいではなく、女性と共謀したか、または別の重大な告発に付随する罪科のせいだった。アンチフェミニズムの始まりは火刑以前にさかのぼるという点に関しては、むしろアンチフェミニズムが決定的な要因を果たしたとも考えられる。そのころ、社会で重要な役割を果たすようになった女性に恐れを抱く憎悪と蒙昧主義の世紀は、この魔女狩りで頂点に達し、暴力が猛威をふるうに至ったのではなかろうか[21]。

歴史学者ジャン・ドリュモーは、一三三〇年ごろ、ヨハネス二二世の依頼でアルバロ・ペラーヨが執筆した『聖職者の嘆き（ド・プランクトゥ・イクリーズィア）』（女性に対する聖職者の敵意を示す重要な資料）は、「悪魔と同盟を結んだ女性を敵とする聖戦への呼びかけ」であり、『魔女に与える鉄槌』の先駆けだったとみる。スペインのフランシスコ会修道士だったペラーヨは、女性は「表向きの謙虚さにもかかわらず、度しがたく傲慢な内面を秘め、その点ではユダヤ人にも匹敵する」と断言している。[22] ベシュテルも、中世末期以降、「最も宗教色の薄い著作でさえ、女性を蔑む傾向が認められた[23]」と明言する。そもそも、教父とその後継者はギリシャとローマの伝統を受け継いでいる。イヴが禁断の果実をかじる以前、ギリシャ神話ではパンドラが人類のあらゆる災厄の入った箱を開ける。そのころ誕生しつつあったキリスト教はストア哲学の影響下にあり、当時からすでに禁欲的で、女性は敵だった。「女性ほど、長きにわたって執拗に侮辱されつづけてきた集団は世界でも類をみない」と、ベシュテルはいう。文献を読む限り、こうした空疎な論法がいずれ行動に移され、大々的に展開されたとしても不思議ではない。一五九三年、ほかと比べればいくらか平和的なドイツの牧師が、「これを読んでも暇つぶしにしかならないが、当時至るところで女性に対する侮辱を拡散」していた小冊子について警告を発し、「庶民の男がこれを読んで、よく考えてみるように強いられるや、女性に対する苛立ちを募らせ、ひとりが火刑台で死んだことを知ったときには『あっぱれ』と叫んだという」と書き記した。

「ヒステリックで」「あわれな女たち」――アンヌ・L・バーストウは、多くの歴史家が、魔女狩りの犠牲者に対して上から目線で書いていることを強調する。哲学者コレット・アルヌールによれば、ヴォルテールにも同様の傾向が認められるという。ヴォルテールは、魔術について次のように書いている――「哲学に基づく行動だけが、こうした恐ろしい怪物に救済をもたらすことができ、愚かな者を火あぶりにすべきではないと人類に教えてくれる」。これについて、アルヌールは「そもそも愚かなのは当時の裁判官たちであって、裁判官がうまく立ちまわったがゆえに、この愚かさが他に伝染する結果になっただけだ」と反論する。[24]犠牲者というだけで反射的に冒瀆する傾向もあった。米国の著名な歴史学教授エリック・ミデルフォートは、ドイツ南部の魔女狩りについて調査したとき、「当時、女性であるだけで極度に蔑視されたとみなされ」、「なぜ、これらの集団が犠牲の山羊になったのか」をよく調べてみる必要があると、注意を喚起している。[25]キャロル・F・カールセンは、ニューイングランド地方の被疑者が、多くの場合、「性格の悪さ」または「常軌を逸した人格」などの言葉で、告発者の視点に基づいて描かれていることに疑問を抱き、「こうむった暴力の責任を女性の側に押しつけようとする傾向が、社会に根を深く張っている証拠ではないか」と考える。[26]おそらく、こうした侮蔑や偏見は、魔女狩りを歴史学的研究の対象とする者がそれを認めてひどい話だと思ったとしても、魔女を排斥する世界と少しも変わらぬことの証しなのだろう——かつてのヴォルテールと同じように。おそらく、こうした見方を通じて西欧社会がどのように変わったかを示す作業は、まだ始まったばかりなのだろう。

どれほどの人の命が犠牲になったかについては議論の余地があるし、明確な数字を示すのは難しいと思われる。一九七〇年代、犠牲者の数は百万人、またはそれ以上だといわれた。今日では、五万人から一〇万人と推定されている。[27]この数字に、リンチされた女性、自殺した女性、投獄中に死亡した女性（拷問または留置所の悲惨な環境の結果）は含まれていない。命だけは助かっても、住んでいるところから追放され、家族を含めてひどい評判を立てられた女性もいただろう。しかし、生涯を通じて告訴されることがなくても、すべての女性は魔女狩りの影響をこうむっているのだ。公開処刑という、集団による懲罰と恐怖を用いた強力な手段を通じて、女性は従順で、でしゃばることなく、波風を起こさないよう命じられたうえに、悪の権化であると信じ込まされ、根源的に汚れていると罪悪感を抱かせられた。

こうした文化が中世という時代と連動して、女性の意識下に刷り込まれたと、アンヌ・L・バーストウはいう。バーストウによれば、中世以降に台頭した個人主義（一種の引きこもりと個人的利害への集中）は、女性の場合、その根底には広く恐怖が存在した[28]。女性が積極的であってはならないと感じたのには理由があった。それを、以下の事件を通じてみていこう。一六七九年、フランス・マルシエンヌのペロンヌ・ゴギヨンは、四人の酔った兵士にレイプされそうになる。見逃してやる代わりに金を払えとペロンヌに迫った兵士を夫は訴えたが、かえって妻の過去に関する悪いうわさが立ち、ペロンヌは魔女として火刑に処せられる[29]。アンナ・ゲルディの場合も同様だった。伝記を書いたスイス人ジャーナリスト、ヴァルター・ハウザーは、ゲルディも女中として雇われていた医者からセクハラを受け、訴えを起こそうとしていたことを突きとめた。医者が、ゲルディは魔女だと告訴したのもそのためだ[30]。

オズの魔法使いからスターホークへ

魔女だと告発された女性の歴史を知って、即座に反応した西洋のフェミニストたちは、これらの女性の破滅を後世に伝えると同時に（それが意図されたものであったかどうかはひとまず措く）、裁判官が女性たちにみた恐ろしいパワーをみずからに引き受けて、挑戦状をたたきつける。「わたしたちは、あなた方が火あぶりにしそこねた魔女たちの孫娘だ」という有名なスローガンしかり。一九七〇年代イタリアの「慄（おのの）くがいい、魔女たちの復活だ！（Tremate, tremate, le streghe son tornate !）」のモットーしかり。フェミニストたちは、魔女の歴史などおもしろくもなく、とるに足らないとして退ける不当な扱いに抗議し、正義を求める。一九八五年、ドイツのゲルンハウゼン市は、魔女狩りで捕まった者が幽閉された「魔女の塔」を観光地にする。一般に公開された日の朝、白い服を着た女性たちが、犠牲者の名前を記したプラカードをもってこの建物の周りをデモ行進した[31]。いかなる理由によるものであれ、ときにはこうした努力が報いられることがある。二〇〇八年、スイスのグラールス州では、伝記作家の粘り強い努力が実を結び、アンナ・ゲルディの名誉が正式に回復され、その名を冠した博物館が設立された[32]。そのあとに、フライブルク、ケルン、ニーウポールト（ベルギー）が続く。ノルウェーでも、スイスの建築家ピーター・ズントーとアーティスト、ルイーズ・ブルジョワの努力により、二〇一三年にスティールネセト記念館が設立され、魔女として火あぶりにされたまさにその場所、北部フィンマルク県で処刑された九一名の女性にオマージュを捧げている[33]。

魔女の歴史を忘却から掘りおこし、みずから魔女だと主張した最初のフェミニストに、米国人マチルダ・ジョスリン・ゲージ（一八二六―一八九八）がいる。女性の参政権だけでなく、アメリカ原住民の権利、奴隷制廃止（奴隷の逃亡に協力したかどでも有罪になった）のために闘い、一八九三年、自著『女性、教会、国家』のなかで、魔女狩りについて以下のようなフェミニスト的見解を示した。「『魔女』の代わりに『女性』と読み替えると、教会が人類の半分を占める女性に対し、いかに残酷な仕打ちをしたかがよくわかります[34]」。ゲージは、娘婿ライマン・フランク・ボームが書いた『オズの魔法使い』に登場する魔女グリンダのモデル。一九三九年、ヴィクター・フレミングはこの作品を映画化し、ポップカルチャー史上初めて「善良な魔女」のイメージを確立する[35]。

一九六八年一〇月三一日のハロウィンの日、ニューヨークに「地獄から来た国際女性テロリスト陰謀団（*Women's International Terrorist Conspiracy from Hell*）」、通称「ＷＩＴＣＨ［「魔女」の意］」が出現し、黒いマントをまとったメンバーが手に手をとって踊りながら、ウォールストリートにある証券取引所の前をにぎやかに練り歩いた。「目をつぶり、うつむいた女性たちが、アルジェリアの魔女にとって神聖な意味をもつ、ベルベル人の歌を口ずさみ、いずれ株が暴落するだろうと宣言するや、数時間後、その日の株は一・五ポイント下落。翌日、下落幅は五ポイントに達した」――魔女の一団に参加していたロビン・モーガンは数年後、このように証言している[36]。しかし、モーガン自身は当時、魔女の歴史について無知だったという。「証券取引所で、わたしたちは悪魔（サタン）である上司との会見を要求しました。今思えば、それはまちがいで、愕然とします。悪魔を発明し、のちに悪魔を崇拝しているとして魔女を糾弾したのはカトリック教会なのですから。この点に関して、わたしたちは父権主義や、そのほか多くの罠にまんまと引っかかり、とんでもなく愚かだったのです。でも、当時はそれがカッコよかった」[37]。たしかに、この事件の写真をみれば、それがよくわかる。フランスでは、フェミニズム第二波の到来とともに、雑誌『魔女』がパリで創刊された（一九七六―一九八二）。グザビエール・ゴーティエが編集長を務め、エレーヌ・シクスー、マルグリット・デュラス、リュス・イリガライ、ジュリア・クリステヴァ、ナンシー・ヒューストン、アニー・ルクレールらが寄稿した[38]。また、アンヌ・シルヴェストルが書いた美しい歌「魔女だってふつうの人」（一九七五年）にも触れておく必要がある。アンヌ・シルヴェストルは、童謡だけでなく、フェミニストにとって重要な歌も作曲している[39]。

一九七九年、米国でスターホークが書いた最初の本『聖魔女術―スパイラル・ダンス（魔女たちの世紀）』が出版された。この本は、女神を崇拝する復興異教主義（ネオペイガニズム）的信仰に関するリファレンスになる。一九五一年カリフォルニア生まれの魔女ミリアム・サイモスの名がヨーロッパの人の耳に届くには、一九九九年まで待たなければならない。この年、スターホークとその同志はシアトルで開催された世界貿易機関閣僚会議に反対する示威行動に参加した。「アルテル・モンディアリスム［もうひとつのグローバリズム］」という言葉は、このとき誕生する。二〇〇三年、フランスの編集者フィリップ・ピニャールとベルギーの哲学者イザベル・ステンジャーズは、スターホーク『魔術、性別、政治』（一九八二年）の最初のフランス語訳書を出版[40]。当時、わたしはメーリングリストでスターホークについて書いた自分の記事を取り上げて、メンバーである推理小説作家の辛辣な皮肉に満ちた怒りを爆発させたものだ。その辛辣さをもってしても、「(女神に代わる)魔女という復興異教主義的信仰」という概念がいかに耐えがたいものであったかを語るに十分ではなかった。およそ一五年後、当の推理小説作家の意見は相変わらずのようだが、その概念自体はさほど非常識なものではなくなっている。今日、魔女は至るところにいる。米国の魔女は、警官による殺人に抗議する「ブラック・ライヴズ・マター(黒人の命は、どうでもいいものではない)」(BLM)運動に賛同し、ドナルド・トランプ大統領に呪いをかけ、白人至上主義や人工妊娠中絶廃止に対し異議を唱えている。オレゴン州ポートランドをはじめとする地域では、WITCHが復活している。フランスでは、二〇一五年、イザベル・カンブラキが、家族経営の出版社でみずから創刊したフェミニスト叢書「魔女」から、手始めに『魔術、性別、政治』を復刊したところ、初版よりも大きな反響を得た[41]――シルヴィア・フェデリーチ著『キャリバンと魔女』のフランス語訳が出版されたあとだったことも影響しているかもしれない。また、二〇一七年九月、パリとトゥールーズで労働法改正に反対し、「マクロン大統領を鍋(ショドロン)に入れろ」と書いた横断幕を掲げ、先の尖った帽子を被ったフェミニストとアナーキストが展開したデモ行進「ウィッチ・ブロック」の影響も考えられる。

　女性を蔑視する人が魔女にとり憑かれているのは、昔も今も変わらない。「フェミニストたちは、妻が夫と別れ、子どもを殺し、魔法をかけ、資本主義を破壊し、レズビアンになるようけしかけている」――一九九二年、「男女平等をうたうアイオワ州憲法の改正に反対する」米国のテレビ福音伝道家パット・ロバートソンがこうした趣旨の手紙を書き送ったことはよく知られており、多くの人が「どっちに投票すべきか」を考えさせられることになった。二〇一六年、米国大統領選挙の期間中、ヒラリー・クリントンに浴びせられた憎悪の激烈さは、合法とされるレベルをはるかに超えていた。民主党の大統領候補であったヒラリーは「悪」とみなされ、魔女と比較されることが多かったが、これは女性候補者に対する特有の攻撃で、政治指導者としての資質とは関係がない。大統領選敗北後には、ユーチューブに悪い魔女の死を祝福する「鐘を鳴らせ、悪い魔女は死んだ」(『オズの魔法使い』より)の投稿が相次ぐ(二〇一三年、英国でマーガレット・サッチャーが亡くなったときもそうだった)。ドナルド・トランプの支持者ばかりか、予備選挙時にライバルだったバーニー・サンダースの支持者の一部でさえ、ヒラリーを魔女になぞらえた。サンダースの公式サイトには、資金集めを目的とする「Bern the Witch(Burn を Bernie にかけた言葉遊びで、『魔女を火あぶりにしろ』の意)」と書かれていたが、さすがにこれは、バーモント州選出上院議員サンダースの陣営も撤回している。[42] 保守派のラジオ・パーソナリティ、ラッシュ・リンボーは、堪えがたい一連のジョークのなかで「ヒラリーは大文字のB(「bitch」の意)の魔女」と言い放った。一七世紀、マサチューセッツ州で起きた「セイラム魔女裁判」の中心人物が、自分のメイドだった被告人サラ・チャーチルを評して「あばずれの魔女(bitch witch)」と呼んだことを、リンボーは知らなかったのだと思う。[43] ラッシュ・リンボーの暴言に対し、共和党の女性支持者たちは「ヒラリーを支持する魔女」、「ヒラリーを支持するあばずれ」と書いたバッジをつけて抵抗する。[44]

近年、フランスのフェミニストによる魔女のイメージで注目に値するのは、発想が大きく転換していることだ。二〇〇三年、スターホークの著作『魔術、性別、政治』がフランスで紹介されたとき、出版社は次のように書いていた――「フランスでは、通常、政治に携わる人はスピリアチュルに関することはことごとく不信の目でみたし、そういう人は極右とみなされた。魔術と政治は折り合いが悪く、もし女性が自分は魔女だといえば、迷信や昔からの信仰を厄介払いし、家父長的権力から受けた迫害を記憶に留めることを意味する」。当時はこのように考えられていたが、今日、状況はもはや同じではない。米国と同様、フランスでも、若いフェミニストばかりか、ゲイの男性やトランスジェンダーも魔法を使うと主張している。二〇一七年夏から二〇一八年春に、ジャック・パーカーこと、タウス・メラクシ（女性ジャーナリストで著述家）は、現代の魔女のためのニュースレター「ウイッチ、プリーズ（Witch, Please）」を創刊、購読者は数千人を数えた。そのなかで、パーカーは自分が所有する祭壇、魔術書の写真、ほかの魔女へのインタビューを掲載し、天体の位置や月齢と関連する儀式について助言している。

今日、魔女信奉者たちに共通の典礼はない。フランスで魔女を名乗る女性は「魔術はひとつの実践で、宗教のような祭式は必要ありませんが、組み合わせることは可能です」と語る。「基本的になんでもオーケー。一神教（キリスト教、イスラム教、ユダヤ教）的魔女、無神論的魔女、不可知論的魔女もいれば、異教主義(ペイガニズム)的・復興異教主義的（多神教、ウイッカ、妖術崇拝、ヘレニズム信奉など）魔女も存在します」[45]。スターホークは広い意味で復興異教主義的ウィッカだったが、必要に応じて儀式を創設することを推奨している。スターホークが語る儀式とは、例えば、友人たちと海岸で焚火を起こし、裸になって、歓びに満ち、大声で歌い、叫び、万歳をしながら海に入って冬至を祝うというもの。「わたしたちが冬至を祝った最初のころ、いつもの夕べの儀式の前に陽が海に沈むのを見に行きました。そのとき、だれかが『服を脱いで、海に飛びこみましょうよ。ほら、ぐずぐずしないで』と言い出したのです。『あなた、どうかしてるわ』と答えたことは憶えています。そう言いつつも、実際はそのとおりにしたのですが。それから数年後、体温が下がらないように海辺で火を起こすのが伝統になりました（一度何かをすることはひとつの経験ですが、二度同じことをすればそれは伝統になります）」。[46]

黄昏時の訪問者

この斬新な流行をどう説明すればいいのだろう。現在、魔法を実践している人は、ハリー・ポッター、『チャームド～魔女三姉妹～』、『バフィー～恋する十字架～』（内気で目立たない高校生だったバフィーの親友ウィローが魔女として強大な力を発揮する）を見て育っており、これが影響を及ぼしている可能性がある。矛盾しているようだが、すべてがよってたかって自分を危険な目に会わせ、無力にしようとしているように思われるとき、魔法だけが自分を助け、生命力をほとばしらせ、世界と人生にしっかりと根をおろす実際的な手段になる。二〇一七年七月一六日付のニュースレターで、「プラセボ効果か、それとも先祖代々伝わるほんものの魔法か」という疑問に、ジャック・パーカーは明確な回答を避けている。「大切なのは効果があること。それでうまくいけばいいんじゃない？（…）人はいつも人生や生きることの意味を探し求め、なぜ、どうやって、どこへ行くのか、自分はだれなのか、これからどうなるのか問いつづけている。そんなとき、自分を安心させてくれるものがいくつかあって、一日一日ちゃんとコントロールできていれば、なにもそれを台なしにする必要はないと思う」。本来の意味で魔法を実践することはないけれど、わたし自身も別の本で、[47]自分の時間を大切にし、世界から一定の距離をおき、想像力に身をまかせようと主張したことと同じものを感じる。ポジティブシンキングと「自分の内なる女神を発見すること」を推奨する魔法の流行は、自己啓発の広範なリストのなかで、ひとつのジャンルを確立している。スピリチュアルとの結びつきが強い自己啓発法と、抑圧的な体制を批判するフェミニズムや政治参加との違いはごくわずかだ。この境界線上で、注目に値することが起きている。

　一段と激しさを増す環境破壊を通じて、管理社会による脅迫の威光と圧力が弱まり、魔女と名乗ることへの抵抗が薄れた感がある。合理的だとされてきた世界の不安が人類の命にかかわる環境を破壊するようになったとき、常態化していた合理／非合理のカテゴリーの問い直しが始まる。実際、機械論的な世界のビジョンは、今後は科学的コンセプトとしては通用しない。ごく最近の発見はことごとく魔女の直観に関連しており、それをイカれているとかイカサマだとかいって片づけるわけにいかなくなってきている。スターホークは次のように書いている――「現代の物理学が扱っているのは、もはや生命のない物質の孤立した個々の原子ではなく、エネルギーの波動やフロー、確率、観察しているあいだも刻々と変化する現象です。シャーマンや魔女が以前から知っていたことで、エネルギーと物質は別々のパワーではなく、同じものの異なるかたちであることを認めています」[48]。今日わたしたちは、女性蔑視と人種差別を言いたい放題の億万長者が世界で最も強大な国の大統領として選出されたことに象徴されるように、あらゆるかたちの支配に直面している。こうした状況のもと、虐げられた人びとの武器として、八方ふさがりの闇のなかから、ふたたび魔術が浮かび上がる。絶望のさなかの希望のようすがだ。「わたしたちがあらたな一歩を踏み出すとき、生命の、受胎力の、再生のパワーが満ちあふれます。この力と結びつくことができれば、奇跡が起こるかもしれません」――これは、二〇〇五年にハリケーン・カトリーナがニューオーリンズ市を襲ったとき、被災者救済のため同市で数日間過ごしたスターホークが書いたものだ[49]。

女性と性的マイノリティの権利の擁護者と反動的イデオロギーの支持者とのあいだで、いまや対立は激化する一方だ。二〇一七年九月六日、米国ケンタッキー州ルイビルで、閉鎖を迫られた州最後の人工妊娠中絶クリニックを護るため、闘争を繰り広げてきた地元のＷＩＴＣＨのメンバーは「一六〇〇年以降、米国の宗教的狂信者は女性の権利を踏みにじってきた」と非難する[50]。ここからみえるのは、マーガレット・アトウッド原作『侍女の物語』のテレビドラマがみごとに切り取ってみせた、洗練されたテクノロジーと前近代的な抑圧が奇妙に入り混じった時代の精神だ。二〇一七年二月、米国のシンガーソングライター、ラナ・デル・レイも加わった魔女の一団が、ニューヨーク市にあるトランプタワーの下に集結し、大統領の罷免を求めた。そのとき、主催者たちが、黒い糸、硫黄、羽根、橙色または白色のロウソク、ドナルド・トランプにとって「都合の悪い」写真を要求したのに対し、国粋主義的キリスト教徒たちはこのスピリチュアルな攻撃に「ダビデの詩篇」で対抗し、ツイッターのハッシュタグは「#PrayerResistance（祈り、抵抗）」だった[51]。奇妙なムードだといわれれば、たしかにそうかもしれない。

ニューヨークのデザイン事務所K‐HOLEは、二〇一五年八月のレポート（かなりずれている）で、「カオスの魔法」という新しいトレンドが生まれたと発表したが、それもあながちまちがいではなかった。同年、異教を信奉する米国人百万人を対象とする調査[52]を実施した女性の著者は、「この本を書きはじめた時点では、それについて話したところで人びとはまったく関心を示しませんでした。それなのに本が出版されるや、流行に便乗しているといって、私を非難したのです！」[53]と証言する。スピリチュアルでもあり、政治的でもある魔法は、ひとつの美学、モードだが、金もうけのタネにもなる。インスタグラムは「魔法」のハッシュタグであふれ、エッツィのネット通販ではインフルエンサーやフリーランサーたちが、まじない、ロウソク、指南書、スーパーフード、エッセンシャルオイル、水晶等々を販売する。魔法はファッションデザイナーにもインスピレーションを提供し、それにブランドが飛びつく。驚くことはない。資本主義は、みずから率先して破壊してきたものを製品にしてわたしたちに売りつけることで成り立っているのだから。とはいえ、そこには人間の営みとの親近性も認められる。一九七〇年、ジャン・ボードリヤールは消費社会のイデオロギーがいかに魔法と結びついているかを、「奇跡の精神」[54]を例に説明した。先に挙げたレポートのなかで、K－HOLEは魔法とブランド戦略間のロジックの類似についてこう述べている――「両者はいずれも創造にかかわっている。ただし、ブランドのプロモーションが一般大衆の頭に考えを植えつけるのに対し、魔法はあなたの頭にそれを植えつける」。魔法には独自の「象徴とマントラ」があり、ブランドには独自の「ロゴとキャッチフレーズ」があるということだ[55]。

魔法が金もうけになるずっと以前から、化粧品をはじめとする産業の繁栄は、クリームの壺やガラスの小瓶や奇跡の成分や変身の約束や夢の国を売りながら、多くの女性が魔法に対して抱いているノスタルジーの上に築かれてきたのではないだろうか。フランスのコスメ・ブランド「ガランシア」の製品（「魅惑のスーパーパワー オイル」「プシュマジック」「魔法の化粧水」「ディアボリック トマト」「魔法使いの仮面舞踏会」「お肌の赤みが消えてなくなりますように！」等々）をみればよくわかる。あるいは、自然派高級化粧品の「スザンヌ カウフマン」。創業者は「ブレゲンツの森で育ったオーストリアの女性で、子どものころに祖母から教わった植物の知識を活かした秘薬をつくっている」[56]のだそうだ。同様に、英語で「魅惑」を意味する〝glamour〟は、もともと「魔法」を意味していたが、今日ではもっぱら「美しさ」について用いられ、ショービジネスで頻出し、その名を冠した女性誌もある。「父権制社会はわたしたちの宇宙（コスモ）を奪ったのち、『コスモポリタン』誌や化粧品にして返してくれました」と、米国のフェミニスト、メアリ・デイリーはいう[57]。

「日々のお手入れ」と題した女性誌の美容欄では、注目の的である女性がどんなふうに肌の手入れをして、体型を保ち、健康を維持しているかを披露し、読者は感嘆とともにそれを読む（その点では、わたしも同じ）。ユーチューブやインターネットサイト（最も有名なのは米国のイントゥ・ザ・グロス）でも、フェミニスト系のメディアですら、同様のテーマを扱っている。一連の化粧品シリーズはあたかもジャングルのような様相を呈しているため、そのなかで冷静な判断をするには多くの時間とエネルギーとお金が必要だ。こうした記事に導かれ、女性消費者たちは化粧品のジャングルに迷い込み、ブランドや製品に対するこだわりをもちつづける。日々のお手入れは特別な能力を培い、人の知らないところで美の秘訣を女性に伝授する（インタビューをされた人が、母親から教えられていたこともめずらしくない）。それは、ひとつの科学（有効成分、プロトコル……）で、専門的な分野だが、ときにカオスと化す日常生活に規律と自制心と喜びをもたらす。日々のお手入れはいくらか効果が薄れてはいるが、魔女の秘儀伝授なのかもしれない。美の「儀式」とはよく耳にする表現であり、それを習得している女性は「巫女」とも称される。

世界を形成した魔女の歴史

とはいえ、以下のページで、現代の魔女たちについて、少なくとも本来の意味で語ることはあまりない。わたしが書こうとしているのは、前項でざっとたどった歴史的観点から、ヨーロッパと米国の魔女狩りがその後どうなったかを探ることにある。魔女狩りは、女性に対する偏見と、一部の女性がこうむった汚辱を伝え、広め、助長した。さらに、女性の行動や生き方を抑圧もした。何世紀ものあいだ、捏造され、永続してきたイメージをわたしたちは受け継いでいる。この負のイメージは今もなお、他者または自己による検閲や障害、最悪の場合、敵意と暴力を生産しつづけている。それを批判的にみる真摯な意志が広く共有されていたとしても、過去は取り返せない。フランソワーズ・ドボンヌが書いているように、「現代人は自分たちがまったく知らない、記憶さえいずれ失われてしまうできごとによってつくられている。しかし、もしこれらのできごとが起こらなかったら、現代人は今と異なり、おそらく別の考え方をしているだろう[58]」。

対象となる分野は広大だが、魔女の歴史で以下の四つの側面に注目したい。まず、女性が独立を願う気持ちに下された一撃だ（第一章）。魔女として告発された女性は、独身や寡婦（すなわち、男性に依存していない女性）の占める割合が高かった[59]。この時期、女性は職場から排除され、職業研修を認可する同業者団体への加入は認められなかった。とりわけ、独り身の女性は「堪えがたい経済的圧力[60]」の下にあった。ドイツでは、職人の夫と死に別れた女性が夫の跡を継いで仕事を継続することは不可能だった。一一世紀以降のヨーロッパで復活したローマ法では、既婚の女性は法律上、無能力者であったが、自立の余地がないわけではなかった。しかし、それも一六世紀までのこと。一六世紀フランスのジャン・ボダンは――悪魔学者のお楽しみのほうは忘れよう――著書『国家論六編』で有名だが、政治学者アルメル・ル・ブラ＝ショパールによれば、ボダンの「良き国家の支配」と「良き家庭の支配」には、いずれも男性の権威によって統治され、相互に支え合うことで強化されるという見方が顕著に認められるという。これは、ボダンの魔女に対する執拗な敵意と無関係ではない。一八〇四年のフランス民法では、女性は社会的に無能力であることが是認されていたが、魔女狩りがその代わりをつとめていた。法によってすべての女性の自立を妨げることができれば[61]、もはや火あぶりにする必要はない……。女性の自立はそれが法的、物理的に可能であっても、今なお一般的に疑わしい。夫と子どもに身を挺して尽くすという関係性は、女性のアイデンティティの核であり、若い娘を社会に適応させるなかで、孤独を恐れることを教え、自立する能力を開花させる機会を与えることなく放っておく。「人づきあいを避け、猫を飼っている独身女性」、または世間から排除されている女性のイメージは憐みや嘲弄の対象で、悪魔と親しい動物を従えた、かつての恐ろしい魔女のイメージを彷彿させる。

また、魔女狩りの時代、避妊と堕胎は犯罪だった。フランスで一五五六年に公布された法律では、妊娠中のすべての女性に妊娠を申告させるとともに、出産時には証人が必要で、児殺しは魔術の行使でさえ該当しない〝*crimen exceptum*（例外犯罪）〟とみなされた[62]。「魔女」に対する告発は、子どもを死なせたことが大半を占め、サバトで子どもの死体をむさぼり喰ったとされている。魔女は「母と敵対する」概念なのだ[63]。告発された女性の多くは民間療法師の心得があり、産婆の役割を果たす一方で、妊娠中絶を望む女性を助けもした。シルヴィア・フェデリーチは、魔女狩りによって、資本主義が必要とした性別による仕事の分担が準備されたと考える。男性には報酬を伴う仕事を、女性には将来の労働力を産み、教育する仕事というように[64]。この役割分担は、今でも受け継がれている。子どもをもつ、もたないは女性の自由……、しかし、それは子どもを産むことが条件で、子どもをつくりたがらない女性は冷たく、一見そうはみえなくても悪人で、ほかの人の子に対して敵意があるとみなされる（第二章）。

また、魔女狩りは、「老女」に対するネガティブなイメージを刷り込んだ（第三章）。ごく若い「魔女」が火あぶりにされるケースもあったが（七歳か八歳、女の子だけでなく男の子もいた）、年老いていればいるほど、「魔女狩りの対象として最適[65]」だった。魔女の嫌悪をおぼえる外見と、何よりも豊かな経験が危険視されたからだ。「年老いた女性は、やさしく世話をしてもらう代わりに、魔法を使ったと告発されることが多く、北ヨーロッパでは長年、老女が家のベッドで息を引き取ることはまれだった」と、マチルダ・ジョスリン・ゲージは書いている[66]。画家（クエンティン・マサイス、ハンス・バルドゥング、ニクラウス・マニュエル・ドイチュ）や詩人（ピエール・ド・ロンサール、ジョアシャン・デュ・ベレー）が憎しみに憑かれたかのように老女を描いたのは[67]、当時拡大した若さに対する信仰と女性のほうが長生きをしたことで説明がつく。さらに、のちに登場する資本主義の前段階としての資本の蓄積が進むなか、それまで共有されてきた土地の私有化（英国史でいう「エンクロージャー」）は、とりわけ女性に不利にはたらいた。生きていくための唯一の手段として報酬の得られる仕事に就くのは男性には容易だったが、女性は共同社会に頼って生活する場合が多く、共有地で牛に牧草を食べさせ、焚き木や草を集めたりすることで生活していた。[68] こうした過程を通じて、老女は自立した生活を奪われ、子どもに助けてもらえなければ、物乞いをするほかなく、以降、更年期を過ぎた女性は一家のごくつぶしで、以前に比べて口も行動も遠慮のなくなった女性は、厄介払いしなければならない疫病神になった。また、年をとった女性は若い時分より性欲が強くなるとも信じられていた。老女が悪魔と交わろうとするのもそのためで、このグロテスクな欲望のせいで、女性に対する嫌悪が増した。今日、時が経つにつれ女性は衰えるといわれるが、男性にはむしろそれがプラスになる。女性にとって、恋愛でも結婚でも年齢はマイナスの要素で、若さの追求も絶望の種にしかならないのは、ゴヤからウォルト・ディズニーに至るまで、人びとの想像力に浸透した女性のイメージによるところが大きい。いずれにしても、老いた女性は醜く、恥ずべきもので、不吉で、悪魔的なのだ。

シルヴィア・フェデリーチの説によれば、資本主義が必要とした女性の奴隷化は、「下の人びと」とみなされた奴隷、植民地の被支配者、無料(ただ)で資源と労働力を提供する人びとの奴隷化と並行して進んだ。[69] それればかりか、自然から不当に利益を搾りとること、あらたな知識を獲得することにも関連している。こうして、女性は非理性的で感情的でヒステリーだとして下にみる奢った科学が誕生し、女性に特有の傾向は制御する必要があった（第四章）。とくに現代の医学はこのモデルに従って構築され、魔女狩りとも無縁ではない。当時は一般に、民間療法のほうが効果があったにもかかわらず、魔女狩りは公認の医師と敵対する民間療法師を排除する役割を果たした。近代以前にさかのぼる構造的な傾向を反映した医学は、患者に対して攻撃的な姿勢をとり、患者が女性であればなおさらだった。それは、近年ＳＮＳによる報告が増えている女性患者に対する虐待や暴力の訴えをみても明らかだ。わたしたちは理性を礼賛するが、実は思っているほど理性的ではなく、自然に対する攻撃に慣れっこになっていて考えようともしない。しかし、いずれもこれまですでに問い直されてきたことであり、今日では緊急を要する課題だ。異議申し立ては、ときにはあらゆるジェンダー論の外でフェミニズムの観点に立っておこなわれるが、自然と女性とふたつセットで強要されてきたことを同時に終わらせるためには避けて通れない。女性はシステム内でこうむっている不平等に異議を唱えるだけでなく、システム自体を批判している。自分たちに不利なかたちで形成されてきた象徴的な秩序と考え方をひっくり返そうとしているのだ。

イドラ島の漁師の心臓を食べたら

こうしたテーマを徹底的に論じはじめるときりがないので、ここでは、わたしの経験と読書の変遷を通じてみていきたい。基準にするのは、前項で書いたような、従来の禁止事項に対する挑戦を体現しているとわたしが考える女性作家たち。自立した生活を送り、年齢を重ねるなかで、自分の体と性をコントロールすることは、ある意味、これまでは女性に禁じられてきた。わたしにとって、これらの作家は現代の魔女。そのパワーと洞察力に、子どものころのフラクサに負けず劣らず刺激を受けた。そのおかげで、父権制による制裁の矛先をかわし、紆余曲折の末にここまで来ることができた。フェミニストであるかどうかは別として、みな自分の能力と自由を最大限に行使し、欲望と可能性を追求し、あきらめずに自己実現を果たしたが、そのことで社会的制裁を受けることもあった。制裁は、わたしたちが深く考えることもなく受け入れている反応と糾弾を通じて、いとも簡単におこなわれる。それほど、狭い意味の「女性」という概念は人の意識にしっかりと刻み込まれている。これまで禁じられてきたことをあらためて見直していると、いかに女性が日常的に抑圧され、それに対して彼女たちがいかに勇気をもって立ち向かってきたかがよくわかる。

わたしは別の機会に、冗談半分で「意気地なし」フェミニズム・グループを立ち上げようと思ったことを書いた[70]。わたし自身は、お行儀よく育てられた、感じのいいブルジョワで、人目に立つことに対して常に抵抗があった。そんな枠組みから飛び出したのも、みずからの信念と夢の実現のためにはそうせざるをえなかったからだ。本を書くのも、自分を励まそうとしてのこと。以来、同一視できるモデルの重要性を感じている。数年前、ある雑誌で、白髪を染めないことにした、年代の異なる女性に関する特集が組まれたことがあった。一見どうってことのない選択に思えるが、その陰に魔女の直接的な影響が認められる。そのうちのひとり、デザイナーのアナベル・アディは、一九八〇年代にクリスチャン・ラクロワのモデルとして活躍したマリー・セズネックが、まだ若いのに総白髪なのを目にしたときのショックについて語っていた。「ショーでマリーを見て、完全に魅了されました。そのころわたしは二〇代でしたが、すでに髪が白くなりはじめていました。マリーは『絶対に髪を染めない』というわたしの信念を裏づけてくれたのです！」[71] 最近では、ファッション・ジャーナリストのソフィー・フォンタネルが髪を染めるのをやめた決意について本を書いている。本のタイトルは『出現』。ここで語られているのは、髪を染めることによって隠されていた、輝く自己の「出現」であり、白い髪で強い印象を残す女性の「出現」である。カフェのテラスで白髪のマリー・セズネックを見かけたことで、ソフィー・フォンタネルも一歩前に踏み出すことができた。[72] 一方、米国では、一九七〇年代のテレビ番組『メアリー・タイラー・ムーア・ショウ』が、実在の人物──独身で幸せに暮らしている女性ジャーナリストにスポットをあて、一部の視聴者にインパクトを与えた。二〇〇六年に女性で初めて、米国三大ネットワークの夜のニュースで単独キャスターに抜擢されたケイティ・クーリックは、二〇〇九年、次のように語っている──「自由に生き、ひとりで生計を立てている女性を見て、私は思ったものです。『わたしも、こんなふうになりたい』と」[73]。米国の作家パム・ヒューストンは、子どもをつくらないと決心したみずからの人生を振り返り、オハイオ州デニソン大学でフェミニズムを専門とするナン・ノヴィク教授の影響が大きいと話す。「大柄で、エレガント」で、子宮内避妊用具[74]をイヤリングにしていたそうだ。[75]

イドラ島旅行から帰ってきたギリシャの友人がわたしに話したのは、防腐処理を施して、地元の小さな美術館に展示されていた、トルコを相手に熾烈に戦った島の漁師の心臓のことだった。「もしこれを食べたら、漁師と同じくらい勇敢になれると思う？」と、友人は夢みるようにわたしに訊ねた。こんな途方もない方法に訴えるまでもなく、だれかの力を自分のものにしようとする場合、絵を見たり、思想に触れたりするだけで、驚くほどの効果を発揮することがある。意図してであれ、知らないうちにであれ、女性どうし手を差しのべ、献身的に協力しあうことは、大衆誌やインスタグラムのネットワークにあふれかえる「人を幻惑する」やり方とは真逆の手法だ。妬みやフラストレーション、自己嫌悪、絶望をかきたて、完璧な生活に対する幻想を吹き込むのではなく、欠陥や弱点があってもごまかさず、刺激を与えて自己形成を促す寛容な姿勢。前者は、伝統的な女性らしさのステレオタイプを掲げて競争をあおる、利益がらみの広大なキャンペーン（雑誌のグラビア、家庭を守る完璧な母または女主人のイメージ）で支配的だが、後者は逆にこうしたイメージとの決別をうたう。古いモデルに従わなくても、生きて、自己実現をすることはできるのだ。巧妙な脅しもどきの言説で言いくるめようとするキャンペーンは、ひとたびわたしたちが品行方正のまっとうな道をはずれるや、人前でおおっぴらに責め立てる。おそらく、自分が知らない秘密をほかの人たちが「知っている」、または隠していると信じる気持ちには幻想が含まれ、理想化もされているだろう。しかし、少なくともここでいう理想化ははばたく翼を与えてくれて、それによって意気消沈したり、体が麻痺したりするものではない。

　米国の知識人スーザン・ソンタグ（一九三三―二〇〇四）の写真を見ると、黒髪のあいだに、限局性白皮症による、たっぷりとした白髪の房がある。ソフィー・フォンタネル（ソンタグと同じく限局性白皮症だった）は、一四六〇年にブルゴーニュ地方で火あぶりにされた魔女ヨランドのことを語っている。処刑の前、頭髪を剃っているとき、白皮症のために皮膚の色素が一部抜けていて、まるで悪魔のしるしのように見えたという。少し前にスーザン・ソンタグの写真をあらためて見たとき、わたしは彼女を美しいと思った。ところが、二五年前には、同じ人のことをしたたかで、人を混乱させると感じていたのだ。当時、それをはっきり口にすることはなかったが、ウォルト・ディズニーの『一〇一匹わんちゃん』に登場する醜悪で恐ろしげなクルエラが頭に浮かんだ。それに気づいたとき、この女性と、彼女によく似たすべての女性につきまとっていた不吉な魔女のイメージは一掃された。

白著のなかで、フォンタネルは自分の白髪を美しいと思う理由を挙げている。「白くて美しいものはたくさんある。ギリシャの石灰塗りの壁、ビアンコカララ大理石、海水浴場の砂、貝殻の真珠色の光沢、黒板の白墨、ミルクのお風呂、キスの輝き、雪の坂道、オスカーを受賞したときのケーリー・グラントの白い頭髪、冬にわたしをスキー場に連れていってくれた母……、それらと同じ白い色[76]」。いずれも、女性蔑視の堪えがたい過去からやさしく解き放ってくれる魔法のようだ。『Vフォー・ヴェンデッタ』で知られる英国のマンガ家、アラン・ムーアはドキュメンタリーで次のように語っている――「魔法はアートで、アートはまさに魔法。アートも魔法も、象徴や言葉、イメージを駆使して、意識の変化を生み出す。実際、魔法をかけることは、簡単にいえば言葉を使って人の意識を変えることでもある。だから、アーティストも作家も、現代社会ではシャーマンに近いものがあると思っている[77]」。幾重にも積み重なったイメージや発言のなかから、不変の真実と思われるものを発見する、知らないうちにとらわれている、些細で恣意的な表象の性質を明らかにする、わたしたちが肯定感に満たされ、充実した人生を送ることができるものにそれらを変えていく——これこそが魔法のひとつのかたちであり、この人生が尽きるときまで魔法を行使することができれば、これほどうれしいことはない。

第一章

それぞれの人生

女性の自立にとって災いとなるもの

「こんにちは、グロリア。やっとあなたと話すことができて、とてもうれしいわ」。一九九〇年三月、ラリー・キングが司会をつとめるCNNの番組で、米国フェミニズムの栄えあるモンスター、グロリア・スタイネムを迎えたときのこと。ひとりの視聴者がオハイオ州クリーブランドから電話をかけてきた。その声はやさしく、だれもがスタイネムのファンだとばかり思ったのだが、それはまちがいであることがすぐにわかる。「あなたの運動は完全に失敗だったと思います」と、このうえなく感じのいい声で非難したのだ。「この素晴らしいアメリカ社会とわたしたちの素晴らしい家庭が衰退したおもな原因のひとつは、あなたにあるとわたしは考えています。お聞きしたいことがいくつかあります。あなたは結婚していますか。子どもはいらっしゃいますか」。この質問に対してゲストは、ごく穏やかに、ひるむことなく「いいえ」と二回答えた。言葉巧みに発言を要約しようとするMCに遮られ、復讐に燃える匿名の視聴者は、「グロリア・スタイネムは、地獄で焼かれることでしょう」と締めくくった(1)。

一九三四年生まれのグロリア・スタイネムは、一九七〇年代の初め、ジャーナリストとして女性の権利を援護する活動を積極的に展開し、いつでも宿敵をてこずらせてきた。第一に、美しく、恋人もたくさんいたので、フェミニストの要求などは、言い寄ってくる男もいない醜い女性の嫌味と欲求不満の賜物でしかないという従来の主張は退けられた。次に、旅行と発見を繰り返し、活動家として多くの本を著し、恋愛にも友情にも恵まれ、きわめて充実した人生を送り、今も送りつづけるスタイナムは、結婚して子どもをつくらない女性に生きている意味はないと考える者にとって、明らかにじゃまな存在だった。あるジャーナリストがスタイネムに「なぜ、あなたは結婚しないのですか」と質問したところ、「自由を奪われた状態で、セックスすることはできませんから」と答えた話は有名だ。

六六歳のとき、スタイネムは当時の恋人だった南アフリカ出身の男性がグリーンカードを取得して米国に滞在できるようにするため、この行動規範をひるがえす。彼女はアメリカ先住民のリーダー、ウィルマ・マンキラーの住むオクラホマ州でこの男性と結婚し、チェロキー族の伝統にのっとった結婚式を挙げ、式のあとには「素晴らしい朝食」がふるまわれた。スタイナムは自分がもっているなかで「いちばんきれいなジーンズ」をはいて式に臨んだ。三年後、夫はがんで亡くなる。数年後、米国に住む独身女性の歴史について調査していたジャーナリスト、レベッカ・トレイスターに、スタイネムは次のように打ち明けている――「法律にのっとって結婚したのだから、彼は生涯の恋人で、わたしは彼のものだと考える人もいます。でも、その人は人間の不思議についてほんとうに何もわかっていない。夫は過去に二度結婚し、成人した素晴らしい子どももいました。わたしはこれまでに複数の男性と幸せに暮らし、そのうちの何人かは今も友人で、家族のように思っています。生涯を通じてパートナーはひとりだという人もいますが、大抵の人はそんなことはありません。それでも、一つひとつの愛が唯一の、かけがえのないものであることに変わりはないのです[2]」。

レベッカ・トレイスターによれば、一九六〇年代末まで、米国のフェミニズム運動の主流はベティ・フリーダンだった。フリーダンは、一九六三年刊の『新しい女性の創造』で理想の主婦像を批判して反響を呼び、そのなかで「男性との平等を望むと同時に、夫と子どもを愛しつづける女性」を援護する。女性運動のなかで結婚に対する異議申し立てが登場するのは、同性愛者の権利を護る闘い、なかでも女性の同性愛者がカミングアウトするようになってからのこと。当時でさえ、多くの運動家にとって、異性愛者が結婚を望まないのは考えられないことだった[3]。「少なくとも、グロリアが登場するまでは」とレベッカ・トレイスターはいう。スタイナムをはじめとする何人かの活動家のおかげで、一九七三年、『ニューズウィーク』誌は「独身でいながら、独立した一個人であることは両立しうる」と認め、一九七〇年代末に離婚率は大きく上昇し、五〇%に達した[4]。

不正な生活保護の受給と自由電子

ここで強調しておかなければならないのは、米国の白人フェミニストたちがこのときも大胆さに欠けていたことだ。一方で、奴隷を先祖とする黒人女性は、ベティ・フリーダンが告発した理想的な使用人の身分に甘んじることはなく、誇りをもって労働者としての地位を要求した。一九二一年、アフリカ系黒人女性として米国で初めて経済学博士号を取得した弁護士セイディー・アレクサンダーが、一九三〇年代に理論化していたことと同様だ。[5] 加えて、地域社会への政治参加を求める長い伝統があった。例えば、グロリア・スタイネムと同い年のアネット・リヒターは、スタイネムのように、基本的に生涯独身を通し、子どもをもたなかった。スタイネムのように、有名になっていてもおかしくはない。成績優秀だったアネットは、生涯、ワシントンの政府ではたらきながら、一八六七年、当時はまだ奴隷だった自分の高祖母が設立した黒人女性の相互扶助の会社を運営した。[6] そのころ、アフリカ系米国人女性の多くは、第二次世界大戦後に経済状況が悪化したため、白人女性よりも先に、結婚はしないで子どもをもつようになっていた。そのため、一九六五年以降、「民主党政権下で社会福祉政策の立案を進めていた」労働省次官補ダニエル・パトリック・モイニハンから「アメリカ社会の父権制」を危険に陥れたとして非難された。[7]

一九八〇年代、ロナルド・レーガン大統領の時代になると、保守派は政府の社会福祉制度を悪用し、多額の生活保護費や福祉給付金などをだまし取る女性を「ウェルフェア・クイーン」と呼んでこきおろした。こうした女性には白人も黒人も両方いたが、黒人の場合はさらに人種差別的な攻撃がそれに加わった。レーガン大統領自身、一〇年以上にわたって、ウェルフェア・クイーンと呼ばれる女性の話――もちろんフェイクだ――「八〇の名前、三〇の住所、一二の社会保障番号」を使いまわして金を得たおかげで、可処分所得金額は一五万ドルを超えていたと、恥ずかしげもなく吹聴してまわった。[8] フランスでもよく耳にする、「生活保護の不正受給者」に対する、女性に限定された告発だ……。一九九四年、フロリダ州知事選に出馬したジェブ・ブッシュは、生活保護を受給している女性は「夫をみつけて、生活を立て直し」たほうがましだと発言。一九九〇年代初めのカリフォルニアを舞台とした、アリエル・ゴアの小説『わたしたちは魔女だった』で、大都市郊外に引っ越してきた主人公の女性（白人のシングルマザー）は、フードスタンプをもらって生活していることを隣人に告白するという過ちを犯す。それを知った隣人の夫は窓の前で主人公をののしり、郵便受けに届いていた小切手を盗む。娘とともに帰宅したとき、家のドアに、けばけばしく口紅を塗りたくった人形が打ちつけられ、「薄ぎたない受給者め、くたばっちまえ」と書かれたメモが付されているのを目にした主人公は、その日のうちに転居する。[9] 二〇一七年、ミシガン州裁判所は、レイプによって生まれた八歳の子どもを父親の依頼で捜索。専門家の意見を求めずに強姦者である父親に親権を付与し、子どもに面会する権利を与えた。出生届には男の名前を追記し、被害者の住所を教えたという。被害者である若い母親は「息子のために、フードスタンプと医療保険の支給を受けていました。あの人たちは、お金が欲しかったのだと思います」と証言している。[10] 女性には主人が必要。たとえ一二歳のとき、その男性に連れ去られ、監禁されたとしてもだ。

一九九六年、ビル・クリントンはもとから穴だらけだったセイフティネットをさらにボロボロにする悲惨な福祉改革[11]を実行したが、その立役者のひとりは、二〇一二年、結婚こそ「貧困に対する最良の武器」だと発言した。レベッカ・トレイスターは、これでは何もかも逆効果だと主張する。「結婚する人の数の減少が心配なら、政治家は福祉手当を増やすべきだ」――というのも、経済的に安定するほうが、結婚しやすいからだ。「貧困化が心配なら、政治家は福祉手当を増やすべきだ。これほど、自明なことはない」。さらに、レベッカ・トレイスターは次のように指摘する。未婚の女性がほんとうに「国／夫」を求めているのだとしたら、長年「国／妻」による支えの恩恵を受け、補助金や貸付や税の控除などを得て独立を維持してきた白人男性、とりわけ「裕福な既婚の白人男性」は言語道断だ[12]。しかし、女性は主体性をもつ一個人であって、自分を引っぱってくれる馬が来てくれるのを待つ単なる付随物ではないという考えは、保守派の政治家に限らず、達成をめざして切り開いてゆくべきではないだろうか。

一九七一年、グロリア・スタイネムは女性のための月刊誌「ミズ（Ms.）」を共同で創刊。「ミス」でも「ミセス」でもないこの敬称は男性の「ミスター」に相当し、対象となる人の既婚／未婚を問わない。一九六一年に、公民権問題の活動家シーラ・マイケルズが普及させたのが始まりで、同居人宛ての手紙にあったスペルミスから思いついたといわれている。マイケルズ自身は両親が結婚していなかったため、「父親の所有物」であったことは一度もなく、「夫の所有物」にもなりたくなかったので、それを言いあらわす言葉を探していた。多くの娘が一八歳で結婚する時代に、マイケルズは二二歳。未婚のまま「ミス」でいることは、「売れ残ったアクセサリー」であることを意味した。冷やかしと嘲笑の的になりながらも、一〇年間マイケルズは「ミズ」と名乗り続ける。その後、創刊する雑誌の名前をスタイネムが探していることを聞いた友人がマイケルズの話を教えたことから、「ミズ」の敬称は雑誌名に採用され、一般に広く浸透した。一九七二年、ニューヨーク州選出下院議員ベラ・アブズグによって、連邦政府の書式で「ミズ」の使用が法的に許可される。同年、テレビでこの件について質問されたリチャード・ニクソン大統領は、不意をつかれ、困ったように少し笑いながら「少し古いのかもしれませんが」と前置きしたうえで、「ミス」または「ミセス」のままのほうがいいと答えた。番組終了後、ホワイトハウスでニクソンはブレーンだったヘンリー・キッシンジャーに「くそっ、グロリア・スタイネムの雑誌を読み、それを問題にしている奴がいったい何人いるっていうんだ」と不平を漏らし、それを録音した機密の証拠が残っている。[13]二〇〇七年、英国『ガーディアン』紙の記者イヴ・ケイは、「ミズ」という言葉の歴史を振り返り、銀行口座を初めて開設するとき「ミズ（Ms）」（英国では、通常ピリオドはつけないが、米国では、通常ピリオドをつける）と書いた日の誇らしい気持ちを今でもよく憶えているという。「わたしは独立した主体を有する、独立した個人であり、『ミズ』という敬称はそれをよく表していました。ささやかで象徴的な一歩で、女性が男性と対等であることを必ずしも意味しないことは十分わかっていましたが、少なくとも自分が自由であると表明できたことは重要でした」と語って、ケイは女性読者にも同じようにすることを勧めた――「『ミス』を選べば、あなたはいまだ未熟な子どもで、『ミセス』を選べば一種の家具だと宣告されたも同然です。『ミズ』を選んでごらんなさい。あなたは、自分の人生を自分で決める大人の女性なのです[14]」。

それから四〇年の長い年月（としつき）が流れ、フランスでもようやく性差別と闘うふたつの団体「フェミニズムよ、挑戦せよ！（Osez le féminisme !）」と「番犬たち（Chiennes de Garde）」が「『マドモワゼル』欄はいらない」キャンペーンを展開し、公文書から「マドモワゼル」の敬称を削除するよう求めたが、この運動は過去に幾度となく繰り返された、暇を持てあますフェミニストたちの気まぐれだと受けとめられた。過去を懐かしんでため息をつく者、フランスらしい上品さを蹂躙するあばずれ女の蛮行を震え声で嘆く者、「もっと重大な問題」に取り組むべきだと恨みがましく命じる者など、反応はさまざまだった。「最初は、冗談かと思いました」。『エル』誌の論説でアリックス・ジロ・ド・ランはこう言って笑い、「マドモワゼル」は一部で、名誉称号でもあることを指摘した。

ひとりの男性と長く付きあうことのない有名女優に、あえてこの敬称を用いるのだという。「『マドモワゼル』をなくすわけにはいきません。マドモワゼル・ジャンヌ・モロー、マドモワゼル・カトリーヌ・ドヌーブ、マドモワゼル・イザベル・アジャーニなのですから」。こうした見解を示すことで、ジロ・ド・ランは、いくばくかの悪意を込めて、「マダム」を一般化すれば、すべての女性を既婚とみなすことにもつながる（フランス語に「ミズ」のような第三の選択肢はない）と言ったのだ。「フェミニストさんたちにとっても、公的に身の落ち着き先が決まって、尊敬を得られたほうが良いのでしょうね」。当然ながら、これは先の二団体の意図するところではない。しかし、ジロ・ド・ランの「マドモワゼル」を惜しむ気持ちは、この敬称が「若さ」を暗示することに由来しているらしい。「『マドモワゼル』をなくすわけにはいきません。カデ通りの八百屋さんから『マドモワゼル』と呼ばれたところでだまされませんよ。でも、バジルがただになるかもしれない、とは思います」（どうやら、この方は専制的フェミニスト団体の砲兵が標的としているのは、フランスの行政文書だけであって、ご自身のバジルの値段に対する心配は不要であることを理解されていないようだ）。最後にジロ・ド・ランは、「お姫様（Princesse）願望というわたしたちの不可侵の権利を擁護して、むしろ『Pcsse』の欄をつくってはどうかしら？」と提言して締めくくっている……[15]。なんとも嘆かわしい話だが、こうした発言から透けてみえるのは、いかに女性が――少なくともフランス人女性が――永遠に少女のままでいたいと願い、みずからの価値をモノ化しているかという事実だ。「少なくともフランス人女性」というのは、『マリ・クレール』誌によると、カナダのケベック州では「マドモワゼル」の敬称は時代遅れで、そう呼んだあかつきにはひっぱたかれること請け合いだという[16]。

パイオニア、または禁断のモデル

アリックス・ジロ・ド・ランを特殊な例として片づけることはできないが、独立を体現しているのは、明らかに独身女性である。反動勢力からみれば我慢のならぬ存在で、多くの女性にとっては怖い存在だ。性別による労働格差は今日なお改善されず、人の心理に大きな影響を及ぼしている。大半の若い女性が受けている教育では、自分がもっている力を信じて、自立に重点をおき、それを培うよう促すことはいっさいいない。若い女性は、夫婦と家庭こそが自己実現にとって最も重要な要素だとみなすよう強いられるばかりか、自分は無力で弱い存在だと思い、何をおいても夫の愛情の確保に腐心するようになる。こうして、勇敢で冒険心に富んだ女性は実在せず、それにあこがれても人生には何のプラスにもならないと思い込まされるのだ。二〇一七年、米国で、ひとりの女性がインターネット上の雑誌の読者欄で次のように呼びかけ、助けを求めた――「どうか、わたしに結婚しないでと言ってください!」二〇歳になるこの読者は二年半ほど前に母親を亡くした。ふたりの姉はすでに結婚し(ひとりは子持ちで、もうひとりはこれからつくることを計画中)、父親は再婚して、住んでいた家を売却しようとしていた。投稿した女性は次に帰省するとき、九歳になる後妻の娘と部屋をシェアするのがいやでたまらない。恋人はいなかったが、結婚願望があったから、こんな精神状態ではよくない決断をしかねないと自覚していた。これに対して、ジャーナリスト(女性)は、受けてきた社会教育により、大人になって人生の激変に直面した若い女性は、女性ならではのハンディキャップに悩まざるをえないと強調しつつ、次のように回答している――「男の子は、可能な限り波乱に富んだ人生を歩むよう励まされます。人に頼らず、単独で世界に立ち向かうことは想像しうる限り最もロマンあふれる生き方で、そこへ女性が現れて、手足を縛られ、自由を失い、何もかも台なしになる事態は望ましくありません。ところが女性の場合、この世界でわが道を行くことは、その未来図に男性が登場しない限り、わびしく悲痛な姿として描かれます。したがって、狭量なしきたりを超越した世界をあらたに構築することは実に大変な仕事なのです!」[17]。

　だからといって、男性が愛情の欠如や孤独に苦しまないわけではない。しかし、少なくとも悲惨な状況で、それをさらに悪化させる文化的イメージに取り巻かれることはなく、文化的支援が与えられる。引きこもって鬱々としているオタク（男性）が、現代のプロメテウスになり、金と成功を得て報復を果たすことはこれまでにもあった。ある男性ジャーナリストがいうように、「男性中心の文化には、お姫様も、美しい衣装をまとった、まばゆいばかりの結婚も存在しない」[18]。対照的に、女性は「愛」より「ロマンス」を夢みるよう教えられる（「ある文化が父権的で、ジェンダーの観点で偏っている場合は、ロマンスに高い価値が付与される」と、グロリア・スタイネムはこのふたつを明確に区別している）。ひとりの人間として全面的に開花するのではなく、他者を通じてしか完全性を得られず、依存状態の表面的な関係のなか、女性または男性としてふさわしいと思われる範疇で才能が発揮できればそれで良しとされる。ただし、そこでは女性のほうがダメージを受けやすい。「人間の資質の多くが『男らしさ』に含まれ、限られた一部のみが『女らしさ』に属する状況では、男性よりも女性のほうが死活にかかわる部分を人まかせにせざるをえない[19]」。

一般的に、これは独立した女性に対する懐疑的態度を招くおそれがある。社会学者のエリカ・フラオーは、二〇世紀初頭、独立した生活を送る配偶者のいない女性が登場したとき、こうした懐疑がどのように表明されたかを説明している――「かつてであれば、こうした女性はみな、両親、一族、共同体が面倒をみていたものだ」。フラオーは次の文章を、ジャーナリスト、モーリス・ド・ワレフ[20]の一九二七年の著作から掘りおこしてきた。「ロビンソン・クルーソーのように無人島に流れ着くのでない限り、人間はひとりでは生きられない。人が灯台守、羊飼い、または隠者になるのはそうしたいからであって、そういう気質だからだ。認めようではないか。魂の気高さは内面の豊かさで推しはかられ、ひとりで生きてゆくにはとんでもなく豊かな心が必要だ。しかし、女性でこの偉大な道を選択するものはいない。弱いがために心やさしい女性たちは、男性以上に社会を必要としているのだ」。さらに、一九六七年、アンドレ・スービラン医師は、広く読まれた著作のなかで次のように問いかけている――「人間の自由や非支配について考えられているように、女性の気持ちに関しても同様に考えられるものかどうか、考えてみなくてはならないだろう[21]」。

明確に意識こそしていないが、多数派が共有している表象またはカウンター・カルチャーから生まれた表象が女性を支援し、人生の選択に意味、勢い、反響、深みを与えることが、わたしたちには必要だ。それを過少評価すべきではない。わたしたちの生活を活気づけ、支え、意味を実感するためにも、ほかのだれかと混じり合い、そこに存在していることを示し、肯定するためにも、わたしたちが生きている痕跡が透けてみえるものがなければならない。一九七〇年代、当時のフェミニストが構想した何本かの映画は、まさに自立した女性たちにとってのそれだった。例えば、一九七九年に公開されたジリアン・アームストロングの『わが青春の輝き』。ジュディ・デイヴィスが裕福な母方の家と、貧しい父方の農場のあいだで翻弄される一九世紀のオーストラリア人女性、シビラ・メルビンを演じている[22]。アートをこよなく愛し、陽気でちょっと変わったシビラは、将来、結婚なんてしないと心に決めている。金持ちの家に生まれたハリーと恋をし、いくつもの紆余曲折を経て求婚されるが、シビラは「自分の人生を生きる前に、ほかのだれかの人生の一部になりたくない」と言ってハリーにあやまり、自分は本を書きたいのだと打ち明ける。「いま、どうしても書かなければならなくて、それはひとりでないとできないの」。最後のシーンでは、シビラは本を書き上げている。畑を仕切る柵にもたれ、金色に輝く陽の光のなか、これから原稿を出版社に送るシビラは幸せをかみしめる。

ハッピーエンドだが、男性も恋愛も関係ない。こんな結末はありえないことで、映画を観たわたしでさえ、結末を知っていくらか不安を感じたほどだ。シビラが求婚を断る場面で、わたしにはシビラの気持ちがよくわかった（「オーストラリアの奥地で、年に一回子どもを産むだけの女になりたくない」とシビラは言った）。でも、もうひとりのわたしはこう叫ばすにいられなかった――「ねえ、あなた、ほんとうにそれでいいの？」映画の主人公が生きた時代、結婚を断ることは恋愛と無縁の生活を送ることを意味していた。しかし、そのあとに続いて起こったできごとはそんなレベルを超えていた。一九六九年、女性の団結を目的としてニューヨークで開かれた会議の場で「男に恨みはないが、結婚なんてくそ食らえ」と訴えるビラが配られたのだ[23]。このことからもシビラの決心の重大さがわかるが、同時にもっと根源的な偏見についても明らかにしている。つまり、女性だってみずからの資質を生かした仕事をしたいと思って当然なのだ。

「まったく、ずる賢いったらありゃしない。男たちはこうやって示し合わせ、独身女性につらくあたる人生を送るものだから、女はみな、たとえ苦しんでも結婚できて幸せだと思うのよね」――エリカ・ジョング『飛ぶのが怖い』のヒロインはこう言ってため息をつく。一九七三年に出版されたこの小説は、女性に課されている劫罰をあらゆる面から探索した。若い詩人イザドーラ・ウィング（この苗字はイカロスの「翼」を意味する）は、ひとめ惚れをした男についてゆくために二番めの夫を捨てて家を出る。五年にわたる結婚生活の末に抑えきれなくなった渇望について、「どこかへ行ってしまいたい、わたしはまだ以前のままであることを、森の小屋にひとりで暮らしても、頭が変になることもなく、もちこたえられるかどうか確かめたいという欲求」と表現している。しかし、一方で夫に対する愛情（「あの人を失ったら、自分の名前さえわからなくなってしまうんじゃないかしら」）を思い出して、ノスタルジーがこみあげることもある。安定した愛情生活を送る必要と自由を希求する必要のあいだで引き裂かれる状態は、男性にも女性にも共通しており、その緊張関係こそが夫婦の生活を好ましいものにも、あやういものにもしている。しかし、独立が必要とされるとき、分が悪いのは女性のほうだということをイザドーラはよくわかっている。果たして自分にはその勇気があるだろうかと疑い、恋愛にこれ以上振りまわされたくない、本を書く仕事に集中したい、男性のように仕事を通じて自己実現をしたいと願う。とはいえ、自分が本を書く理由も人から愛されたいからだという事実は否定できない。罪悪感を抱くことなしに自由を満喫することは永遠にないのではないだろうか。イザドーラの最初の夫は精神に障害をきたして、妻といっしょに窓から飛び降りようとした。そんなことがあってからも、イザドーラは夫と別れた自分を許すことができない（「わたしは自分を選んだ、そして、今なおそれを後悔している」）。「男のいない生活なんて想像できない」ことを十分にわかっているのだ。「男なしでは、飼い主のいない犬や根のない木みたいに、どうしてよいかわからなくなるだろう。わたしには顔も実体もない」。それでも、自分の周囲にいる結婚した多くのカップルを目にするにつけ、イザドーラは困惑を隠せない。「いつからうまくいかなくなったのだろう？　が問題なのではなく、うまくいったことがあっただろうかということだ」[24]。ヒロインの目には、ひとり者はみな結婚することしか夢みていないのに、結婚したとたん、そこから逃げ出すことしか考えていないように映る。

「辞書には、『adventurer（男性形）』は『冒険家。冒険することを楽しみ、求める人』と書いてあるのに、『adventuress（女性形）』は『富や社会的地位を手に入れるために、いかなる手段も辞さない女性』と定義されている」と、グロリア・スタイネムは指摘する[25]。スタイネム自身は、従来の枠組みに収まらない教育を受けており、通常、安定を求めるよう若い女性に仕向けられる心理操作を免れている。父親は普通のサラリーマンになることを拒否しつづけ、古物の行商人などのさまざまな職業に就いて生活費を稼いでいた。そのため、家族全員が父親について住まいを転々とし、グロリアは学校に行く代わりに、車の後部座席で本を読むのが常だった（一二歳になるまで学校教育を受けたことがなかった）。父親は「住まいを定める」ことに恐れを抱いていたと、スタイネムは語っている。住んでいた場所に何かを忘れたことに気がついても、まだそれほど遠くまで来ていないのに、引き返すのではなく足りないものをあらたに買っていたそうだ。グロリアが六歳になり、新しい服が必要になったときは、父親は娘にお金を渡し、本人が気に入ったものを買ってくるまで車に乗ったまま待っていたという。その結果、買ってきたものは婦人用の真っ赤な帽子だったり、生きているウサギといっしょに売られていたイースターの靴だったり、フリンジのついたカウガール用のベストだったり。つまり、父親は娘にしたいことを自由にさせていたわけだ。のちに、スタイネムは最愛の父親の生き方にならって、飛行機で行き来する生活を送るようになる。リモートで勤務していた勤め先の雇用主が週に二回出勤するよう要請したところ、スタイネムは「辞表を提出し、コーンにのせたアイスクリームを買って、日の当たるマンハッタンの通りをそぞろ歩いた」。長いあいだ、スタイネムのアパートメントは段ボール箱やスーツケースがうず高く積み上がり、混沌としていたが、五〇代になってようやく家事のセンスが身についてきた。数か月かけて「巣づくりをし、シーツやキャンドルを買って、うれしさのあまりオーガズムに達したと思ったほどだ」。こうしてスタイネムは、家で過ごす時間が快適になれば、そのぶん旅の喜びも倍増し、その逆もしかりであることを発見する。いずれにしても、スタイネムの最大の関心ごとがシーツやキャンドルでないことは明らかだった。スタイネムが、即座に普通の「女の子」のようになれるはずもなく、子どものころ、大人が頬にキスをしようとすると噛みついたのだとか。[26]おそらく、それだけの価値はあったと思われる。

二〇〇九年、エリカ・フラオーは、フランス人の「女性の家庭内の孤独」について社会学的調査を実施し、三つのタイプがあると報告している。すなわち「満たされていない」＝現状に甘んじて、苦しんでいる女性、「前進している」＝現状を認めようとしている女性、「結婚生活の背徳者」＝生活も恋愛も友情も、意図的に夫婦の枠組みの外に築いている女性だ。最初の「満たされていない」

女性は（ひとりは元農業従事者、もうひとりは資本家で、当人の個人的な足跡あるいは社会階層は関係がない）、良き妻、良き母として生きる可能性がないとわかると（可能性が絶たれるや）、どうすることもできない状態に陥っている。ふたりの女性はいずれも、与えられた役割を果たす機会があったかどうかにかかわらず、性別による役割分担と伝統的な役割に対する強い愛着を基本とする社会化の強い影響下におかれている。逆に、「結婚生活の背徳者」たちは、こうした役割分担に対し、常に批判的な距離をとるだけでなく、明らかに不信感を抱いている。彼女たちもクリエイティブで、本をたくさん読み、強い思いを内面に秘めている。「これらの女性たちは、男性や他者の視線に囚われることなく生きている。それというのも、孤独な生活には人や作品、生者や死者、家族や見知らぬ他人が住み着いていて、それらが生きた肉体または作品中の思想のかたちを借りて影響を及ぼすなかで自己形成を果たしてきたからだ[27]」。「結婚生活の背徳者」たちは自分を一個人とみなし、女性の典型を代表しているとは考えない。独り者の生活に対する偏見から想像される孤立した悲惨な生活からはほど遠く、自己を絶え間なく磨き続けるライフスタイルにはふたつの効果がある。ひとつは、既婚／独身を問わず、大抵の人が人生のある時期に経験する孤独を味方につけるだけでなく、それを楽しむことができること。もうひとつは、社会的役割の慣例に従うのではなく、その人個人の本心により行動することで強固な人間関係を築きうることだ。その意味で、自分を知ることは「エゴイズム」でも「引きこもり」でもなく、他者に誠実に歩み寄る姿勢のあらわれにほかならない。執拗なプロパガンダを通じて信じ込まされていることとは裏腹に、従来の女性らしさは頼みの綱にはならない。女性らしさを身につけて、その価値観に同意することは、わたしたちを守るのではなく、弱く貧しくさせるのだ。

独身女性に対する同情の背後には、潜在的脅威をかわそうとする意図がある。「猫を連れたオールドミス」のイメージもそのひとつで、この場合、猫は満たされない愛情の埋め合わせだ。[28] ジャーナリストのナディア・ダームは、『猫を連れたオールドミスにならないには――キャットフードのにおいのする独身女性にならないためのコツ』[29] と題する本を出版し、キレることなく、独身女性でいるための秘訣を書いている。コメディアンのブランシュ・ガルダンはコント「わたしのひとり言」で、友だちに猫を飼うよう勧められ、これは自分の状況が人からいかに悲惨だと思われているかという証拠だと語る。「ハムスターを飼ったら、と言われるんじゃない。ハムスターは二、三年で死んでしまう。つまり、あんたはこの先、だれかに出会う可能性が残されている。そうじゃなくって、猫を飼うよう勧められるのは、これから二〇年後までの解決法を提案されてるってことよ。やれやれ！」。ところで、猫は魔女の「守り神」として（または単に「仲間」ともいえる）正式に認められている。魔術の実践の場にも立ち会う超自然の存在で、魔女は猫の姿をしていることもある。実際、『奥さまは魔女』のマンガで、猫に変身したサマンサがダーリンの脚にすり寄ったのち、腕に飛び乗り元の姿にもどる場面がある。また、リチャード・クワインの『媚薬』（一九五八年）でキム・ノヴァクが演じる魔女は、ニューヨークの店でアフリカの美術工芸品を売っていて、最愛のシャム猫パイケット（いかにも、魔女の仲間らしい名前だ）に頼んで、クリスマスに恋人を連れてきてもらう。教皇グレゴリウス九世は、一二三三年の教書で猫を「悪魔の手下」だと断罪。次いで一四八四年、インノケンティウス八世は、女性に飼われている猫はことごとく魔女の仲間であり、「魔女」は動物もろとも火あぶりにするよう命じた。猫の虐殺によって、鼠が大量に発生し、街にペストが蔓延する結果になると、その罪を被せられたのは魔女だった……。[30] 一八九三年、マチルダ・ジョスリン・ゲージは、市場で黒猫の毛皮が売れないことから、魔女狩りの時代から根強く残る黒猫に対する不信の目に気づいた。[31]

逆らうものには襲いかかれ

女性が大胆にも独立を主張すると、脅迫や威嚇によってあきらめさせようと軍事兵器が動き出す。ジャーナリストのスーザン・ファルーディによれば、長い歴史を通じて、女性解放をめざすステップの一つひとつが、いかにささやかなものであろうと、反撃を招くことを避けられなかったという。第二次世界大戦後、米国の社会学者ウィラード・ウォーラーは「何人かの女性の精神的自立はあらゆる支配を免れ」、衝突によって転換をもたらしたと評価している。[32] 例えば、『魔女に与える鉄槌』に対する反応がそのひとつで、「ひとりで考えている女性は何か悪いことを考えている」。実際は、平等の一瞬のそよ風でさえも、男性は破壊的な台風のように感じるものだ。ちょうど、人種差別の被害者が身を護ろうとする素振りをみせるだけで、世間の多数派は攻撃を食らい、今にも呑み込まれるのではないかと考えるように。こうした反応からみてとれるのは、支配する側はみずからの特権（男性または白人が有する特権）を放棄するのがいやなだけでなく、支配される側の経験を理解する能力がないことだ。もしかしたら、罪のない被支配者の怒れる抗議に対し、みずからの身の破滅を招きかねない良心の呵責があるのかもしれない（「これまで被支配者にあまりにひどいことをしつづけてきたから、いずれあいつらはおれたちを滅ぼすにちがいない」）。

他方、スーザン・ファルーディは、一九九〇年に出版した自著のなかで[33]、一九八〇年代の米国で、先の十年間にフェミニズムが実現した進歩を妨げるため、各種メディア（新聞・雑誌、テレビ、映画、心理学関連書籍）を通じて繰り返し展開されたプロパガンダ・キャンペーンについて詳細に書いている（ファルーディはこれを「報復」または「巻き返し」と呼ぶ）。四半世紀後に見直すと、行使された手段の粗雑さがいっそう際立ってみえる。ここでもまたファルーディは、多くの場合、メディアの存在意義が情報ではなく、イデオロギーになっていると断言する。批判的視点を欠く偏った調査の繰り返し、綿密さも厳密さも皆無、知的怠慢、日和見主義、センセーショナリズム、付和雷同、いかなる現実からも遠く離れた閉塞した機能……。「この種のジャーナリズムは、事実ではなく、単に繰り返すことで無理やり人びとを説得しようとしている」と、ファルーディは指摘する。この時期、あらゆる媒体を駆使して集中砲火のごとく繰り出された主張には、ふたつの大きな誤りがある。第一に、女性は勝利を収め、平等を勝ち得たということ。第二に、今日、女性は孤独で不幸だということ。

ふたつめの断定は状況を述べているわけではない。おそれ多くも与えられた場所を捨て、夫と子どもに尽くすのではなく、ひとりで生きたいと願う女性は、不幸になろうと努めているようなものだと怖がらせ、警告を与えるのが目的だ。痛いところを突いて（ふたたびひとりになる状況に恐怖を感じてパニックを起こす）諭し、なんとかして女性たちを思いとどまらせようとする。「女性は夕暮れ時、闇が次第に街を覆い、家族が団らんするキッチンにひとつまたひとつと明かりが灯る堪えがたい時間が恐ろしくてたまらない」と、『ニューヨーク・タイムズ』紙は独身者に関する記事のなかで悪意を込めて書いている。『知的で孤独な美女たち』と題する心理学の教則本は、「自立神話」に用心するよう注意を促す。『ニューズウィーク』誌によると、四〇歳以上の独身女性は、「夫をみつけるよりもテロリストの攻撃を受ける」確率のほうが高いのだそうだ。受胎力の衰えを早めるな、実現不可能なバカげた計画はあきらめろ、さっさと子どもをつくれと、女性はあらゆる方面から要請される。「夫婦生活の中心に夫を据える」ことができないのかと公然と非難され、「専門家」と称する人が、現役ではたらく女性のあいだで心臓発作と自殺が多いともの知り顔で主張する。新聞が掲載するのは、「ママ、ここにおいていかないで！」と題した、保育園に関する世も末な記事。あるローカル紙に掲載されたのは、サンフランシスコの動物園で「メスのゴリラのココは、飼育員さんに赤ちゃんが欲しいと言いました」という心温まる記事。さらに、映画でも雑誌でも、幸せに輝く主婦や、生気のない独身女性（問題なのは、「人生に多くを求めすぎたこと」[34]）があふれかえっている。

フランスの新聞・雑誌も、率先して似たような記事を掲載している。一九七九年から一九八七年の『ル・モンド』紙のタイトルをみてみよう。「自由、またの名は孤独」「自由で、ひとりぼっちの女性」「孤独な女性の国、フランス」「家に帰っても、私を待つ人はだれもいない[35]」……。しかし、エリカ・フラオーは、別の時期でも、一般誌・女性誌を問わず、女性の独立が肯定的に扱われたことはいまだかつてなく、もっぱら悲惨さばかりが強調され、憐みの目で見下されるのが常だという。フランスでも、状況の叙述ではなく、なんらかの効果を狙っている点では変わりがない。「独身で自己実現を果たしていると語る女性の口から、『女性は男性なしで生きるようにはできていない』と発言させることは、ほかのいかなる文脈にも増してよこしまな効果を発揮する」。この点については、迷える子羊を群れに連れもどすことを目的としない、当時のフェミニズムに基づく記事を読む必要がある。とくに、ひとりで生活している女性に対する「繰り返される文化的攻撃[36]」を考慮に入れ、多くの女性が違和感を覚えたことを説明しているのは、こうしたメディアだけだ。「わかるでしょう、あなたは不幸なのよ！」と言って困惑させたいがゆえに、社会が自立した女性を悲惨な状況に追い込む方法は、実際、おみごとというほかない。エリカ・フラオーの分析によれば、こうした媒体では、「孤独な生活の選択は否定されず、現実に見合った姿、すなわち、生まれたときから個人に影響を及ぼし、行動の大半を規定する圧力を乗り越えた末に獲得した勝利として、人が内心抱いている模範、慣例、形を変えて次々とかけられる社会的圧力に対してふっかけたけんか」

（『アントワネット』誌、一九八五年二月）として描かれる。[37]ところが、突如として、そこに異なる視点の異なる証言が聞こえてくる――「欲望のゆっくりとした開花、肉体、ベッド、空間、そして時間を取りもどすこと。自分自身の快楽、虚しさ、他者と世界に対する身の任せ方を学び始めること」（『ルヴュ・ダン・ファス』誌、一九七九年六月）。

今日なお、規範に立ち返ることが求められている。二〇一一年、米国の作家、脚本家のトレーシー・マクミラン（とくに、テレビドラマ「マッドメン」の脚本で知られている）は、ハフポストで最も読まれたブログ「なぜあなたは、まだ結婚していないのか（Why You're Not Married... Yet）」で成功した。現実を書いたと主張しているが、独身の女性読者について、自身が描くイメージをとりわけ蔑みと憎しみを込めて書き連ねている。読者の心理に通じているように装いつつ、ブログで描写されているのは、立派に務めを果たし、境遇に満足しようと努めてはいるものの、内心では結婚した女友だちを名指ししたくてたまらない独身女性の妬みだ。三度の結婚経験を武器に、マクミランは以下の仮定を展開する――あなたがまだ結婚していないのは、「あなたが意地悪」だから、「あなたが浅はか」だから、「あなたが嘘つき」だから……。とりわけ、怒りについてけん制する――「あなたは怒っている。母親に対して。軍産複合体に対して。サラ・ペイリン（共和党の政治家）に対して。これが、男性を怖がらせる。（…）男性の大半は、単純に自分たちにやさしい女性と結婚したいと思っている。怒っているキム・カーダシアンを見たことのある人がいるだろうか。ほほ笑み、くねくねと体を動かし、セックスビデオを撮影しているところならまだしも。女性の怒りを、男性は恐れている。結婚するために、男性の恐怖と不安を利用するのはフェアじゃないことぐらい承知のうえ。でも、実際のところ、ちょうどいい機会だったかも。あなたが妻になったあかつきには、男性の恐怖と不安を利用するだろうから」。マクミランは、相手に多くを期待しないよう勧める。なぜなら「それこそ、ティーンの娘がするようなことだから。ティーンのころはハッピーだったためしがないし、料理したいとは思わない」。最後に、マクミランは当然「自分本位」にならないよう諭してもいる。「結婚していなかったら、きっとあなたが考えるのは自分のことばかり。自分の脚のこと、服のこと、ほうれい線のこと[38]。自分のキャリアのこと、仕事をもっていなかったら、ヨガのクラスに申し込むこと[39]」。これまで女性が払ってきた長い犠牲の歴史について、さらに自己実現の現実はブログに書かれているとおりだと主張するのにどれほどの女性蔑視が必要だったかを考えながら、マクミランの文章を読むと、軽いめまいを覚える。フランスのメディアであれば、これほど露骨に服従しあきらめることを女性に命じることは考えられない。おそらく、牧歌的なインテリアを背景に、おしゃれな両親が自分たちの日常や趣味や旅行について語り、お気に入りの場所の住所を教えるインタビューを通じて、趣味の良い上品さというオブラートに包まれた伝統的な家族の在り方を奨励したことだろう[40]。

火刑台の陰に

一九八〇年代の映画で悪魔的な独身女性といえば、エイドリアン・ライン監督の『危険な情事』でグレン・クローズが演じたアレックス・フォレストがまず思い浮かぶ。マイケル・ダグラス扮する弁護士のダン・ギャラガーは、妻と娘が不在の二日間につい魔が差して、パーティで知り合った美人の編集者の誘いに応じる。ふたりは官能的な週末をともに過ごすが、ダンが帰ろうとすると、だれもいないわびしいロフトにひとり残されることになるアレックスは男を引きとめようと自分の手首を切る。続く場面では、やさしくバランスの取れた妻（専業主婦）と楽しく過ごすダンの家庭生活と、孤独で陰鬱な生活にもどり涙を浮かべてオペラ『蝶々夫人』を聴きながら、部屋のランプをつけたり消したりを際限なく繰り返すアレックスの姿が交互に描かれる。病的なまでに不安を募らせたアレックスはダンにしつこくつきまとい、ダンの家族にまでその矛先が向かう（娘の飼っているウサギを殺して鍋で煮るシーンは有名だ）。妊娠していることが判明すると、アレックスは断固として中絶に応じない。「三六にもなれば、子どもを授かるのは、これが最後のチャンスなのよ！」トレーシー・マクミランの鋭敏な目でみれば、自由で自信あふれるプロの編集者も、実のところ、人生の伴侶と母親という地位を手にする甘い生活を待ち焦がれているにすぎないという現実がむき出しになるというわけだ。

映画は、家族の別荘にまで追ってきた愛人をバスルームで妻が射殺して終わる。実は、この映画の最初のバージョンでは、アレックスは自殺することになっていた。しかし、このエンディングで試写をしたのち、グレン・クローズの反対もむなしく、制作会社の意向に沿って別の結末で撮り直すことになる。「観客はあきらかにアレックスを殺すことを望んでおり、自殺させるわけにはいかなかった」と、マイケル・ダグラスは穏便に説明している。[41] 当時、映画館では、最後の場面で熱狂した男性の観客がこうわめいていた――「やっちまえ、このアマ、くたばるがいい！」[42] 悲劇的な結末ののち、警察が立ち去ると、夫婦は家にもどって固く抱き合う。そして、カメラがたんすの上の額に入った家族の写真をアップで映し出す。映画ではそれ以前にも、ギャラガー家のくだらない家族写真が定期的に映し出されている。こうして、不貞をはたらいた夫の後悔、無為に終わった愛人の怒りを巧妙に強調しているのだ。二〇一七年、『危険な情事』の公開三〇周年を機に、監督のエイドリアン・ラインは、「キャリアを形成することに成功した女性を咎めようとしたとか、そういう女性はことごとく精神を病んでいるとか、そんな考えは馬鹿げている。僕はフェミニストなんだ！」と嘆いた。[43] たしかに、今日、フェミニズムはふたたびブームを迎えている。とはいえ、スーザン・ファルーディによると、映画の脚本は反動的な方向に何度も改ざんされており、それを考えると、抗議の声が挙がったとしても大した影響はなかったようだ。例えば、当初、ダンの妻は教師だったのが専業主婦に変えられた。夫であるダンは観客が好感をもてるように、愛人の性格はもっと誇張するように、製作側からの要望があった。エイドリアン・ラインはアレックスに黒革の服を着せ、ニューヨークの肉市場のすぐ近くに住まわせようとした。アレックスの家の下では、「魔女の鍋」を思わせる鉄製の樽のなかで火が燃えていた等々。[44]

　しかし、ファルーディが詳細に指摘する反動は、象徴的な面にとどまらない（ただし、象徴レベルでも、具体的な効果は認められている）。魔女狩りの時代、男性と同じようにはたらきたいと思った女性には数々の障害が立ちはだかり、教育の機会が奪われたり、同業者組合から排除されたりした。現代でも、非情な敵意の対象となった女性たちがいる。米国ウェストバージニア州のアメリカン・サイアナミッド（現在はサイテック・インダストリーズ）の従業員だったベティ・リッグスと同僚たちの物語がそれを証言している。一九七四年、当局の規制により、会社は生産部門の従業員として女性を雇用するよう強いられる。ベティ・リッグスは時給一ユーロの仕事から抜け出し、親や息子を養う費用を賄い、いずれDVの夫と別れる唯一の機会とみて、経営陣のところへ乗り込むものの、あれやこれやの理由で雇ってもらえない。一年間ねばってようやく、ほかの三五人といっしょに採用にこぎつける。配属されたのは染色部門。一年目にして生産性は大きく向上するが、同僚の男性社員からのいやがらせが絶えない。ある日、「雇用を守れ！　女は殺せ！」と書かれたポスターが壁に貼られた。それだけではすまず、ベティの夫は駐車場に停めてあった車に放火し、工場内に押し入ってベティの顔を殴る。七〇年代後半になると、会社は女子工員が手袋をはめて作業していた化学物質が健康に及ぼす影響に目をつけ、男性の生殖機能にも影響があるにもかかわらず、防護手段を講じることなく、今後は五〇歳以下の妊娠可能な女性が工場ではたらくことを禁じ、はたらきたければ不妊手術を受けるようにと一方的に通達してくる。女性工員の対応は分かれた。七名中五名は、どうしてもはたらく必要があったため、やむなく手術を受けざるをえない。

うちのひとりがベティ・リッグスで、当時、彼女は二六歳だった。それから二年も経たないうちに、一九七九年の終わり、職場の安全を担当する政府の部署ともめていた会社の経営陣は、染色部門の閉鎖を決定。「はたらきつづけるために女性が自分の子宮を犠牲にした仕事を廃止した」として会社を相手どり、女性従業員が起こした訴訟は敗訴に終わる。当時、連邦裁判所の判事は、「女子従業員らには選択の余地があった」としている[45]。こうして、ベティ・リッグスは「女性の仕事」にもどり、家事をして暮らす。火刑台こそないものの、父権的な権力は反抗する者を永久に配下に従えるために殴り、手足を切り落とし、排除するのだ。

悪魔とは何ものか？

一四世紀以降、ヨーロッパの権力者たちの目に、民間治療師や魔女などの大胆で行動的な女性一人ひとりの背後に隠れ、存在感を増すようにみえた悪魔とはいったい何ものなのか？ 女性たちはそのために滅ぼすべき脅威とみなされたが、その悪魔とは「自立」ではないのか？

「権力側が何よりも腐心するのは、自分たちでできることから人間を引き離すことだ。人びとが自立すれば権力の出る幕はない。僕にとって、魔女の歴史は自立の歴史。そもそも、『奥さまは魔女』に登場するような既婚の魔女は変だ……。権力は常に手本をみせ、彼らの存在なくては生きていけないことを示さなければならない。国際政治の場で、最も懸念されるのは独立を望んでいる国だ」と指摘するのは、エッセイストのパコーム・ティエルマン[46]。今日なお、ガーナでは「魔女の収容所」で暮らすことを余儀なくされている女性の七〇％が、夫の死後に告発されている[47]。ザンビアの同様の収容所を舞台とする、ルンガーノ・ニョニのフィクション映画『わたしは魔女じゃない』（二〇一七年）に登場する「魔女」たちは、背中で固定された長い白バンドで木製の巨大なボビンに繋がれ、メートル単位で行動を制限されている。この装置は、女性の囚人が逃げて、殺人を犯すことがないように考案されたもので、これがないと魔女は「英国まで」逃げていってしまうといわれている。なぜなら、バンドを切断した囚人はヤギに変身するから。地元で政府の代表を務める男性の妻は、今では不要になったボビンを指し、収容所に送られた娘シュラに、自分もかつては魔女だったと説明する。人として尊重されるようになるのは結婚によってのみで、ヤギになることもなく、バンドから解放されるには従順で、命令には絶対に服従しなければならなかったという。

ヨーロッパでは、魔女裁判が席巻する以前の一五世紀、まるで前兆のように、とくにフランス、ドイツ、ベルギーで発展していた女性のコミュニティ、ベギン会が解体された。既婚者でも修道女でもなく、会員の多くは夫を亡くしたのち、男性の強権を逃れ、野菜や薬草を植えた庭のある個別の小さな家に住み、自由に行き来する共同体生活を送っていた。アリーヌ・キネールは、その官能的な小説を書いて、パリのベギン会修道院にあらたな息吹を吹き込んだ（その遺跡は、今もパリ・マレ地区に残っている[48]）。修道院の薬草を売っている年老いた主人公イザベルは、「焼けた木と薬草の匂い」のかぐわしい家に住み、「緑でもなく青でもない、不思議な色をしたその目は空や庭の植物や、雨が降ったあとの水滴を通る陽の光の微妙なニュアンスをとらえる」ことができた――まるでフラクサのように。ベギン会の女性は、必ずしも全員が修道院の壁のなかで暮らしていたわけではなく、ジャンヌ・デュ・フォーのように絹織物の店を営み、繁盛させている者もいた。これらの女性たちは、修道院で年老いてしなびてゆく幾千もの老女と違って、肉体も知性も精神もともに美しく開花していた（一九世紀、詩人のテオフィル・ゴーティエは娘を恩寵の聖母修道会に預けていたが、ある日、むすめの体が匂うことに気づき、週に一度風呂に入れるよう修道会に要求したところ、尼僧たちは憤慨して、「修道女の身だしなみは肌着を振ってほこりを払うだけです」と答えたという[49]）。一三一〇年、グレーヴ広場（現在のパリ市庁舎の前）で、エノー（現ベルギー）のベギン会の修道女、マルグリット・ポレートが異端の罪で火刑に処せられたことは、寛容の精神の終焉を意味した。ベギン会の女性たちは、夫と聖職者に対する服従を二重に拒んだがために、次第に人びとから疎まれるようになったのだ[50]。

今日、国家が魔女と称される人を公開処刑することはないが、自由に生きたい女性に対する死刑宣告は、いわば民間に託されたともいえる。そうした女性のひとりが夫または元夫によって殺されるのは（フランスでは、平均して三日にひとりが殺害されている）、妻が家を出たか、家を出ると告げたかしたためであることが多い。二〇一七年六月一二日、三四歳の誕生日に、パリ＝ナントを結ぶＴＧＶの線路に夫の手で縛りつけられ、殺されたエミリ・アルアンの場合もそうだった[51]。当時のメディアはまるで魔女の火あぶりを報じているかのような、他人ごとの陳腐さでこの事件を扱った[52]。イル＝ド＝フランス県ル・プレシ＝ロバンソンで、夫が妻に火をつけて殺したとき、二〇一七年九月二三日付の『ル・パリジャン』紙は「夫は妻に火をつけ、アパルトマンが焼失した」の見出しで、犠牲者は家具か何かであるように、ニュースの中心はアパルトマンの火災で、記者は夫の手際の悪さをおもしろがっているかのような報道だった。ことの重大さを認め、ジェンダーに基づく犯罪が正当に位置づけられている唯一のケースは、殺人者が黒人かアラブ人だった場合。しかし、これだと人種差別に口実を与えるだけで、女性を護ることにはつながらない。

ルネ・クレール監督の『奥様は魔女』（一九四二年）は、軽いのりのハリウッド流コメディの枠組みにとどまらず、自立した女性を踏みにじることに悪びれもしないで喜びを感じているようにみえる。一七世紀、米国ニューイングランド地方で、魔女として父親とともに処刑されたジェニファー（ヴェロニカ・レイク）は、二〇世紀によみがえり、告発者の子孫に復讐を企てる。しかし、復讐の相手が飲むはずだった惚れ薬をあやまって自分が飲んでしまったため、ジェニファーは憎い仇に恋をしてしまう。こうしてジェニファーは、政治家としての夫の夢、知事選で勝利を収めることができるように自分の力を役立てる。その後、帰宅した夫にスリッパをはかせてあげながら、ジェニファーは「夫の役に立つ妻」になるために、もう魔法は使わないと告げる。実のところ、物語の最初から、この魔女は幼稚で気まぐれで口がうまく、父親の庇護の下から夫の庇護の下へあっさり乗り換えたくちで、魔女裁判の判事を恐怖に陥れたとはとても信じがたい。むしろ、男性優位のシステムによって生きながらえてきたというほうが近いだろう。父親とともに精神だけが復活したとき、ジェニファーは父親に「パパ、体ももとにもどして！」と頼み込む。それというのも「また男に嘘をついて、苦しめてやりたい」からだ――ここでは魔女のイメージが、女性蔑視者が女性に対し共通して抱いている一般的イメージに重なり合っている。父親は娘の願いをかなえ、服を貸してくれた太った年配のご婦人が称するように「ちっちゃくてかわいい」姿にしてやる。小柄でかわいい、エレガントで吹けば飛ぶような、まさにハリウッドが今も大量に生産し続けている、出しゃばらず、未来の夫をたらし込むためにレースのパジャマや毛皮のコートをまとった女性。のちに、娘が人間の男性に恋したことを罰するため、父親が肉体をもつことを禁じると、さながら『眠れる森の美女』のように、二重の意味で選ばれし者（知事に選ばれたと同時に夫に選ばれた者）のくちづけがジェニファーをめざめさせる。映画の最後で、ジェニファーは家族に囲まれて暖炉の脇で編みものをしていて、物語はハッピーエンドで終わるようにみえる。しかし、幼い娘がほうきにまたがって家を走りまわり始めたものだから、ジェニファーは「いつか、この娘のせいで困ったことになるような気がしてならないわ」とため息をつく。だが、心配は無用。この娘も母親と同じく魔術を封じられるが、もちろん、これも「魔法以上に強力」な「愛」のおかげ。映画『媚薬』と同じで、結婚することで幸福と引き換えに魔法の力を失うという、魔女の物語に共通するテーマだ。(53)

反対に、一九八〇年代、ニューイングランド地方の小さな町を舞台にした物語、ジョージ・ミラー監督の『イーストウィックの魔女たち』（一九八七年）では、ジャック・ニコルソン演じるデイル（またの名を悪魔）が、結婚なんて信じるなと言い放つ。「男にとってはいいかもしれんが、女のためにならん。息が詰まって死んでしまう！」初めて会ったとき、アレキサンドラ（シェール）が自分は未亡人だと告げると、デイルは「それは失礼した……」。だが、あなたは幸運に恵まれた女性のひとりというわけだ。死、家出、離婚、理由はなんであれ、妻が夫を厄介払いする、またはその逆の場合でも、女性はまさに花や果実のごとく才能を発揮する！　そうした熟女こそ、僕の好みでね」と言う。デイルが引っ越してきた城は、かつて魔女が処刑された場所で、そこからこの現象に関するデイル流の解釈が披露される。「強い女の前に出ると、男のペニスは萎える。そのとき、男はどうするか？　火あぶりにして、拷問して、魔女だと告発する。女たちが恐怖を抱くまでやめない。自分たちに対する恐怖、そして男に対する恐怖だ」。デイルが町に来る前は、シェール、ミシェル・ファイファー、スーザン・サランドン演じる三人の魔女は、自分たちに魔法の力があるなどとは思いもしない。しかし、ある雨の晩、カクテルを飲みながら、理想の男性を想像して願いをかけたために、うっかり悪魔を出現させてしまったのは彼女たちなのだ。実はそのあと、「男がすべてを解決してくれるわけじゃない」とため息をつき、どうしていつも最後には男の話になるのか、不思議に思うのではあるが。デイルの登場により日常がてんやわんやになる以前、三人は父権的かつ清教徒的な社会の規則に順応するため、絶えず自分たちをコントロールし、ブレーキをかけ、「実際の半分」のふりをしてきた。ところが、デイルは逆だ。実力のすべてを出すよう、エネルギーを、創造性を、セクシュアリティをほとばしらせるよう三人を鼓舞する。普通の男性を超えた男性なので、たじろがせるのではないかと心配する必要もない。実際、デイルは「やってみろ。覚悟はできている」と繰り返し言っているではないか。通常のカップルの範疇に収まらないだけでなく、愛と欲望が魔女の力をゼロにするのではなく一〇倍も強力なものにしている。そればかりか、三人の主人公たちは、仕舞にはこのかけがえのないデイルを厄介払いするのだ。ここで、「悪魔＝仕える主人のいない三人の女性の主人」というデイルの矛盾があらわになる。ルネサンス期の悪魔研究者も、完全に自立した女性の姿までは思い描けなかった。彼らは、告発の対象だった魔女の自由を説明する際、別の権威に対する服従を持ち出してくる。すなわち、魔女たちはまちがいなく悪魔の支配下にあったというわけだが、これもまた男性的権威に対する服従にほかならない。

「影の薄い女性」

しかし、自立した生活は必ずしも独身者や未亡人に特有のものではない。目と鼻の先に夫のいる家庭でも達成は可能。魔女が夜、空を飛ぶイメージ――魔女は夫が眠っている隙に夫婦の寝床を抜け出し、ほうきにまたがってサバトに向かう――はいかにも象徴的だ。当時の男性がとり憑かれていたことを示す悪魔研究者たちの妄想のひとつが、この夜の飛行だとアルメル・ル・ブラ＝ショパールは書いている。「夫もまた魔術師でない限り、夫を顧みず、許可を得ないで、知らないあいだに魔女が空を自由に行き来する。棒、椅子の足を脚のあいだに挟み、女性の体にないものの代わりにする。男性の性器をわがものにしていると想像することで、魔女はみずからの性に背くことになる。社会的規範で男性に固有とされる動きをする。（…）このようにして自立を手にし、女性支配によって男性が謳歌してきた自由を窃取することで、魔女は男性から権力の一部を盗みとる。魔女の飛行（アンヴォル）は盗品（ヴォル）なのだ[54]」。

今日、「報復」の脅しによって信じ込まされているのとは違って、自立は人と縁がないことを意味しない。わたしたちが十全に才能を発揮することを妨げるのではなく可能にする自由意志と、存在を丸ごと尊重する関係を結ぶ可能性を意味する。独身でもカップルでも、子どもがいてもいなくても、どんな生き方でもかまわない。ライターのパム・グロスマンによると、魔女は「だれの助けも借りず、唯一、力を保持している女性の典型だ。だれかが勝手に決めることを許さない。妻、姉妹、母親、処女、売春婦などの女性は、他者との関係性の上に存在が成り立っている。魔女だけが、ひとり、自分の足でしっかり立っている[55]」。ところが、魔女狩りの時代に奨励されていたモデルは（最初は力づくで押しつけられた）、一九世紀に主婦という理想形が確立し、おだてと誘惑と脅しを巧妙にミックスして、子どもを産む役割に女性を縛りつけ、社会ではたらくことを非合法化した。このようにして女性は、絶えず自己がかく乱され、くじかれ、破壊されるリスクが高い地位に追いやられる。女性らしさを体現するために、生きて、能力を発揮することを妨げられるのだ。一九六九年、ニューヨークでＷＩＴＣＨはネズミを放ってウェディング展示会を妨害した[56]。当時のスローガンは、「妻でいる限り、永遠にひとりの人間にはなりえない」だった。

今日、「影の薄い女性」になりたくなければ、男性と子どもと同居する女性はあらゆる力をふり絞って闘いつづけなければならない。「影の薄い女性」はコレット・コスニエによる表現で、このフランスのフェミニストは、一九三〇年代に登場したベルト・ベルナージュの甘ったるい少女小説シリーズ『ブリジット』四〇巻に注目する。第一巻では一八歳、最後のほうでは曾祖母として登場する主人公を通して、作者は「若い女性、そして妻、母親に向けて、現代における一種の人生論を書きたかった」らしいと、コスニエは解説する。ブリジットが、やさしいまなざしで子どもたちをみつめて言う――「ロズリーヌはいずれ別の家庭のなかにうずもれてしまうのでしょうが、小さな拳を握りしめて、すでに意志が芽生えているこの小さな坊やは、いつまでたっても『この子のまま』で変わらないでしょう」[57]。反動とはほど遠いと、人は思うかもしれない（戦時中、もちろん公然と言われたわけではないが、ブリジットはペタン主義者で、場合によっては反ユダヤ主義でもあった）。しかし、男性と女性のカップルからなる家庭では、夫と子どもの必要が優先され、妻の必要は常に後回しだ。社会学者のオルナ・ドーナトは「女性は他人の人生に溶け込むことが**正しい母の道**だと言われる」と書いている[58]。進歩的なカップルの場合、このような論理は受け入れがたく、一般化はできないにしても、家庭内の負担が母親の肩に雪崩のようにのしかかってくるときに限って、魔法のようにこの論理が正論としてあらわれる。ジャーナリストで作家のティティウ・ルコックは三〇代だが、性差別が自分に関係があると感じたことはそれまで一度もなかった。「そのあと、じゃじゃーん、子どもができた。そうしたら、なんと、自分が絶対だったこのわたしが、女性であるとはどういうことか、残念ながら自分もそのうちのひとりだということがよくわかった」。単に、自己の一部をなす女性という大きな部分が、家事をする母親という役割だけではなく、親という不毛の役割まですべて担わされるのだ。この点について調査したルコックは、「家事が均等に分担されていたのは、遊びと子どもの社会教育のなかだけだった」と述べ、「男性の気持ちもわからないではない。わたし自身、子どもといっしょに森を散歩するほうが、サイズが合わなくなった子どもの服をえり分けるよりずっと楽しいと思う」とコメントしている[59]。

しかし、自己が母性にすり替えられる問題は、教育と家事の領域に限らない。アメリカの詩人でエッセイストのアドリエンヌ・リッチは、一九五五年に初めて妊娠したとき、詩を書くのも本を読むのもやめて、裁縫の講習だけ受けたという。「赤ちゃんの部屋のカーテンを縫い、胴着を揃え、数か月前まで自分がそうだった女性の痕跡をできる限り消した。（…）世界から単なる妊婦にみられていると感じ、自分もそうだと思うほうが簡単だったし、不安もなかった」。実際、周囲の人も、リッチが作家でありながら同時に未来のママであることを許さないようにみえたという。リッチはニューイングランド地方の有名男子校で自作の詩の朗読をすることになっていたが、妊娠七か月だとわかると、その状態で男子生徒に詩を聞かせることはできないという理由で、担当の教師は招待を取り消した[60]。二〇〇五年になっても、フランスの小説家エリエット・アベカシスは『幸福なできごと』のなかで、両立不可能な妊娠という偏見について書いている。妊娠の後期に入っていた語り手は、論文の指導教授と打ち合わせをすることになっていた朝、打ちのめされ、「奇跡が起こって、起き上がれたとしても、こんな状態でいったいどうやって先生にお会いすればいいのだろう。今までも、先生と対等に話し合うことはすでに難しかったというのに。こんな姿になったことについて、どんな嘘をついたらいいのだろう」と思いあぐねる。[61] まるで、妊娠によるホルモンの分泌で脳のはたらきが阻害されたか、思考と出産を両立させようなんてとんでもないことだというように。

こうした反応は、一九世紀の医者が展開した「エネルギー保存」の法則を思い出させる。すなわち、体の器官と機能は、体内を循環する限られた量のエネルギーを適切に割り当てるためせめぎ合っているというものだ。それゆえ、女性の究極の目的は子どもを産むことにあるので、「エネルギーを体内、とくに子宮のまわりに集中させなければならなかった」とバーバラ・エーレンライクとディアドリー・イングリッシュは説明する。妊娠期間中は横になって、それ以外の活動（とりわけ知的活動）は控える必要があった。「医者と教育学者は、高等教育が女性の健康にとっていかに有害であるか、性急に結論づけた。脳が一定のスピードで発達すると子宮を委縮させるおそれがあると警告したのだ。生殖系の発達が単純に知性の発達を妨げただけではなかった[62]」。わたしたちは、女性の社会的追放を正当化するでっちあげの理論に侵されていないだろうか。女性の体に関する、こうした時代錯誤的発想は、あからさまにしろ見えないところでにしろ、母親を狙って社会から女性を追放することに貢献している。人は女性を甘ったるい夢の理想形としては讃えても、人間としては否定しているのだ。

殿方がわたしたち女性と結婚してくださるチャンスを逃さないためにも、怒りの感情を呑みこむよう、トレーシー・マクミランは勧めていた。怒りを封じることは、自己を消滅させること。アドリエンヌ・リッチは、「女性の怒りが、母性の権威を脅かす」例として、『若草物語』でミセス・マーチが娘のジョーに語る言葉を引用している。「ほとんど、まい日、怒りたくなるけど、顔に出さぬようになったのです。これからは、怒りたくならないようにしたいのですが、それには、もう四十年かかるかもしれません」。一家の母親の「仕事」は、家庭内の平和で穏やかな雰囲気を壊さないようにし、家族全員の心と体の健康を見守ることにあるのだから、「母親自身が怒ることは不当だとみられる」[63]。今日では、力ではなく教育が重要で、子どもを傷つけるのではなく尊重しなければならないと強調されている。「選択肢が必要で、一市民として、どんなときでも子どもとは和気あいあいと、しっかり話ができるのでなければならない。とげとげしくならないよう、中立の立場で、思いやりをもって話をすること」と、コリーヌ・メイエルは自著『ノー・キッズ』のなかで揶揄している[64]。小さいころ、わたしは母から大目玉を食うのを恐れたが、もし母がフランスの国鉄SNCFの駅の構内放送みたいに話しかけてきたら、もっと怖かったと思う。「現代に特有の矛盾から抜け出さなくてはならない。子どもがひとりの人間としてその子らしさを発揮できるよう、大人が支援するというまさにそのために、女性が一個人として自分の人生を生きる代わりに、個性を封じられ、母親という役割を押しつけられる状況にある」と、ティティウ・ルコックは分析する[65]。

仕事でも同様に、女性は「目立たない」よう強いられることがある。同様の隷属状態に置かれ、ステレオタイプな役割しか果たせないのだ。典型的な例として、地方の民間治療師であれ正式に認められた女医であれ、病気を治療する女性が抑圧され、もっぱら男性が医学を独占していることが挙げられる。ヨーロッパではルネサンス期に、米国では一九世紀末に顕著になった。女性が医療の現場で仕事をする場合は、看護師として、偉大な科学者（「生まれついた資質」により、男性にはこの称号が与えられる）の下ではたらく[66]。現在フランスでは、多くの女性がパートタイムではたらいているだけでなく（三分の一を女性が占め、男性は八％にすぎない[67]）、経済的に自立できていない。すなわち、経済に限らず、独立した生活が送れていないことを意味する。しかも、女性の仕事は教育、子どもや高齢者の世話、または補助的な仕事に限られている。「半数近くの女性（四七％）が看護師（女性の割合が八七・七％）、清掃員、秘書または教師など、一〇種類ほどの職種に集中している[68]」という。ところが、シルヴィア・フェデリーチは、中世ヨーロッパでは男性と同様に女性がさまざまな職に就いていたことを強調する。「中世の都市で女性は、男性と同じように鍛冶屋、肉屋、パン屋、ろうそく職人、帽子屋、ビール醸造業者、羊毛の毛梳き工、小売商としてはたらいていた」。英国では「八五の同業組合中、七二に女性の組合員がいた」（いくつかの組合では中心的役割を果たしていた[69]）。したがって、二〇世紀に始まる労働の場への女性の進出は、正確にいえば奪還であったわけだが、再征服できたとはとてもいいがたい。職場では、女性は外から入り込んできた厄介者。心理学者マリー・ペゼは、「女性が占める従属的な仕事と、女性を被害者とするいやがらせや性的暴行には直接的関係がある」と述べている。「行く先々で女性が下にみられる傾向について真剣に取り組まない限り、何も解決はできない[70]」。

仕えようとする条件反射

女性が人も羨むような創造的な職に就くことができたとしても、心理的障害にぶつかったり、周囲の人の応援がなかったりで、果敢に挑戦するのを妨げられることがある。その場合、多くの女性は、医師と看護師の例にならって、尊敬する男性、友人、雇用主、連れ合いを引き立たせ、助言や「手助け」をする立場に甘んじて、天から与えられた仕事はほかの人にゆだねるほうがいいと考える。Tシャツに書かれたフェミニスト的スローガン「両親があなたに結婚してほしいと思うお医者さんになってください」は、こうした阻害を壊そうとするものだ。たしかに、科学と芸術の歴史をみると、パートナーの業績をわがものにした男性がいる。例えば、スコット・フィッツジェラルドは、自分の本に妻のゼルダが書いた文章を忍び込ませ、ゼルダが短篇集を出版することになったあかつきには、本のタイトルを『作家の妻』とすることを提案した[71]。その一方で、女性がみずから二次的なアシスタントとしてのポジションを取り込んだ例もある。

エリカ・ジョング『飛ぶのが怖い』のヒロイン、イザドーラ・ウィングは、母親から芸術家ないしは芸術家志望の男性には近づかないよう言いわたされている。娘が語っているとおり、これこそ母親には高くついた代償だった。「祖父は、新しいカンバスを買いに行かずに母のカンバスの上に描いたものだった。母はしばらく詩に転向して彼から逃れたが、次にぶつかった相手がわが父で、シンガーソングライターだった父は彼女のイメージを盗んでは歌詞に使った」。片や、イザドーラは、嘘偽りなく、心から本を書きたいと思っているものの（「わたしは自分自身を一新し、書くことによって、自分自身の新しい生活をつくってみたかった」）、常にどこかで自分を疑っていた。イザドーラが書きはじめた最初のふたつの小説は、いずれも語り手は男性だった。「だれも女性の見解に興味をもってはくれまいと思ったのだ」。思い浮かぶテーマはことごとく「些細」で「女々しい」と思われた。自分を励ましてくれる周囲の人の熱意も信じられなかった。九人の子をもつ母親である姉も、イザドーラの詩を「『マスターベーションみたいで露出狂的』だといい、わたしの『不妊症』を責めた。『まるで書くことがこの世でいちばん大切だっていう態度じゃないの！』」。二〇一三年、『飛ぶのが怖い』の四〇周年記念版のあとがきで、エリカ・ジョングは、二千七百万部を売り上げ、数十か国語に訳され、映画化の企画も進行しているが、今でも主人公である、小説を書く悪趣味な女性詩人と同じ気持ちになることがあると語っている。[72] しかし、本は目の前にある。語り手が「女性」について話している。何百万もの女性読者がこの本で自分を見出し、何百万もの男性読者が重要性を認めている。この小説はふたつの勝利を象徴している。イザドーラ・ウィングとエリカ・ジョングが収めた勝利。そして、ふたりが抱く疑問やコンプレックス、言うべきことがみつからないのではないか、この声を聞き入れてもらえないのではないかというおそれを乗り越えた勝利だ。

自分のことを話せば、今から一五年ほど前、わたしの尊敬する哲学者がインタビューの本を共同で出さないかともちかけてきたとき、最後の最後になって気持ちが変わったことを思い出す。原稿を書く仕事はわたしが引き受けるので、哲学者にとっては悪くない話だった。その人はフェミニスト的発言で知られていたので信用しないわけにもゆかず、当時はまだ、自分がそれに賛同し役に立てることを示す最良の方法だと意識されてはいなかった。しかし、「そうだな、表紙にはぼくの名前だけでなく、きみの名前も載せようじゃないか」と彼が言ったとき、きみには身にあまる光栄だろうと、あいまいながらも強調するようにほのめかされたことに気がついて、わたしは即座に警戒した。わたしの額には、だまされやすい「カモ」という文字がチカチカ点滅しているのではないかという気がしてきたのだ。それから数日後、その哲学者から電話がかかってきた。出版界では有名な、古くからの友人に会ってきたところで、本にする目的で会話を録音したという。彼はわたしに、それを書き起こす仕事に「興味がないか」と訊ねた。いくらかそっけなく「あの、お断りいたします」と答えると、彼は慌てて「いや、ちっともかまわないよ。もしかしたら関心があるかもしれないと思ったものでね」と言い添えた。その人は、わたしのことを自分の本の熱心な読者で、立場の劣った世話好きな女性で、意のままにできるボランティアの秘書として使えそうだと見込んでおり、わたしも危うく、そのとおりだと考えるところだった。この一件で決定的に熱意が失せたわたしは、共同で本を出す計画はあきらめ、代わりに、わたしひとりの名が表紙に記された本を出版した。

けれども、献身的にはたらくことを拒み、自分の目標を追いつづければ、即座に排斥される。職場で抵抗を示せば、もったいぶっている、自分のキャリアしか考えていない、個人主義だ、傲慢だと非難される。男性諸氏がわらわらと寄ってきては、卑小な自己をはるかに超える大義のために尽くす自己犠牲の精神がいかに美しく、しかもそれをはるかに上回る恩恵が得られると賞賛する。実際、彼らが自分を犠牲にすることはほとんどないにもかかわらず、そんなことをよく耳にするのだそうだ。信じられないような偶然だが、こうした大義は彼ら自身のキャリアアップに直結していることが多い。しかも、こうした脅しは実に効果がある。ものを書いたり、何かを創造したり、映画を撮るなど、野心的なプロジェクトに着手する場合、感知できないが決定的な役割を果たす、正当で栄えあるオーラを、男性相手に争うのはきわめて難しいからだ。

また、家庭内で反抗を示せば（自分の全人生を子どもに捧げることを拒むなど）、意地悪で母親失格だといわれ、ここでも女性は卑小な自己を乗り越えるよう勧められる。「赤ちゃんができて初めて、女性は自分以外の人のことを考えるようになる」と、ある若い米国人女性が断言することからもわかるように、(73)女性特有の嘆かわしい自己中心主義を乗り越え、崇高なる母子像に身を捧げることのほうが賞賛されるのが普通なのだ。そういうと、「だれも、女性に子どもをつくるよう強いてはいない」といわれるのが常だが、それほど避妊と中絶の権利は「良き」母親という規範の確立に悪影響を及ぼすらしい。(74)不思議なことに、出産に関しては男性も意見を求められるが、「良き」

父親の役割が問題にされることはめったにない。常識だといわんばかりに、「だれか別の人に育ててもらおうと思って、子どもを産むことはない」といった言葉が投げかけられるのは、きまって母親のほうだ。だが、女性は子育て以外のあらゆる計画をあきらめ、四六時中べったりといっしょに過ごすために子どもをつくるわけではもちろんない。子どもを育てるときは、母親が疎外感やフラストレーションを感じることなく、バランスのとれた生活を送る大人をイメージできるようにすることも大切だ。[75]人間として生活するうえで最低限のことを守ることができないとして、「甘やかされた子ども」呼ばわりされる女性もいるだろう。しかし、アドリエンヌ・リッチが強調するように、「異性愛が親密さや性行為と同一視できないのと同じように、母性がすなわち子どもを産み、育てることではない[76]」。

シモーヌ・ド・ボーヴォワールの『第二の性』が出版されたとき、批評家・作家であるアンドレ・ルソーは「自分のすべてをとことん捧げることがいかに豊かなものであるかを、どうやって（女性に）わからせたらいいものやら[77]」と言って、ため息をついたという。一九六〇年代はまだ、ナタン社の『女性百科事典』で女医のモンサラ氏が、女子教育について、「女の子は他人を思いやる気持ちを大切にして成長するべきである。女性が人生で果たす役割は、常にほほ笑みを絶やさず、尽くしているなどとは少しも感じさせず、いやな顔ひとつせず、疲れもみせず、周囲の人に美しさや快適さや喜びをすべて与えることだ。これは大変な仕事だが、私たちの娘は、終わりのない幸せな自己犠牲の精神を身につける必要がある。最初の一年めから、女の子はみずから進んでおもちゃやキャンディを共有し、自分がもっているもの、とりわけ大切に思っているものをすべて与えることができるようにならなければならない[78]」と述べている時代だった。米国の現代作家のひとりは、子どもができて母親になってからというもの、クラッカーを食べるときは意識的に割れたものを選んで、完全なかたちのものを子どもと夫のために残していたことに気づき、困惑したと告白している[79]。一九七五年、フランスの団体「レ・シメール」は「隷属する母性」に反対して立ち上がった際、フェミニストとして知られるエヴリーヌ・シュルロ（一九二四―二〇一七）でさえ、自分の子どもが小さい時期は「それも当然な期間」だと話していたことを明かした[80]。自分が生きているのはほかの人に尽くすためだと固く信じている女性は、子どもを産めないと苦しみが増す。一九九〇年代初め、マルティナという名のメキシコ系アメリカ人女性は、健康上の理由から子宮を摘出しなければならないと知ったとき、涙ながらに電話で母親にそれを伝えた――「わたし、ママに言ったの。『これからは、わたしはまったく役立たずだって言われるでしょうね。（夫のために）家をピカピカにするのとはわけがちがう。料理だって彼がしているけど、もう、わたし、それさえもできない！』って[81]」。

女性が考えうる唯一の未来は、相手に自分を捧げること。もっと正確にいえば、内に秘めたクリエイティブな可能性を実現するのではなく、それをあきらめ、みずからを犠牲にすることだ。結局のところ、人は自分らしさを発揮し思うままにふるまうことで、幸いにも周囲（ごく親しい間柄でも、より広範な交際（つきあい）でも）との関係を豊かにできるのだから、おそらく、それこそが求めるべき自己献身の唯一のかたちなのだろう。どうしても必要な犠牲はできるだけ分散させる（そんなものがひとつでもあれば、の話だが）。こうしているあいだも、わたしたちは相変わらず自分の可能性をムダにしつづけている。「真の女性であることは、果たせなかった夢や欲望、幻想の墓場を意味する」とレ・シメールは書いている。[82]今こそ女性は、罪悪感やおどしに屈することなく、自分を守って願いをかなえることをまじめに考え、女性のもつエネルギーをいいように利用する男性中心の権威に不屈の精神で立ち向かい、自分たちのためのエネルギーを奪還する時が来た（多くの場合、女性は自信がなく、自分たちの可能性や正当性、自分の人生を生きる権利があることに懐疑的だ）。デジタル通信技術の会社に勤めるアミーナ・サウは、レベッカ・トレイスターに会ったとき、「自分のことはいつでも自分で決めるように」と勧めている。「自分のことを優先させれば、その後、信じられないような道が開かれる。もちろん、エゴイストのそしりは免れない。でも、そうじゃない。あなたにはパワーがある、夢がある[83]」。

中流・上流階級では、子どもに最良の教育を受けさせるため、多くの母親が受けた教育を生かせないでいる。この自己犠牲は、根本的な矛盾をはらんでいる。子どもの成功と幸せを思って費やされた時間、金、エネルギーからは、子どもが何か大きなことを成しとげてくれるのではないかという期待が暗に透けてみえる。子どもの教育に熱心な母親がどこにでもいることは、IQが高く、潜在的能力に長けた子どもへの支援を訴える心理学者、作家、教育者の多くが立証している。このことから、自己実現の重要性と認めてもらう必要の正当性については、広くコンセンサスが得られていると考えられる。当然、そのために払われる努力は、男の子であっても女の子であっても関係ない。男児と女児で異なる待遇を主張するものはいない。わたしたちは、一九世紀に生きているわけではないのだから。ところが、のちにこの女の子に子どもができると、貴重な人材の一部は教育の成果を発揮することなく終わる可能性が高い。子どもの教育をめぐっては、とりわけ母親を狙って喧々諤々(けんけんがくがく)と騒がしいが、大人になるや、いかなるいかさまの仕業か、突如として、女性は人生の成功ではなく、何よりも実り多い家族生活の実現をめざすのでなくてはならないと、だれもが考えるようになるらしい。子どもの将来は、おもに母親の肩にかかっているといわんばかりだ。女性が自分の人生、家族、仕事を両立させようとすれば、その過程で母性がハンディキャップとなって大きなリスクを負うことになる。反対に父親は、仕事のキャリアでも人生の目標でも何ひとつ失う必要がないというのに。結局、一貫性を求めるのであれば、こうした状況が変わるよう必死の努力を続けながらも、女子の教育問題から足を洗うか、それとも父権制と闘うゲリラの養成を女子教育に組み込むしか選択肢はない。

「良き母親」という足かせ

もちろん、女性が別の領域で活躍しつつ、子どもを産むことを妨げるものは何もない。反対に、母親というケーキの上に、自己実現というサクランボを載せて、自分の意識の高さと集団的ナルシシズムに得意になれと、大いに奨励されている。女性は「繁殖用」だとはいいたくない（カナダ・ケベック州のある大学教員［女性］は妊娠中の同僚に、「あなたの（子どもを産むという）ほんものの〈プロジェクト〉のために、がんばってね」と励ましたという）[84]。しかし、そうなると、女性は大変なエネルギーと優れた組織力と疲労に耐えてはたらく力が必要になる。睡眠をとったり、のんびりしたりするのが好きで、決められた時間割に従ってはたらくのはいやだなんて言えなくなり、一度に複数の仕事をこなす術を身につけなければならなくなる。もっとも、自分に活を入れるため、「何ひとつあきらめないこと」とか「自分のペースで子どもを育てるには」といった類の記事で、いっそうの混乱を招いている女性の著者は引きも切らないのだが[85]。「子育てと折り合いをつける方法」をテーマにした記事が世間にあふれ、ブログでも女性誌でも、その道の達人へのインタビューが紹介される。独身の父親またはレズビアンの母親の日常生活について取材した記事をひとつずつ読んだことがあるが、それを別にすれば、異性とのあいだに子どもがいる女性がほとんどだ。このことから、実際、子育てとの両立にぶつかって悩んでいるのは異性と結婚した母親であることがうかがえる[86]。他方、こうした状況を一般化することで、根底にある社会的不平等を覆い隠しているのも事実だ。この図式に母親以外の要素はなく、母親と育て方次第で解決は可能であり、できない場合は、それは母親だけに問題があると信じ込まされ、罪悪感を植えつけられる。

数年前、あるラジオ番組で、作家ナタシャ・アパナーがパリに住む女性作家三名と男性作家二名にそれぞれの仕事についてインタビューをしたことがある。男性作家のひとりとはサクレ・クール寺院前の広場で、もうひとりとはベルヴィルのカフェで待ち合わせたが、女性作家はみな自宅でインタビューを受けた。「作品とその誕生について、習慣や規則について話しているあいだ、ひとりは皿洗いを終えたあとにお茶を入れ、もうひとりはサロンにちらかっていたおもちゃを片づけながら、学校が終わる時間を気にしていた。さらにこの女性作家は、執筆のため、毎朝五時に起きていることを打ち明けた」。当時、ナタシャ・アパナーには子どもがなく、自由を謳歌していた。アパナーが母親になったとき、今度は自分が「時間を細分化」し、「仕事を直前にキャンセルするベビーシッターと二二ページめで行きづまったきり一向に先に進まない執筆中の小説の結末とのあいだでバランスをとる精神的アクロバット」を経験することになる。「以前のように集中して、効率的に仕事をする自分を探し求めて何か月も過ごしました」と、アパナーは語る。三人の子どもがいるにもかかわらず、あちこち旅行して回っている男性作家と話をしたとき、どうしたらそんなことができるのかと訊ねたアパナーに、彼は「僕はとても運がいい」と答えたそうだ。「とても運がいい」というのは「素晴らしい妻がいる」の現代的な表現だと、アパナーはコメントしている。さらに続けて、「フラナリー・オコナーも、ヴァージニア・ウルフも、キャサリン・マンスフィールドも、シモーヌ・ド・ボーヴォワールも、彼女たちはみな子どもがいない。二人のこどもがいるトニ・モリスンが最初の小説を書いたのは三九歳のときで、三人の子どもがいるペネロピ・フィッツジェラルドは六〇歳のときだ。ソール・ベローには子どもが複数いて、小説を複数書いている。

ジョン・アップダイクにも子どもが複数いて、小説を複数書いている」と何人かの作家の名を挙げた。[87]

インタビューの対象が専業で本を書いているごく限られた数の作家であるかどうかを、アパナーは明らかにしていない。ところで、自己実現をめざす場合、それに全身全霊をかけて取り組むよりも、別に本業があるほうが成功はさらに困難だ。母親になることによって創造性が刺激されるとよくいわれるが、たしかにそうなのかもしれない。しかし、作品が日の目をみるまでには物的条件をすべて整える必要があり、すべての女性作家にそれが許されているわけではない。職業、家族構成、経済状態、健康、エネルギー等々について、今も不平等が認められる。親になりたかったエリカ・ジョングは、三六歳のときに娘が生まれ、自伝的作品のなかで、自分が長いあいだ信じてきた「文学かぶれの女性の二者択一――赤ちゃんか本か」[88]について自嘲的に書いている。しかし、ベストセラー作家が自嘲するのは、生計を立てるための仕事の合い間を縫って執筆の時間をみつけようと、日々、奮闘している作家よりもずっと容易なことだろう。

一九九七年、「もしわたしが同性愛者でなかったなら、今日の文学上の地位に至ることはできなかったと思う」と、英国の小説家ジャネット・ウィンターソンは明言した。「それというのも（以前は　これこそが大きな憂鬱の種だったが、あらためてその憂鬱の種について語ることにしよう）、文学のうえでお手本となる女性作家、すなわち男性と結婚して、ごく普通の家庭生活を送りながら、子どもをもち、自分が求める仕事を達成しえた女性作家が存在するとはとても思えない。そんな人が、いったいどこにいるというのだろう?」若い時分には男性と関係をもつこともあったが、作家になりたいという夢をかなえるために「直感的に」長くつきあわないようにしたという。「男性と生活をともにし、子どもを育てている女性が、どうしたら自分のしたい仕事を続けてゆけるのかという問題に誠実に向き合うことはなかった[89]」。

しかし、男性といっしょに暮らしているか、またはどうしても実現したい夢があるかにかかわらず、忠実な召使いという役割をうまく避けて通るのに成功した女性もいる。つまり、子どもをもたない。次の世代に生命を継承するのではなく、自己の誕生に専心する。母性なしですますことだ。

第二章

子どもはいらない

子どもをつくらないというあらたな可能性

「実際、わたしたちの社会が母性をどう扱っているかを意識しながら、一貫した立場をとろうとすると、出産を拒否するしか選択がない」。今から四〇年前、レ・シメールはこう書いていた。「しかし、事ほど左様に単純な話ではない。出産を拒めば、人間にとってかけがえのない経験を逸することになるからだ」[1]。アドリエンヌ・リッチにとって、制度としての出産が「女性をゲットーに閉じ込め、その可能性を奪う役割を果たした」のは明白だ。リッチは母性の両義性について初めて率直に書いた女性のひとりだが、三人の息子の母親でもあった。「自己の擁護と母なる感情の葛藤により穿たれた溝は、苦しみそのもの（私の場合はそうだった）。その痛みは、創作ではない」[2]。コリーヌ・メイエルは、リッチと立場を異にする。「平等を求めるなら、子どもをつくらないことだ」[3]。避妊の認可に先立つ議論（男性のあいだで論じられた）のなかで表明された最大の危惧が、出産に抵抗するストライキだった。しかし、この告白は妙な話だ。この社会で、だれもが等しく出産は素晴らしい経験だと思っているのなら、なぜ女性はそれを避けようとするのだろう？

以来、子どもを産みたいと思わない女性は一定の自由を謳歌し、アドリエンヌ・リッチが書いているようにふたつに引き裂かれることもなく、平等を獲得するうえで最大とはいわずとも大きな障害のひとつ（ただし、すべての障害ではない）が魔法のように消え去るのを目にしている。それは、なんと幸せなことか。子どもを欲しくないことを確信して、卵管結紮（けっさつ）手術を受けた若い女性は、術後に初めてセックスをしたときに覚えた興奮、「このうえない自由を手にしたという感覚」が忘れられないそうだ。「今でも憶えているのは、『男の人は、きっとこんなふうに感じているにちがいない』と思ったこと。妊娠する心配がまったくないというだけのことなのに[4]」。

ヨーロッパは、魔女狩りの時代以降、政治的に避妊、中絶、嬰児殺しにとり憑かれてきた[5]。嬰児殺しと避妊・中絶を同列で論じることはできないとはいえ、いずれも女性が置かれている状況や一般的社会秩序に対する抗議手段だった。トニ・モリスンの『ビラヴド　愛されし者』（一九八七年）で、主人公セスは、一生奴隷としてはたらかなくてもすむように自分が産んだ女の赤ちゃんを殺す。マリーズ・コンデは、一六九二年に起きたセイラム魔女裁判の被告のひとり、ティチューバという奴隷の姿を小説[6]で描いている。愛するジョン・インディアンの子どもを身ごもっていることを知ったヒロインは、堕胎の決心をする。ふたりはともに、陰険な牧師サミュエル・パリスの家に仕える奴隷で、寒さの厳しいマサチューセッツ州で、敵意と悪にとり憑かれた町の人に囲まれ、絶望の日々を送っていた。「奴隷には、母であることの幸せなどない」と、ティチューバは断言する。「母になることは、運命を変える機会をもたない無邪気な赤ん坊を奴隷制と屈辱の世の中へ吐き出すこととたいして変わらなかった。子供時代を通じて、わたしは奴隷たちが赤ん坊の、まだねばねばしている感じの卵形の頭に長い針を刺しこんだり、毒を塗った刃物で臍の緒を切ったり、さもなければ夜、怒れる霊の出没する場所に捨てたりして赤ん坊を殺すのを見てきた。子供時代を通じて、わたしは奴隷たちが子宮を永久に不妊にし、裏に深紅の経帷子を張りめぐらした墓に変えるための薬や風呂、注入液の処方を教えあっているのを聞いてきた」。ティチューバが魔女として告発されたとき、ジョン・インディアンは生まれてくる子どもたちのために、言われるとおり全員の名前を明らかにし、できることのすべてを実行してでも自分の命を守るよう懇願するが、ティチューバは「わたし、決してこんな光のない闇の世界に子を連れ出すつもりはないから」と叫ぶ。出獄に際して、足首と手首の鎖を鍛冶屋が木槌で断ち切ったとき、ティチューバは「こんな悪運をもつものはまれだ。二度も生まれてくるなんて」とうめく。新しい主人のもとに売られることを知ったティチューバは、自分にあらゆることを教えてくれた老魔女が繰り返し言った「人生は贈りもの」という言葉を真剣に疑いはじめる。「一人一人が自分の宿る子宮を選べるのなら、人生は贈りものとなるだろう。だが、貧乏人や利己的な人間、自分自身の人生の不運を我々に償わせるような女とかの肉体に入りこんでしまったら。あるいは、搾取され、辱めを受ける者の群れの一人になってしまったら。その名前や、言葉や、信仰が強制される者の群れの一人になってしまったら。それはなんという苦難の道となることか！」自分の身に相次いで降りかかる残酷な仕打ちに、人生の別のかたち、別の意味、別の必要性を想像しようと、「人生を変えなければ」と考えるが、母性によって思いはふたつに引き裂かれる。ティチューバは迷い、自分で決めたことに疑念を抱く。生まれ故郷の島バルバドスにもどったティチューバは、だれにも隷属しない祈禱師として、人里離れた場所の掘っ立て小屋で暮らすようになる。母親の胸に抱かれて眠る、自分が命を救った、子宮から出てきたばかりの女の子を眺めながら、ティチューバの胸に母親になることを拒んだのはまちがいではなかったろうかという疑いがきざす。ふたたび妊娠したとき、子どもは堕ろさない、この子が生まれる日までに世界を変える行動をしようと決意するものの、その結末を想像することは難しくない。闘いはティチューバの望むようには進まない。

今日、絶望とパニックに駆られて子どもを殺すことは、社会に恐怖を引き起こす。罪を犯した女性は、極限状態に至った経緯を問われることもなくモンスターのように扱われ、女性が母親になることを断固拒否することができるなどと世間は思いもしない。二〇一八年の冬、フランスのジロンド県で、ラモーナ・カネット（三七歳）は、夫のレイプにより生まれた子ども五人を水死させて罪に問われた。被告は「いやだと言いました。レイプされているあいだも、あとも、私はずっと泣いていました」と証言している。[7] だが、夫は単なる証人として出廷したのみ。一九七四年、米国では、ジョアン・ミヒャルスキ（三八歳）が、郊外にある一戸建ての芝生の庭で、八人いる子どものうち、いちばん幼いふたりの首を肉切り包丁で切断して殺害した。裁判で被告は心神喪失状態にあったとされ、収監される。夫は、これまでに妻が子どもたちに暴力を振るうことはいっさいなく、逆に十分な愛情を注いでいたと証言したが、ただ「望んで産んだ子はひとりもいない」ことを明らかにした。近隣に住む牧師は、この地区に引っ越してきて以来、被告は「絶望していたが、それを口に出すことはなかった」と語った。「社会は父権制の支配下にある母親が起こした構造的な暴力を認めるのではなく、公然と女性を非難する。そのため母親は、精神病理的な暴力の突発に至る」と、アドリエンヌ・リッチは分析する。[8] 二〇〇六年、フランスのフェミニスト団体が年配と思われる女性に匿名で話を聞いたところ、ひとりで出産したのち、赤ん坊を窒息死させたことが二度あると語った。この女性は一八歳で結婚し、二一歳のときには三人の子どもがいて、もっぱら家で生活していた。「自分がまるで引き出しのように思えて仕方がありませんでした。中にぽんと子どもを放り込んで、空になったら、またひとり。そんな感じでした」。性交渉から逃れようとすると、夫に殴られた。「毎日食べるものがあり、学校に行く子どももがいて、何かを欲しがる必要もなく、これ以上何も望むことはないかのようでした。夫は私の望みを知ろうともせず、そんなことはこれっぽっちも気にしていませんでした」。あらゆる手段を使って堕胎を試み、九回はそれに成功したが、毎回そううまくはいかなかった。「人間がすることとはとても思えないでしょうが、それが唯一の解決法でした」。この話を伝えた女性団体は、避妊と中絶が認められさえすれば、望まれぬ妊娠で出産せざるを得なかったケースがフランスから消えてなくなるかのような幻想を抱いてはならないと釘を刺している。[9]

運命を変える、そうでなくともせめて生きてゆけるようにするには、子どもが欲しければ産む、または子どもをいっさいつくらないことで実現可能だ。一九世紀フランスの歴史家ジュール・ミシュレは、魔女が出現するようになった時代の社会的暴力を強調する。ミシュレによれば、悪魔と契約を結ぶという伝説の誕生には「鉄のような時代の宿命的な圧迫」と「地獄そのものが、この地上の地獄にたいする一種の隠れ家に、一種の逃避の場所に」なることが必要だという。このような状況下、封建時代の農奴は「とうてい養いえないに決まっている子供の数を増やすことで、おのれの不幸をさらに悪化させることを極度に恐れていたものだ」。女性には、妊娠するかもしれないという恐れが常につきまとっていた。一六世紀を通じて、「子どもを産めない体になりたい」と望む女性の数が増大するが、反対に「司祭、領主」は農奴たちの数が増すことを望んでいた。虐げる人と虐げられる人の頭のなかで、サバトは対立の構図を端的に象徴している。貧しき者には「産めよ増やせよ」の命令に幻想で対応する手段を提供した。事実、悪魔研究者たちは声を揃えて「けっして女は孕んで帰ってはこない」と主張する。ミシュレによれば、「サタンは穀物の芽を出させる、しかし女は受胎不能にする」のだ。[10] 現実の世界で、出産数を減らすことを実践したのは民間治療師たちだ。治療師に対する弾圧が熾烈を極めた理由もここにある。

「地獄が安全な隠れ場になる」――ミシュレとは無関係だが、アレクサンドロス・パパディアマンディスの小説『女殺人者』（一九〇三年）には同じ転倒が認められる。ギリシャの片田舎に住む老女カドゥラは魔女の娘で、産婆もつとめる祈禱師。社会で苦しむ女性たちの運命を思って打ちひしがれていた。娘たちは、両親に仕えたのちは夫と子どもに仕える身となり、奴隷の境遇を脱することができない一方、家族は多額の持参金のために破産する。知り合いの女児の埋葬に立ち会うカドゥラは、安堵の念を禁じえない。「葬儀のあとで催され、〈慰め〉と呼ばれる通夜に出席するために、喪に服した家に帰り着いた時、カドゥラには慰める言葉すらなかった。彼女は何も知らない赤ん坊とその両親の幸運にただ狂喜していた。そして、悲しみは喜びで、死は生だった。すべてが外見とは異なっていた」。カドゥラは自問する。「人は貧しい人のためにどんな奉仕をすることが出来るのか？　……彼らに対してなし得る最善とは。もしそんなものをもっていたら、彼らにバレンワート（これを食べると不妊症になると考えられていた薬用植物）を与えてやることだろう（神よ、許し賜え！）メイルワート（男の児が生まれるための薬草）でもいい」。生まれたばかりの女児をみつめながら、カドゥラは苦い思いをかみしめる――「この子は苦しむために生まれ、あたしたちを苦しめるために生まれてきたのだ」。理性を失い、カドゥラは赤ん坊を窒息させ、みずからすんで女殺人者として逃亡する生活を選ぶ。パパディアマンディスは、犯した行為の恐ろしさにもかかわらず、避けがたい結末を迎えるまで、人間社会を離れ、自然に帰って逃亡生活を送るヒロインに寄り添いつづける。[11]

あらたな可能性に向けて

一三四八年に始まるペストの大流行以前（ヨーロッパの人口の約三分の一がペストで死亡）、教会は出生率にはほとんど無関心だった。理想としては、むしろ大衆に禁欲して欲しかったのだと考えられる。変化が訪れるのが一六世紀後半で、フランシスコ会修道士ジャン・ベネディクティが無制限に出産を奨励し、家族に向けて、鳥たちと同じように「神は人間にも必要なものを与えてくださる」と保証した。[12]一八世紀、ヨーロッパの人口が爆発的に増加する。動機は誉められたものではなかったが、出産奨励主義者は跡を絶たなかった。一九世紀末のフランスでは、ヨーロッパ全体の傾向に逆行するかのように、百年前の出生ペースに陰りがみえる。出産奨励主義者の同盟は「社会の平安、フランス国の利益、および種の保存のために」行動するとして、以下にみられる主張を展開する。「職を求める労働者間の競争により、その家庭は御しやすくなる。戦争は多くの兵を必要とする。植民地からの移民は国のアイデンティティの危機を招くおそれがある」[13]。

逆説的に（ただし、理解するのはさほど難しくない）、生命を尊重する立場の人は、出産制限を認め、それを推進する側の陣営につく。魔女狩りの推進者は迷わず妊娠した被疑者を拷問にかけ、生まれた子を処刑するか、両親の刑罰に立ち会うよう強制した[14]。今日では、人工妊娠中絶の合法化に反対する人が掲げる「プロ・ライフ」ほど欺瞞に満ちたスローガンはない。米国では、中絶に反対する人の大半が死刑や銃器の自由化に賛成している（二〇一七年に、一万五千人以上が銃で撃たれて亡くなっている）[15]。一方、同じ熱意で戦争または環境汚染に反対する「プロ・ライフ」派はほとんどいない（二〇一五年には、それが理由で生まれた子の六人に一人が命を奪われているというのに）[16]。この人たちが「ライフ＝生命」を大切にしようといきり立つのは、女性の人生をだめにする場合に限られているらしい。出産奨励主義は、人類愛ではなく権力の問題であり、そもそも女性のなかでも「正しい」と称されるカテゴリーしか問題にしていない。歴史家フランソワーズ・ヴェルジェスが示したとおり、一九六〇年代から七〇年代にかけて、フランス本国では避妊及び中絶の合法化を拒みながら、海外県では逆にそれを奨励し、レユニオン島では、白人医師が数千件に及ぶ不妊手術や人口妊娠中絶をおこなっていた[17]。

世代間で継承されてきた鎖を断ち切れば、状況に変化の余地を与え、力関係のカードを切り直し、運命論による締めつけを緩め、「いま」と「ここ」を拡大することにつながるかもしれない。一九九〇年代の米国で、キャロリン・M・モレルとカレン・セコンブは、子どもをつくらないという選択は少数の上流社会の女性に限ったことではないことを示している。モレルが調査した女性の四分の三は貧困家庭か労働者階級の出身だった。全員が仕事のキャリアを積み、自分の社会的上昇の理由として子どもを産まなかったことを挙げている。そのうちのひとり、四三歳の医師のグロリアは断言する。「わたしがおとなしくてやさしい女性だったら、きっと今ごろ、わたしは車の修理工と結婚し、六人の子どもとフロリダに住んで、来月の請求書をどうやって払おうかと考えていたと思う。でも、それはわたしがやりたかったことじゃない」。サラは四六歳。フィラデルフィア南部の東欧系ユダヤ人移民街で育った。「ざっくりいえば、ゲットーの生活だった。わたしは、もっと何かがある、もっといいものがあると信じたかった。八歳か九歳になると、一日中いなくなることがあった。路面電車に乗って町の中心に出て、リッテンハウス・スクエアまで歩いた。それからバスに乗ってペンシルヴェニア大学へ。見たり聞いたりするだけだったけど」。一九〇五年、米国人ソーシャルワーカー（既婚、子どもなし）が匿名で書いている。「わかったことは、女性が支配されているのは、常に子どもはいてもお金がないからだということ。子どもがいると、お金は手にはいらない。正直にはたらいて稼いだお金が十分にあれば、自由と独立と自尊心を得て、自分の人生を生きられることを発見した[18]」。母親になることを拒否するのは白人女性だけではない。一九〇〇年から一九一九年に生まれたアフリカ系米国人の三分の一には子どもがいない。この割合は白人女性を上回っている[19]。

コリーヌ・メイエルの『ノー・キッズ』（二〇〇七年）の非難の中核には、大半の人がそれでよしとしてあきらめなければならない世界の在り方、生活様式に対する抵抗がある。メイエルは、学校から企業へと続く兵営のような状態と、さらにこの監禁状態がひとつのチャンスだとみなされていることにも憤っている。「子どもをつくることは、人はなぜ生きるのかという問題を次の世代にそのまま先送りにすることにほかならない」と、メイエルは嘆く。「私たちが生きている世界はアリの世界と同じで、はたらいてひっきりなしに子どもを産むことが人間の条件の最終目標。生きる目的はパン代を稼いで繁殖すること以外なく、そんな社会には夢も未来もない[20]」。メイエルによれば、出産は現行のシステムで人間を閉じ込めるロックの役割を果たしているという。わたしたちは環境破壊の危機的状況を招く生活様式を永遠に続け、従順にならざるをえないからだ（「養わなければならない子ども」がいる、クレジットカードの支払いがある等々）。それに応えるように、作家クロエ・ドゥロームは（カミーユ・デュセリエは、映画『魔女、わが姉妹たち』のなかでドゥロームを讃えた[21]）、「わたしは子どもを産んだことがない。これからも産まない。家系と虚偽にまみれた有害なつくり話が大嫌い。最後の継承者としては遺産もウイルスでしかない」と述べている。また、さらに「腹のなかの恐怖を抑えるので精一杯。その腹を胎児で満たせば、抗鬱剤なしでは生きられない人びとにとっては抗不安薬になる」ともいう[22]。

自分ではおとなしくてやさしいほうだと思っているが、そのわたしでさえ、出産とそれを拒む理由を考えると、たちまち抑えきれない怒りがこみあげてくる。いま、これを書いているあいだにも……。子どもをつくることをためらうのは、欠陥と失敗の責任は社会にあり、水に流すことは不可能で、和解の余地はないという気持ちのあらわれなのかもしれない。こういうと、おそらくほかの人は気分を害するだろう。しかし、この「拒絶」は肯定の裏返し。その根底には、人類の壮大な挑戦はもっとうまくいったかもしれないという後悔、わたしたちの人生と社会に抵抗したいという願い、さらに子どものいない人生を通じて、あきらめや共通の運命の重さと罠を免れようという気持ちがある。子どもをつくらないという選択は、一種の酸素マスクで、食べ物と豊かさの象徴としての豊穣の角を提供してくれる。それは過剰や誇張も許容し、ありあまる時間と自由を自分のために最大限に活用し、そこではゆき過ぎを恐れることなく、息が切れるまで笑いころげることができる。そして、おもしろいことが始まろうとしていると直感的に予感しているのだ（いつもなら、ここでやめておいたほうがいいだろうと思う）。この発想に基づくと、生命を後世に伝えることをしなければ、自分の命を満喫できることになる。こうした見解のために、わたしは男友だちと一度けんかをしたことがある。会話をしているうちに突然、勃発した激烈なけんかだった。そのせいで、わたしたちの友情は、双方の努力にもかかわらず、元どおりになることはなかった。この男性は、わたしの父と同い年で、ガチガチに凝り固まっているわけではなかったが（そうでなければ、わたしたちが友人になることもなかっただろう）、カトリック教育の強い影響を受けていた彼の反応はおそらくこうした感性によって説明できるかもしれない。そのうえ、論争が激しさを増すと彼の論調は宗教的になった。そんなわけで、彼は脅すように人差し指を立てて振ると、「将来の希望はひとつだ」と言い放った。しかし、「希望」を保つには、出産を控えるのがいちばんよい場合もある。

出産をめぐる錬金術

こうした態度をとると、わたしは社会のなかでほぼ例外なく厄介者扱いされる。フランスで子どもは欲しくないと断言しているのは、わずか四・三％の女性と六・三％の男性のみ。[23]一般に考えられているのとは異なり、二〇世紀を通じて子どものいない女性の数は減っており、「四五歳以上で子どものいない女性」（理由は問わない）の割合は現在一三％だという。[24]フランスは二〇一五年に初めて出生率が減少に転じ、次いで二〇一六年、二〇一七年と減少傾向は続いたが、アイルランドと並んでヨーロッパ一の出生率を誇っている。[25]その説明としては、幼児を預かるサービスが進展していて、ドイツのように女性が仕事か母親かの選択を迫られる状況にはないからというのが有力だ。反対に、米国で近年認められるようになった子どものいない人生は、二〇一三年に、歴史上最低の出生率を記録したことによって説明できる（ただし、移民のおかげで必ずしも悲惨な結果を招いてはいない）。四〇歳から四五歳の子どもを産んだ経験のない女性の割合は、一九七六年に一〇％を超え、二〇〇八年は一八％で、地域による差はない[26]。作家ローラ・キプニスは、「女性のための環境整備がなされない限り、出生率は低下しつづける」とみている。「父親が子育てに積極的に関与するだけではなく、保育園などに公的資金を投入し、家で母親が報酬なしで自分の子どもの面倒をみる代わりに、保育士などの専門家チームに十分な報酬を保証することが必要だ」[27]。ヨーロッパでは、ドイツ以外にも、南ヨーロッパ諸国（イタリア、ギリシャ、スペイン）で不妊の割合が上昇しているが、これは主として、ＥＵの政策による破壊的で不安定な状況と、保育に関する適切な措置と手段がとられなかったためだ。一九七〇年代生まれの女性でみると、およそ四人に一人は子どもがいない[28]。

片や、欲しくないから子どもをつくらないというカップルがいて、他方、欲しいから子どもをつくったというカップルがいる。しかし、ふたつのカテゴリーのあいだに明確な線引きはない。経済的事情または私生活上の理由から、子孫は残さなかったけれど、ほんとうはひとりでもいいから子どもが欲しかったのかもしれない。逆に、文化的に中絶が合法だとはいえないために、その予定ではなかったが、生まれた子を受け入れることにしたカップルもいる。中絶する権利に正面切って反対はしなくても、もし自分たちが妊娠を最後までみまもれるだけの経済的・愛情的に安定した状況にあったら、中絶という手段をとらなくてもすんだかもしれない。さらに、家族の大切さを強調するプロパガンダに取り囲まれていることを考えると、多くの親が自発的というより、社会的圧力に負けて子どもを産むことにしたとも推測される。フランスの社会学者シャルロット・ドゥベストの取材で、「今日、わたしは子どもが欲しいという願いの九〇％は社会的なもので、一〇％が主観的な意志によると、ほんとうに思っています」と、子どもを産まないことを自主的に選択した女性のひとりであるサンドラは語っている[29]（この割合については、広く議論を求めたい）。いずれにしても、当初は各自に子どもが欲しい／欲しくないの希望があり、将来、実際に子どもをもつにしろ、もたないにしろ、それを多少なりとも明確な根拠で正当化していた。こうした傾向は複雑で神秘的な錬金術によって誕生したのであり、当初、考えていたとおりにはいかないものだ。不幸な子ども時代を送った人は、象徴的にそれを取りもどそうとするか、単に無駄なことはしない。楽観的で明るい性格ならば子孫がいなくてもかまわないだろうし、気が滅入りがちな人は子どもが欲しいかもしれない。その点に関しては、それぞれの気持ちのルーレットがどこで止まるかを予測するのは不可能だ。「何らかの役割を果たしたい、影響を与えたい、アイデンティティを見出したい、だれかと仲よくなりたい、快楽を求め、不死になりたいなど、まったく同じ理由で、ある人は親になりたいと願い、ある人はなりたくないと願うことがある」と、米国のジャーナリスト、ローリー・ライルは指摘する[30]。それだけではない。人類は大いなる偉業を実現してきた一方で、おぞましく堪えがたいことだってできる。人生は美しい、しかし過酷だ。過酷だが美しい。いや過酷だ。いや美しい。いや過酷だ……。そんなわけで、人生を「美しい」とするか「過酷」とするか、次の世代に人生を引き継ぐか否かを、少なくともほかの人に代わって判断し選択するのは、不躾で思い上がった行為だといえる。

みずからの姿もしくは自分のパートナーの姿が生まれてきた子どもに反映されているのをみたいと願う人、または子どもと過ごす日常生活にあこがれる人がいる。他方、一人で生きたい、またはカップルで過ごす時間を何よりも大切にしたいと願う人もいる。二〇一五年、後者を選択した精神療法医で作家のジーン・セイファーは、夫と三五年にわたって「知的にも情緒的にも親密なかけがえのない時間」を過ごしてきたと話す[31]。ある人は命を増やしたくて、来るものを受け入れ、その結果、散らかってはいても楽しい（それほど楽しくないのかもしれないが）人生を引き受ける。別の人はもう少し濃密でまとまった、落ち着きのある生活を選ぶ――ふたつの異なる選択には、それぞれの強い思いが込められている。わたし自身は、出生率の低下がもたらす環境学的有効性を議論しないまでも、この社会にもうひとり構成員を加えることはできない。なにしろ、この社会は、命にかかわる環境で調和のとれた関係を保つことに無残にも失敗するどころか、それを完膚なきまでに破壊しようとしているとしかみえないからだ。わたしが子どもを望まないのも、自分が消費社会の申し子だと感じているからであり、それゆえ子どもたちが危機的な環境に対するパラダイムに適応するのを助けてやれそうにないからだ。米国の小説家パム・ヒューストンの以下の言葉は、わたし自身の気持ちでもある――「わたしは石油から作ったおむつを使いたいとはちっとも思わない。かつて自然がそのまま残っていた土地に、夢のセカンドハウスを建設しようとはちっとも思わない[32]」。

それでも、間もなく七歳になるアムザが、頭に小さなヘルメットを被って、ユー島に向かって懸命にペダルをこぐ姿を目にすると心がなごむ。それで自分の意見が変わることはないにしろ、目の前にある世界は常に美しく、破局に向かう催眠状態を逃れて、子どもといっしょにその美を分かち合えればよいと考えることは十分に理解できる。

どんな考え方をしてもかまわない。単に、わたしが賛同する考え方に対してなぜこんなにも理解が得られないのか、すべての人にとって、人生で成功するには子どもをつくることだという考え方が、なぜ揺るぎないコンセンサスを得られているのか不思議なだけだ。この規則から逸脱した人は、「もし、みんながあなたのようにふるまったら?」と、同性愛者にも（あまり）しなくなったような質問をされる。人間科学の分野でも、こうした鈍感な精神構造にお目にかかる機会がある。社会学では、アン・ゴットマンが「子どもをつくらないという意志」について、男性と女性に質問をし、この点に関して多少なりとも信念を揺るがすような、意地の悪いコメントを繰り返し、例えば、これらの人びとには「他者と混乱した関係」があるとみたり、「種の永続という系譜学および人類学上の原則になっている側面を蔑ろにしている」と非難したりしている（それが何を意味しているにしろ）。ゴットマンは「子どもを育てるには時間がかかる。それが社会生活やプライベートの時間を奪うことに対して、果たして異議を唱えることができるのか」と書きながら、すぐそのあとに「しかし、問題はそこなのか?」と付け加える。そして、インタビューをされたある女性が「わたし、子どもはいらないけど、それのどこが問題なの?」と言い切ると、ゴットマンはエセ精神分析医になりかわり、この後半の答えは「問題だと思っていることを告白しているようにも読める」と解釈する……。この本の各ページからは不満がにじみ出ており、ゴットマンは、自分たちを「犠牲者」だと思っていて、選択の妥当性を保証してもらう「必要」のある人を非難する[33]……。

思考が停止する領域

七五億人もの人間がいれば、種の絶滅の危機は避けられるようにみえる——少なくとも、出生不足による種の絶滅は。それは、作家で女優でもあるベッツィ・サルキンドが「神が『産めよ、増やせよ』といったとき、地球上にはふたりの人間しかいなかった[34]」と強調しているとおりだ。少なくとも西洋では、避妊が広く普及し、反対に子どもはもはや経済的に必須ではなくなっている（むしろ、その反対だ）。さらにわたしたちは、開発が熾烈を極め、さまざまな汚染に毒され、過剰な人口を抱えた惑星にいて、ファシズムの脅威にさらされた西洋で、より良い未来（または単に「未来」）に対する信仰が失われた時代を生きている。二〇〇六年に描かれたウィレムの絵が思い出される。安穏で温かい、贅を尽くした部屋でブルジョワの家族が一堂に会している。脇に目を転じると、家の壁に穴が空いていて、外の世界が見える。車や建物の残骸が散乱する荒廃した風景。ドブネズミのあいだに痩せこけた人間がいる。おびえたような息子と娘に、このなんとも悲惨な状況を指し示す父親——「いずれ、これらはすべておまえたちのものだ！」とはいうものの、人をこんな環境に押しやることに少しでも迷いを感じると言えば、全員が恐怖の叫びを挙げるだろう。たしかに、子どもを欲しいと思う気持ちには、多くの理由があるのが常だが、必ずしも自明ではない。前提となっていることにあえて光を当てて、解明することを疎かにしているのではないだろうか。「本能」に属する領域だからというあやしげな口実のもと、このテーマをめぐっては、とんでもない知的怠慢が横行し、熟慮が欠如しているのはみるも明らかだ。米国のフェミニストで著述家のレベッカ・ソルニットは、だれもが納得すると思われるような方法が次から次へと提供されていると指摘する。方法は常に失敗に帰しているが、かといって「続けて、また同じ手法が提供される」ことを妨げるほどではない。ソルニットが観察したところ、「人生には何かしら意味があるはずだという考えにお目にかかることはほとんどない。（結婚と子どもという）人間の活動の標準は、それ自体に意味があると想定されているだけでなく、意味のある唯一のことだと考えられて」おり、これほどまでに多くの人びとが、社会の決まりに逐一合致した生活上の一体主義に囚われていて、その生活が「悲惨このうえない」ことを嘆いている。「愛情を注ぐ対象、愛情を必要としているもの、世界の人びとによって成し遂げられることを待っている仕事は、自分の血を引く子孫以外に、ほかにもたくさんある」[35]。雑誌『エル』で、ミシェル・フィトゥシはコリーヌ・メイエルの『ノー・キッズ』に対して怒りとともに反論しているが、虚しくもそこで明らかにされるのは想像力の欠如だ。「このだらしない開き直りから導かれるのは、前作（『怠惰よ、こんにちは――退屈な仕事とそれに抵抗する方法』）でも健在だった覇気のないイデオロギーだ。唯一の信条（クレド）が快楽を味わう権利で、それを妨げるものがあれば、すべて処分する。(…)こうして人生の災厄を片づけたら、日々お気楽な楽しみに身を捧げ、ジンジャービスケットをかじりながら、おへそを眺めて過ごすとでもいうのだろうか？　愛もなければユーモアもない。このふたつは幸せな人生には欠かせないというのに、コリーヌ・メイエルにはそれが決定的に欠けている」[36]。前述の映画『奥様は魔女』と同様に、ここでも「愛情」があらゆる批判を封じる蓋の役割を果たしている。

子どもをもたない。それは、自分の死後、だれもあとに残さない――おなかを痛めて産んだ子、ある意味、自分がこしらえた子、家族生活や、ときに人が打ちひしがれることもある大きな荷物（歴史、運命、苦しみ、前の世代が積み重ねて、自分が受け継いだ財産）を子どもにゆだねないことを意味する。夫か連れ合いか兄弟姉妹か友だちのだれかがあなたのために泣いてくれるかもしれないが、それは自分の子が泣いてくれるのとは違う。子どもをつくらないという決心で、これがいちばん辛いことかもしれない。「唯一、後悔しているのは、わたしが母親のことを思うようにはだれもわたしのことを思ってくれないことです」――「ふたり家族」に関するインタビューで、ディアンヌはこう証言している[37]。とはいえ、子どもがいなければ、何もできないというわけではない。ここでも想像力が足りていないようで、子どもが常にそれを受け取るとは限らない場合以外にも、また当人が満足する方法ではないにしても、ものごとはさまざまな道を経て伝達されてゆくことが理解してもらえない。人間はそれぞれ、人生で無数のピンにぶつかってはあとに深い痕跡を残すけれど、わたしたちに常にその場所を指し示す力はない。みずからすすんで子どもをもたないことにしたふたりの米国人は、自分たちが仕事をやめて、一年間自転車で世界をめぐる旅に出ることにしたのは、自転車で旅している人と海岸で偶然出会い、話をしたことがきっかけで、それがこれほど大きな転機になるとは思いもよらなかったという。「どんなふうにして、他者がぼくたちに影響を与えるかなんて絶対にわからない[38]」。子どもは、わたしたちの大半がこの地球上に生きていたことを示す、何よりも明白な、唯一見分けることのできるしるしでしかない。加えて、そのしるしはふたりの親の範疇をはるかに超えてもいる。例えばあなたは、別れた連れ合いが別のだれかとつくった子ども、あなたがそれぞれ紹介したふたりの友人がつくった子どもに対してもいくらかは責任があるのではないだろうか。

避妊の普及にもかかわらず、子どもを望むことなくだれかを愛し、欲することは依然として考えがたいようだ。母親になりたくないという女性は、「それはいい人にまだ巡り会っていないからだ」と幾度となく聞かされる。また、子どもをつくる関係こそ真の性的関係だという、あやしげな確信を主張する輩もいる（子どもができれば、性行為をした唯一の証拠になるからで、それによって当事者の男性は「ほんものの男」で、当事者の女性は「ほんものの女」であることを証すことができる）。こうした視点は現実に存在し、「子どもですって？　わたしはひとりより、百人の子をつくるほうがいい」と挑発的に答えたとされるナポレオンの妹ポーリーヌ・ボナパルトはそれに異論を唱えている。セックスをした証拠に子どもをつくる（おそれ多くもいわせていただければ、つかの間のうわべが高くつくことになるのだが）という仮定もなくはない。子どもができれば、自分はゲイじゃないと宣言することもできるが、それは同性愛者嫌いであることをひそかに露呈するようなものだ。

「自然」という最後の砦

異性愛者のカップルの生殖行為（もっと正確にいえば母性）は、進歩主義者にとってさえ最後の砦だ。こうした主張の核にあるのが「自然」で、そのたびにわたしたちは注意を喚起してきた。何世紀ものあいだ、人びとを抑圧してきた最大のでっち上げは、自然の観察を通じて得られたとされる「異論の余地のない明らかな」証拠によって正当化された。例えば、一八七九年にフランスの心理学者ギュスターヴ・ル・ボンはこう唱えている――「多くの女性の脳の大きさは、最も発達した人間の男性の脳よりもゴリラの脳に近い。女性が男性よりも劣っていることは明らかで、現時点ではだれもこれに反論できない。論じるに値するのは、どの程度劣っているかだ[39]」。距離を置いてみれば、この種の発想がばかげていることは明らかだ。これ以降、身体の構造から一定の傾向、特定の態度を導き出すことはしない。進歩的な人びとのあいだでは、ゲイやレズビアンに対して、あなたたちの性習慣には問題があるとか、欲しがる相手をまちがえているとか、あなたたちの器官はそんなふうに使用されるようにはできていないなどとはだれも言わないだろう（「すみません、あなたは取り扱い説明書をちゃんと読んでいません。自然は……」)。反対に、女性や赤ちゃんに対しては、みな「自然はまったくとんでもないことをする」と言ってはばからない。どうやら前にいるのは、最も偏狭で熱狂的な生物学的決定論者ばかりのようだ。

女性には子宮がある。これこそ、女性は子どもを産むようにできているという反論の余地のない証拠ではないか。これでは、一八世紀にディドロやダランベールらが書いた『百科全書』から、一ミリたりとも進歩していないも同然だ。『百科全書』の項目「女性」の身体的描写の結論はこうだ――「これらすべてのことから、子どもを産み、育てることが女性の使命であることがわかる」[40]。「女性は母親になりたいと思うようプログラミングされている」と人は頑なに信じつづけている。かつて、子宮は「恐るべき獣」、「子どもをつくりたいという欲望にとり憑かれている」、「すべてを支配したいという獰猛な欲望の赴くままに、理性に反して生きている[41]」とみなされ、自発的に行動するといわれていた。想像上の世界で、尻軽の子宮は「生物学的時計」と呼ばれる器官(X線を使っても正確な位置を特定することはできない)に取って代わられ、三五歳から四〇歳の女性の腹にうずくまって耳を傾けると時計のチクタクという音が聞こえてくるのだ。「わたしたち女性は、『生物学的時計』という表現が比喩ではなく、偏りのない事実に基づいた人体の表現にすぎないとみなすのが習慣になっている」と、エッセイストのモイラ・ヴァイゲルは指摘する。ところで、女性の受胎力について「生物学的時計」という表現が初めて登場したのは、一九七八年三月一六日、『ワシントン・ポスト』紙の「キャリアを積む女性の体内時計」と題された記事のなかだ[42]。言い換えれば、初期の反動のあらわれで、ダーウィンも驚くような、進化の歴史上ほかに例をみない素早さで女性の体内器官として取り入れられた……。さらに、自然は女性の体に子どもをつくる可能性を与えたのだからといって同様に、出産後におむつを取り替え、小児科に連れてゆき、そのうえ家にいるのだから、続く二五年にわたってキッチンの床のそうじや洗いものをして、トイレットペーパーを買いに行くことも女性の役割にしようとした。こうした行動は「母性本能」だという。自然はまさにそうすることを命じているのであり、例えば、種の保存のため、最大の貢献を果たしている女性に感謝し、そこから生じる障害の埋め合わせをするために社会があらゆる支援を惜しまないというわけではない。もし、あなたがこのロジックを理解できるというなら、それは自然を誤解しているというほかない。

　子どもをつくらなかった女性に関する時代遅れも甚だしいイメージが、相も変わらず存在する。当事者の言葉を信じるならば、妊娠中の経験は多様なのに、未来の母親には、決まって人間性の「開花」や「輝き」といった表現が使われ、変わらぬ信仰が捧げられる。対照的に、子どもを産まないオールドミスの体は、空っぽな子宮のせいで干からびていると執拗に信じられている。ローリー・ライルが書いているように、たとえ空っぽでも子宮は、「月経や性交で感じ方の異なる」[43]、生きて活動する器官のひとつだという事実がわかっていない。そのうえ、なかに胎児がいないときの子宮は小さいままで、なかにクモの巣が張り、ヒューヒューと陰鬱な音を立てて風が吹きすさぶうつろな子宮のイメージは妄想の産物にすぎない。それなのに、出産時に女性は性的にも感情的にも満たされると人は考える（満足感を与えることで規則正しいリズムをとりもどす。そうでもしなければ、コントロール不能になるだろうから）。母親になることを避ける、それは何世紀にもわたって、さまざまな問いかけや恐れや嫌悪感が蓄積してきた女性の体にとって唯一可能な償いを辞退し、浄化と懐柔のプロセスから逃れることを意味する。フランスの社会学者ダヴィッド・ル・ブルトンが書いているように、「結婚と母性は、常に誤りを繰り返す身体を浄化する解毒剤」なのだ[44]。それを拒めば、問題の種を蒔きつづけることになり、人から疑惑や憐みの目でみられる。しかし、個人的経験に照らすと、そんな先入観どおりにことは運ばない。生涯を通じて健康問題につきまとわれてきたわたしは、おなかのなかに、次いで腕に赤ちゃんを抱いて、残された体力をその子と分け合わずに済んだことにつくづく安堵したものだ。

ある会議で、女性の運命と母親の役割を切り離すことができるよう弁護したところ、次の報告者（不妊症の専門医だった）は、自分の患者にとって先ほどの発表は「聞くのも堪えがたい」と、重々しい調子で話しはじめ、わたしは驚きを禁じえなかった。逆に、患者さんが妊娠に失敗すれば、わたしの発言は彼女たちに、何かしら貢献するのではないか。そうすれば、これらの女性は希望をかなえられなかったという後悔の念を乗り越えることができる。わざわざ、自分は不完全で、人生に失敗した女性だという気持ちにさせる必要はない。そうした文脈で、子どもを望まない女性に「子どもが欲しくてもできない女性のことを考えてごらん」と、お説教をする医師が少なくない。医師で小説家のマルタン・ワンクレルは、医療の現場で起こった虐待について書いた本のなかで、

「母親になることは、連通管のような現象ではない」と語っている。[45] たしかにどうしても妊娠できない女性が、できるのにあえて子どもをつくらない女性に対し嫉妬することは十分ありうる。しかし、少しでも考えてみれば、それがいかに非理性的なことかわかるはずだ。子どもができない女性を思って、子どもをつくることを強制すれば、最終的に二重の不幸を生むだけだ。まったく別の考え方として、女性は相互に交換可能な、類まれな本質の代表で、それぞれ異なる性格と欲望を備えた独自の人物だとはみなされないことになる。

この視点は広く普及していて、妊娠は子どもが欲しい人にとっては素晴らしいできごとだが、欲しくない人には手痛い一撃になるという基本的な事実が、にわかには受け入れてもらえないことからも、それがわかる。妊娠の初期徴候について書いたインターネットの記事は、当初、このページを読む女性はすべて妊娠を望んでいるとの前提に立っていた。ところが、ありがちな話だが、読者のうち、かなりの数の女性が妊娠の不安を胸に記事を読んでいたという。例えば、インターネットサイトのAufeminin.com「妊娠初期の見分け方」と題された記事には、「避妊をするのをやめて、時が来るのを待つ。サイクルのたびに待っている時間がどれほど長く感じられることか……」と書かれていて、関連するテーマは「受胎力を高める―妊娠しやすくなる八〇の食材」「妊娠するのにベストな体位は？」などだ。

生理が遅れたため、友人のひとりは恋人の子どもを妊娠したのではないかと恐れおののいた。しかし、さまざまな理由があって、彼女が実際に妊娠することはほとんど不可能だった。近親者に精神科医がいて診察してもらったところ、彼女が感じた恐怖は愛する男性の子どもを妊娠したいという無意識の欲望のあらわれだと解釈されたが、当人の見方は違った。妊娠するという考えに怯えるあまり、妊娠していないと確信することができず、パニックを起こしたのだという。「無意識のうちに両義的な感情に囚われていたのかもしれない。ほんとうに、全然意識していなかったのだけれど……。でも、基本的に、だれもが子どもを欲しいと思っているのが普通なの？」と、友人は困惑してわたしに訊ねた。良い質問だ……が、多くの人にとっては質問するメリットはないらしい。マルタン・ワンクレルは、ある日、医師のひとりが「そうだな、だが、IUDまたは避妊インプラントの処方は、子どもが欲しいという女性の無意識の欲求を封じる暴力になるんだ。少なくとも、ピルを使っている女性は、飲むのを忘れれば、抑圧されていた要望を満たすことができる」と言うのを聞いて、唖然としたと語る。また、若い女性のひとりは、ワンクレルに婦人科医から次のように言われたと話したそうだ――「生理がつらいのは、あなたの体が妊娠したがっている証拠ですよ[46]」。『女性とドクター・ドルーフ』（ドルーフ〔DREUF〕から、フロイト〔FREUD〕の名が透けてみえる）のなかで、スウェーデンの小説家マーレ・カンドレが創造した婦人科の精神分析医は、薄弱な知的能力をさらに低下させる苦悩を和らげる目的で患者に母親になること――「このうえなく健康的」に「女性の心理に浄化作用をもたらす」効果が世界的に認められている――を勧める。浅はかにも患者が「子どもは欲しくない」と答えると、ドクターは椅子から転げ落ちんばかりに驚く。「お嬢さん、すべての女性は、子どもを欲しがるものですぞ！（…）理由はいくつかありますが、一般に女性は自分の感情や欲望、実際に必要としているものを自覚していません。（…）女性のほんとうの気持ちは、私ぐらいのレベルの精神分析医に解釈してもらう必要がありますね。そうでないと、自分の感情に完全に引きずられ、呑みこまれ、道を踏みはずすことになりかねません。それは文明社会に混乱を招き、完全なる無秩序を引き起こすことになりますよ！」さらにそれがまちがいではないことを示すために、師匠である、今は亡きポポコフ教授のほこりを被った著書を女性に手渡し、「内心では、すべての女性が子どもを欲しがっている」と書かれた一節を読ませる。それから、この女性は生理かもしれないという考えが頭に浮かんだので、あわてて本を患者の手から奪い取って言う――「まさか、医学より自分のほうが上だと思っているわけではないでしょうね！女性を鑑定して先ほどの結果に至るには、死体置場や精神病院で何世紀にもわたる一心不乱の研究が必要でした。ブタ、ヒキガエル、条虫、ヤギを使って数えきれないほどの実験を繰り返しては、何度も理論をテストしたのです。こうした資料により、疑うことなき事実にどれほどの裏づけがあるか、あなたには想像もできないでしょう！」[47] さすがにここまで言われては、返す言葉もないだろう。

さらに予想できないことがあった。エリカ・ジョングのようなフェミニストも同じ前提に基づいていることだ。一九七〇年代の米国の女性運動を見直すなかで、エリカ・ジョングは、ベティ・フリーダン派（妻、子どもあり）とグロリア・スタイネム派（独身、子どもなし）のあいだで連携が失敗に帰したことについてこう説明している。「家庭生活を拒否した女性は、それを選んだ女性を軽蔑していた。おそらく、この憎しみの一部は苦々しさから来ていたのだろう。なぜなら、子どもを欲しいと思う気持ちが強いだけに、あきらめる代償は高くついたのだから」[48]。これは奇妙な主張だ。こうした経緯から、軽蔑や憎しみや苦々しさの跡をたどると、むしろそれは、女性運動を浮気、貧困、同性愛に帰着させ、信用を失墜させたとしてグロリア・スタイネムを非難するベティ・フリーダンの側にある。それに関しては、多くの人がベティ・フリーダンを皮肉で、気難しい人と評し、グロリア・スタイネムをきわめて温厚な人だと証言していることからも、母親願望の一律化と願望が満たされることによってもたらされる平穏に関する先入観を説明するのにこのふたりを取り上げるのは、とりわけまずい選択だったと思われる。こうした真実に反する言説こそ、教義の及ぼす力を示している。

同様にフランスでも、二〇〇二年に精神科医ジュヌヴィエーヴ・セールがみずからの意志で子どもをつくらないことにした五人の女性を懐疑とともに取材した記事で、次のように書いている――「女性のなかに、妊娠した経験があって(場合によっては、何度も)、中絶をする決心をした人がいたことから、子どもを欲しがる気持ちはあるが、それはかなえられなかったと仮定できる」[49]。妊娠は子どもが欲しいという気持ちの無意識のあらわれだというが、暴行された女性もあてはまるのか？　中絶が違法だった時代、胎児を処分するために命を懸けた女性はどうなのか？　さらに、妊娠することを極度に恐れていたわたしの友人の例のように、無意識に望んでいたり、両方を望んでいたりする場合があるとするなら、標準とされているほうを一時的に望むことも考えられる。生涯を通じて、流れに逆らって船をこぎつづけることは容易ではない。みずから進んで子どもをつくらないことを決めた若い女性は、自分が「サーカスの動物のようにものめずらしい目でみられている」という印象をぬぐいきれない[50]。

父親にならなかった男性は社会的役割から逸脱する一方、女性は母親になることで奥深いところにある自己を実現すると考えられている。論理的には、子どもを欲しがる気持ちが自然の理であるなら、そうは思わない女性には生物学的な異常が発見されるはずだ。さもなければ、医師に診てもらうように勧めることだろう。もしくは、標準を取り入れ、それにあわせて自分を変えるか。子どもを望む気持ちが芽生えるまで、体に気を遣い、訓練する。このような矛盾は美の実践でも同じように認められる。「真の女性」らしさがおのずと湧き出るようになるまでには、血のにじむ努力が必要なのだ。出産となると、自然に代わって、今度はあいまいな科学のオーラ（最悪のステレオタイプ）をまとった精神分析論や精神論が主流になる。インタビューした女性に「独立心、能力、規律、政治が興味の中心」など、「男性的」と考えられる資質があることを発見して、ジュヌヴィエーヴ・セールは次のように書いている――「人生で与えられたものを受け入れ（母親になるにはこうした資質を必要とする可能性が高い）、周囲の影響を受けやすい受動的立場を女性がとる際に、自律性や独立性といった男性的側面はおそらく障害になるだろう[51]」。人生の偉大なる神秘を前にして、もがきながらも、抵抗することなく政治は男性に任せておく母親という生き物になりたいのであれば、一九世紀にもどって、変化することなくそのままの状態でいればいい。

世代から世代へ

母親になることを拒む女性は、サバトの最中、こんがり焼いた子どもの体をむさぼり喰い、隣の家の息子に呪いをかける魔女と同じで子どもが嫌いにちがいないという偏見にぶつかると、二重の意味で腹が立つ。第一に、常に子どもが嫌いなわけではない。ときには、子どもの気持ちがよくわかるだけに出産に踏み切れないことがある一方で、好ましくない理由で子どもをつくる女性もいる。この点について、カナダのエッセイスト、リュシー・ジュベールは「楽しみも訪れる人もなく、長期間老人ホームで過ごす恐ろしい未来ほど、子どもを産みたいと思う気持ちをかきたてるものはない。八人の子を産むことで（各曜日にひとり、予備にもうひとり）、この悪夢を回避しようとする人もいる。用心するに越したことはないというわけだ[52]」と皮肉をこめて語る。また、親から虐待されたりレイプされたりした子どもの数を思うと、この子たちの実の親はみな、ほんとうに子どもを愛しているのだろうかと問わずにいられない。そもそも、人は必ずしも子どもといっしょにいなくてもいいし、子どもが嫌いな女性がいても、「女性」につきまとう、やさしくて献身的なイメージを踏みにじって、周囲の人が抱いている幻想を容赦なくはぎ取ることになってもかまわない。いずれにしても、良い行動というものはない。子どもにやさしくしたり、抱き寄せたりするや、訳知りの顔でみられたり、「あなたらしい！」とか「まちがいなくステキなママになれるわ」といった言葉をかけられたりすることにうんざりして、モンスター扱いされてもかまわないから、尊大でラディカルな態度をとる女性もなかにはいる。そう、人は自分を恨むことなく、子どもを愛し、子どもと過ごす時間を愛することができるはずだ。「料理をするのはじょうずだけど、レストランを開こうとは思わない」と、マンガ『いつになったら、その気になるの？（Et toi, quand est-ce que tu t'y mets ?）』の主人公は叫ぶ[53]。

米国の作家エリザベス・ギルバートによると、女性は三つのタイプに分けられるという。「母親になるために生まれてきた女性、叔母になるために生まれてきた女性、子どもを三メートル以内に近寄らせない女性。自分がどのカテゴリーに属しているのかを知ることが重要だ。なぜなら、この種のまちがいは悲劇的で痛ましい結果を招くから」。エリザベス・ギルバート自身は、「叔母さん」タイプなのだそうだ[54]。二〇〇六年、フランスの女性誌で、ある若い女性がこの種の女性が起こす奇跡について証言をしたことがあった。この女性は、子どものころ、友だちといっしょに叔母さんの家にヴァカンスを過ごしに行った。飛行機から降りるや、叔母さんはサビーヌ・アゼマであることが判明する。ちなみに、サビーヌ・アゼマは、子どもについて尋ねられると、自分は母親になるつもりはないと穏やかに答える、フランスでは当時まれな女優のひとりだった。ヴァカンスに叔母さんの家で過ごすことは、以降、数年間続く。「サビーヌはわたしたちに小型のカメラを貸してくれて、シナリオを書いてそれを映画にするよう提案した。市場では、何時間も仮装用の衣装を探すことがあった。サビーヌは小さな車を借りたけど、運転するのが大嫌いだったから、ずっとトラックの後ろについて車を走らせ、声を挙げて笑ったものよ。私たちは子どもじゃないし、サビーヌも大人じゃなかった。まるで魔法のようだった。ジャック・タチの『ぼくの伯父さんの休暇』の世界みたいで、マクドナルドには絶対に行かない。アメリカ映画の『毒薬と老嬢』に出てくるようなサロンと、人の多い広場の代わりにホテルみたいな庭があった。ニューヨークのコマやらイギリスの鉛筆やら、ステキなものをいろいろプレゼントしてくれた。サビーヌは何よりも、わたしたちに幸せをくれた」[55]。女性が果たしうるこうした役割の多彩さは過少評価されがちだ。ある日、「ザ・トゥナイト・ショー」で、当時四〇代だったグロリア・スタイネムは、番組に出演していたジョーン・リバーズにこう訊ねられた――「娘の存在はわたしの人生で最大の喜びよ。あの娘（こ）のいない人生なんて想像もできない。あなたはどう？　子どもがいないことを後悔していない？」それに対して、グロリア・スタイネムはこう切り返す――「そうね、ジョーン。でも、すべての女性に子どもがいたら、子どもがいなくてどんな感じか、あなたに教えてくれる人がだれもいなくなってしまうでしょう」[56]。

　多くの女性が、子どもを産みながら人生に意味を求めるという両立がいかに困難か、その理由を語っている。自由と孤独と旅をこよなく愛する作家シャンタル・トマの理由はこうだ――「妊娠も、出産も、子どもを育てて世話をする日常生活も、子どもの教育も、こうしたことはなにひとつわたしの気を惹かなかった」[57]。若きシモーヌ・ド・ボーヴォワールが書いた『年齢の力』を読むと、その際限のない純然たる欲求に感動をおぼえる。本をむさぼり読み、映画を見まくるなかで、作家になるという欲求にとり憑かれる。また、物理学の世界にも同様の激しさで心を惹かれる。マルセイユで教職に就いたときは市場の楽しさを発見し、できるだけ遠くまで何キロも歩き、風景と感覚に酔いしれる。常に万全の装備をしていたわけではない。事故に遭遇したり、攻撃されたりする心配がなかったわけではない。それでも、ボーヴォワールを止めることはできなかった。いっしょに行くと言った男性の友人も置いていかれる。自由をいつくしみ（次々と手に入れた部屋の魅力を端的に表現するこのうえない文がそれを物語っている）、パリで学生として暮らしたときから、ひとりで生きることを愛してやまなかった。「朝帰りをしてもいい。ベッドでひと晩中本を読んでもいい。真っ昼間から寝ることもできる。二四時間ぶっとおしで閉じこもっていたかと思うと、いきなり街に飛び出していく。ドミニクのところでお昼にボルシチを食べたら、夜はクーポールへ行って、一杯のショコラが晩ごはん代わりだったこともある。ショコラとボルシチと長時間のお昼寝と夜更かしが好きだった。でも、いちばんのお気に入りは自分の気まぐれ。何をもってしても、それには逆らえない。大人は耳にたこができるくらい、『まじめな生活』を言って聞かせるけれど、うれしいことに、実際はそれほど重要ではないことがわかった」。こうした生の跳躍、熱気が妊娠によって終わりを告げ、愛していたもの、大切にしていたもののすべてから遠く離れ、生きざるをえなくなることは否定しようがない。同じ本のなかで、ボーヴォワールは母親になることは避けたと説明している。それに関して、「人はわたしを幾度となく非難してきました」とボーヴォワールは言う。

「わたしの幸福は充実していたので、ほかの新奇なものに気をそそられることはありませんでした。（…）わたしの体から生まれた存在に自分の姿を見出したいとは少しも思いませんでした。（…）母親になることを拒んだつもりはありませんが、わたしの運命ではなかったのです。子どもがいなかったので、わたしは自然な条件のもとで生きることができました」[58]。こうした感覚を不思議に思う人もいるだろうが、二〇歳のときに中絶した友人のひとりは、実感はまったくなく、「まるで、盲腸で手術するみたいだった」と打ち明けた。

グロリア・スタイネムの自伝『人生は道の途中』（二〇一五年）は、次の言葉で締めくくられている。

本書をロンドンにいるジョン・シャープ医師に捧げます。シャープ医師は一九五七年、女性の健康以外の理由で、イギリスの医者が人工妊娠中絶手術をおこなうことが合法化される一〇年ほど前に、重大なリスクを背負いつつも、インドに向かう途中だった二二歳のアメリカ人女性の堕胎を引き受けてくださいました。その娘が故国で婚約を破棄し、あらたな運命に向かって飛び立とうとしていたことしか知らなかった医師は、その娘に言いました――「ふたつのことを約束してくれますか。ひとつは、私の名前を決して出さないこと。ふたつめは、人生で自分が望んでいることをやり遂げること」。親愛なるシャープ医師へ。あなたは法が不公平であることをご存じでした。あなたが亡くなってから長い年月が過ぎたので、今ここでわたしに言わせてください——この人生で、わたしはベストを尽くしました。あなたのために、この本を書きました[59]。

グロリア・スタイネムの場合、次の世代を受け継ぐ子どもを産まなかったという事実は、自身の母親に対する裏切りではなく、逆に報いる行為（母の想いを引き継ぎ、家族の歴史に敬意を表すること）だった。グロリアが生まれる前、母ルースはジャーナリストだったが、夫と上の娘を捨てて、ニューヨークで女友だちとやり直そうと考えていた。「『でも、どうして自分がしたいようにしなかったの？　どうして、お姉さんといっしょにニューヨークに行かなかったの？』と思い切って訊ねると、大したことじゃない、姉とわたしがいてよかったとしか、母は答えなかった。なおも問い詰めると、『もしわたしがニューヨークに行っていたら、おまえは生まれてなかったんだよ！』と付け加えた。それに対して、わたしは『でも、ママはどうなの？　ママが生まれることができたんじゃないの』と言うことはできなかった」。両親の離婚ののち、まだ若かったグロリアは母親とふたりで生活し、うつを病むが、病気から立ち直るやニューヨークに行き、母親の代わりに夢を実現する。グロリアは母に対するオマージュのように、こう書いた——「母の前にも、そして今もなお多くの女性が、自分の思うままに旅行をすることができない状況にある。母がみずから望んだ道を歩むことができていたら、と心から願わざるをえない[60]」。

本章の執筆中、父が所有していた書類を調べているうちに、「ヌーシャテル高等商業学校」と書かれた色あせたブルーの手帳がみつかった。なかにあったのは、文学に関する参考文献の長いリストだけだったが、その筆跡は几帳面でエレガントな父の姿を彷彿させた。父はそこに、モーリス・メーテルリンクやエドモンド・ジャルーの作品のタイトルといっしょに、雑誌『明日の書』〔二〇世紀前半、フェイヤール社が出版していた挿絵入り小説コレクション〕の概要を写していた。一二歳で早くに自身の父を亡くし、それに続く動乱の時期、父は夢みていた文学の勉強を続けることができなかった。好奇心にあふれ、教養豊かであったにもかかわらず、自分に向いていない商業学校で学ばざるをえなかった。その後、父には十分な稼ぎがあったけれど、人生をやり直すには至らず、才能を生かせなかったという苦しみと後悔の念につきまとわれた。父親が抱いていた断腸の思いを明確に意識するようになる以前、わたしもまた、本や書くことを別にすれば、なんら興味をもつに値しない、まったく実感のない世界にどっぷりと浸って生きた時期があった。ときにわたしたちの親も、とりわけそれに没頭したいという夢がかなわなかった場合、ほかの何ものにも代えられない強い思いを子どもにもらすことがあるのではないか。それは、報いられなければならないのではないか。中途半端で終わらせず、世代の森にぽっかりとあいた空間で、それ以外はすべて忘れても、そこから始めなければならないのではないか。

許しがたい言葉

しかし、こうしたことのすべてを、多くの人は受け入れることができない。フランスの女優マーシャ・メリルは、著書のなかで「出産しない女性はまちがっている」、「自分と死に別れるようなものだ」と主張し、シモーヌ・ド・ボーヴォワールの亡霊に以下のように語りかけている。「まったく素晴らしいことね、シモーヌさん。この世であなたは、平気で嘘をつくという罪を犯しました。あなたもまた、子どもが欲しかったのではないかしら。でも、あの忌まわしい［原文のまま］サルトルのせいで、そしてみずから選んで、道を踏み外したのです。あなたの愛するアメリカ人（作家ネルソン・オルグレン）と出会い、あなたの女性の体はもう少しで母親になるところでした。それでも、あなたは輝かしいキャリアを築かれたことでしょう。あなたの頭は相変わらず早く回転したことでしょう」（この発言を引用したリュシー・ジュベールは、「頭は早く回転しただろう。しかし、書く速さはどうだろう」）とコメントしている[61]）。コリーヌ・メイエルの本に激怒した、雑誌『エル』の編集者ミシェル・フィトゥシは、一九八七年に『スーパーウーマンの憂うつ』を出版。家族と仕事とのあいだで引き裂かれる女性の苦悩と、自己実現の手痛い代償について語っている。みたところ、一方を抹殺することでもう一方の生活上の苦労を軽減しようとするのは、実にとんでもない話らしい。少なくとも、仕事に関しては。

みずから進んで子どもを産まなかった女性の「良心」が疑いえない場合は、それに代わるものを探し出そうとする。例えば、教師は生徒や学生の母親だとか、本は作家の子どもだといった論説がそれに該当する。ローリー・ライルは、いかにして「自分に子どもがいないという負の烙印を克服するか」について書いたエッセーで、象徴的な母性について多くのページを割いている。どうやらこれは、それなりに尊重すべき個人的な必要に基づいているようだが、ネットで読んだコメントから判断する限り、同様に感じるわけではない多くの読者をうんざりさせる結果になったようだ。[62]「母親らしさは忘れてしまいたい」と、子どもをつくらないことを選択した看護学校の教師クロチルドは、生徒との関係を語るなかで言う。[63]

一般的な感覚では、母親になる以外の自己実現は単なる代用品で、まがいものでしかないようだ。アンヌ・フォンテーヌがガブリエル・シャネルのデビューを描いた映画『ココ・アヴァン・シャネル』（二〇〇九年）にもそれが認められる。ヒロインは若かりしころ、ある男性と恋に落ちるが、映画の終わりで彼は自動車事故で急逝する。涙にくれるヒロイン。間髪を入れずに、カメラはシャネルがデザイナーとして果たした最初の成功にフォーカスする。ショーが終わって、拍手で讃えるスタッフに対して、本人は視線を泳がせ、一角で座ったままだ。エンディングで、のちにガブリエル・シャネルは大成功を収めたが、生涯結婚することなく、子どもをつくることもなかったことが知らされる。そのため、恋人の喪に服したのち、大切な恋を失った主人公は、ひたすら自身のキャリアの形成に身を砕き、修道女のような人生を送ったかのような印象を受ける。しかし、実際、シャネルは変化の多い充実した人生を送り、友人や恋人もかつてと同じようにたくさんいて、少なくともそのうちの何人かは心から愛したようだ。ここには、客を裏で操ろうとする意図（むしろステレオタイプ）があることは否めない――シャネルのキャリアは、不幸な私生活を癒す対症療法だったのだと。しかし、シャネルは恋人の死の何年も前から、深いところから突き動かされて創造に身を捧げ、仕事がシャネルに大きな満足感を与えたことはまちがいない。

エリザベス・ギルバートは相手が迷っているのをみてとると、母親にならないという選択についてもっと話すように促す。なぜなら、それについて話すことが必要だからだ。レベッカ・ソルニットの手法はそれと異なり、しばしば自分が質問されることを嘆いている――「作家としてわたしがめざしているのは、つかみどころがなく、蔑ろにされてきたことを見直し、意味の微妙なトーンや変化を描き分け、公的な人生と孤独な人生をそれぞれ謳歌すること――ジョン・バージャー［英国の小説家］の言葉を借りれば、『物語の別の方法』を見出すことにある。なぜ、わたしが延々と続く語りにぶつかってばかりいて、がっかりさせられるのかを、これで説明することができる」[64]。このテーマについて書いたソルニットの記事は、ヴァージニア・ウルフに関する講演会から生まれた。ソルニットが大変驚いたのは、公演に続く聴衆との討論の場で、話題の中心がすぐに『ダロウェイ夫人』と『灯台へ』の著者に子どもがいないことに移ったことだった。大西洋のこちら側では、二〇一六年、マリー・ダリュセックが同様に驚いていた。ダリュセックがヴァージニア・ウルフの『自分自身の部屋』をあらたに翻訳し、フランス・キュルチュールのラジオ番組に出演したときに、司会者が同様のテーマを取り上げたのだ。最初、ダリュセックは辛抱強く、ヴァージニア・ウルフが大変苦しんだのはたしかだが、子どもがいなかったことが作家に大きな影響を与えたと考える理由はないと答えた。司会者がなおもそのテーマで話を続けようとしたため、ダリュセックは怒りを爆発させる。「いい加減にしてください！　申し訳ありません。失礼のないようにしたいのですが、そのテーマにはうんざりです。同じ質問を、独身で子どものいない男性の作家にするでしょうか？　い、い、い、い、い、い、い、い、い、い、い、い、い、い、いか　そんなこと、どうでもいいではありませんか！　作家を女性の体に還元するようなものです。この本でヴァージニア・ウルフが書いているのはそんなことではありません」[65]。このことからも、パム・グロスマンが正しかったことがわかる。グロスマンは『作家である魔女たち』を讃えた本の序文でこう書いている（ヴァージニア・ウルフは本書のなかでも重要な位置を占めている）――「多くの人びとは、子ども以外のものを創造する女性を危険視している」[66]。ヴァージニア・ウルフをもってしても、子どもを産まないと決めた女性の汚名をすすぐことは不可能なのは知っておいたほうがいい。子孫を残そうとは思わない、またはまじめに考えてこなかった読者は、このような警告を受けることになる――傑作を書こうと精いっぱい努力してもムダ。この重大な欠陥から注意をそらそうとしても、気づかないうちにまちがいなくあなたは不幸になるのだから。もし、あなたが何か書こうとしているなら、別の理由、例えばみずからの喜びのために書くようにすること。さもなければ、恥知らずな人生の楽しみとして、木陰でお気楽に読書など、何か別のしたいことをするのでよしとすること。

一九七〇年代にフェミニスト運動がもたらしたトラウマから、数々の伝説が誕生している。例えば、この時代、公衆の面前でブラジャーが焼き払われたことは一度もないにもかかわらず、スーザン・ファルーディが書いているように「フェミニズムはランジェリー産業をことごとく火刑に処した」[67]とだれもが信じた。同様に、フェミニズムがときに母性を見下して、母親になりたいと望む女性に罪悪感を与えたと非難されるのは、それ自体実に残念なことではあるけれど、全体としては個々のケースの範疇にとどまり、理論化までには至らなかった。米国では、アン・スニトウの研究により、当時のコーパスにいわゆる「アンチ母性」の痕跡は認められないことがわかった[68]。一方、一九七二年、エレン・ペックによって一時期設立された「非親のための全米組織（ＮＯＮ）」は、女性運動とは無縁だった。実際、子どもをもたないという選択肢は限られており、擁護の対象ではまったくなかった。唯一、明らかな例外が、アフリカ系アメリカ人女性のグループによって一九六〇年代に調印された「避妊宣言」で、避妊をジェノサイドの一種とみなす黒人男性に対し、そうではなく、「避妊は黒人の女性と子どもの大虐殺と闘う自由」だと主張したのだ。なぜなら、子どもなしで生きる女性のほうがより大きな力を行使できたからだ[69]。フランスでは、「子どもは、わたしが欲しければ、わたしが欲しいときに」とコールを繰り返す示威行動が展開された。「『わたしが欲しければ』という主張の急進性は、『わたしが欲しいときに』という次のフレーズによって軽減されている」と、フランスの社会学者クリスティーヌ・デルフィは分析する。「キャンペーンの重点は、常に避妊のタイミングと出産する子どもの人数にあり、子どもの有無にまで及ぶことはなかった。フェミニズムも女性は子どもを欲しがらなくてもよいと訴えたわけではなかったのだ[70]」。シャルロット・ドゥベストによれば、「ある意味、一九七〇年代の反省的、社会的、精神分析的に混沌とした状況のなかから、『お好きなようにしなさい、ただし子どもはつくること』という驚くべき至上命令が課されることになった」。なかでも、女性は「子どもを欲しがりなさい」という矛盾した命令に従うことを余儀なくされる。ドゥベストがインタビューした女性のひとり（意識的に子どもをつくらなかった）が指摘したとおり、女性は「自分たちがしたいことと、人が自分たちにして欲しいことを区別できない」ため、命令には敏感に反応する。[71] ジーン・セイファーは、ある日、実は自分が子どもを望んでいないことを意識したと語っている——「わたしは、子どもが欲しいと自分に思って欲しかったのです[72]」。わたしたちが手にしていると思っていた選択の自由は、ほとんど幻想だった。

このような文化的状況から、子どもを産むことを控える女性に対する支援はまったくない。「どうしたら、子どもは欲しくないと平然と言えるのか、わたしにはわかりません」と、インタビューに答えた女性のひとりはシャルロット・ドゥベストに言う。[73] 当然の権利とは言いづらく、もしくはまったく認められていないため、人生がうまくいかなくなると、女性は不幸の原因は子どもがいないことにあるのではないかと自問してしまう。わたし自身、例えば家具に足の親指をぶつけたりしたら、とっさに来るべき罰が来たと思ってしまう（冗談かと思われるかもしれないが、ほぼ事実である）。わたしは多少なりとも好きなように生きたいように生きているので、いずれ罰が下るだろうとは常に覚悟しているが、反対に、いかなる窮地に陥っても、母親がこれは子どもを産んだことが関係していると思うことはほとんどない。シャンタル・トマの以下のエピソードもこれを証している。「ひとりの女性がわたしのところに来て、けちな義理の娘がどんな策略を練って自分をブルターニュの家から追い出したかを話してくれた。わたしがその話に関心を示さないのをみるや、『それで、あなたは？　子どもに満足されていますか？　子どもたちとは仲良くやっていらっしゃいますの？』と、矛先をわたしに向けた。『子どもはいません』と答えると、沈黙が続き、まじまじとわたしを見て、『さぞや大変なことでしょうね』と言って、さっさと帰っていった[74]」。

一五歳のとき、すでにわたしは絶対に母親にならないと決めていたが、ウディ・アレンの映画『私の中のもうひとりの私』を観て動揺した。ジーナ・ローランズが演じる映画のヒロインは五〇代の哲学の教師。結末で、彼女は「子どもが欲しいと思っていたらよかったのに」と泣き崩れる。この場面は客観的で避けられない現実の反映ではなく、ウディ・アレンが必ずしもフェミニストではないことをわたしが理解するのには、一定の時間が必要だった[75]。意識的に子どもをもとうとしない女性に対して、人は「いつか、きっと後悔するに決まっている！」という脅し文句を投げつける。これは実に奇妙な理屈だ。遠い将来、もしかしたら後悔するかもしれないという単なる仮定のために、人にまったく望みもしないことをするように強制できるものであろうか。こうした論法は、まさに多くの女性が逃れようとしてきたロジック（子どもがいるのに越したことはない、安心できる未来のためなら現在を犠牲にしてもかまわない――ローンを組む、身を粉にしてはたらく、残される財産や学費のことで気をもむ等々）へと当事者を引きもどす。

いずれにしても、ウディ・アレンのお気に召すかどうかはともかくとして、子どもをつくらないと決めたところで、長い目でみて予告された不幸を招くことはあまりない。ジュヌヴィエーヴ・セールは、自分の先入観に反して、インタビューをした女性たちは「足りないものはとくにないし、後悔もしていない」と感じていると認めざるをえなかった。[76]外科・婦人科医のピエール・パネルは、自分が避妊手術をした女性が、のちにそれを悔やむ割合は「ほとんど問題にならないほど低い」と言っている。「後悔しているのは、基本的に、合法化される以前に卵管結紮手術を受けた患者さんで、[77]つまり、女性自身が望んだというよりも、主として医師の決定により手術を受けたということです」[78]。後悔していると打ち明けられたら、それはほんとうのことだろう。しかし、研究者たちは「強いられた後悔」の可能性もあるという。「明らかに、女性は生涯を通じて、子どもを産まない限り、女性として完全ではないと言われつづけ、年をとるにしたがって、何かが足りない、女性としてきちんと評価されていないように感じるからだ」とリュシー・ジュベールは説明する。「メッセージを変えれば、おそらく後悔の亡霊は姿を消すのではないか」[79]。まずは、女性がなりたいようになる自由を社会が認めることで、それ以上に何があるのだろう。「結婚しなさい、子どもをつくりなさい、はたらきなさい、ああしなさい、こうしなさい……、わたしは人にあれこれ言われたくないだけ。ただ、人でいたいだけ」と、三七歳のリンダは語っている。[80]

ほとんど存在しないか、しないも同然の後悔がある。人はそんな後悔について多くを語る。さらに、存在しても話すことを禁じられている後悔がある。母性をめぐってかきたてられる後悔がそうだ。親については、好きなだけ恐ろしいことを言える。ただし、最後には必ず、そうはいっても親になって幸せだと言って締めくくらなければならない。コリーヌ・メイエルの『ノー・キッズ』はまさにこの原則に違反したがゆえに大騒ぎになった。「子どもさえいなければ、今ごろは本を書いて手に入れたお金で世界一周旅行をしていたはず。その代わりに、わたしは自宅を居場所に指定され、食事をつくり、毎日七時に起きて、バカバカしいにもほどがある宿題を暗唱し、洗濯機をまわしている。こうしたことは、何もかもわたしのことを女中としか思っていないガキのため。言わせてもらうけど、後悔することだってある」。さらに「もし子どもがいなかったら、家計や買いものや食事の準備でどうにもならなくなっていなかったら、わたしがどうなっていたかなんてだれにもわからない。正直いって、望んでいるのはただひとつ。子どもたちが全員バカロレアに合格し、わたしもやっとささやかな創作活動に専念できるようになることだけ。そのころ、わたしは五〇歳。そのあとえらくなったら、そのとき、わたしの人生が始まる[81]」。コリーヌ・メイエルはタブーを侵したことで、ミシェル・フィトゥシの怒りを買う。「わたしたち女性のなかに、疲れさせ、人生を台なしにする子どもをこの世から消してしまいたいと思わなかった人が、果たしているだろうか？『エル』誌にも、辛辣このうえない調子で、何ページにもわたたって、それを書き連ねてくる人はいる。しかし、認めさせるには、じょうずに、おもしろく書かなければ」[82]。ここでいう「じょうずに」と「おもしろく」は、「節度をもって」と「同調主義」の言い換えだ。うっぷんを晴らすことが許されるのは、規範を再確認できる場合に限られる。しかし、あえてタブーを侵したのはメイエルだけではない。二〇一一年、女優のアネモネは「わたしは望まれない子を妊娠した」と訴えた。三度中絶を繰り返したのちに（そのうち、二回は劣悪な条件下で手術がおこなわれた）、あきらめて出産する。孤独と自由を何にも増して必要としたアネモネは、子どもがいなければ、「もっとずっと幸せだったろう」と語っている（実際には、ふたりいる）。「二〇年は覚悟しないといけない。丸々とした赤ちゃんが、やせて骨ばった子どもになり、ありとあらゆるレッスンに登録して連れてゆかなければならない。世話がやけるばかりで、人生はどんどん過ぎ去ってゆく。でも、それはあなたの人生ではない」[83]。また、ジャーナリストのフランソワーズ・ジルーも、息子についてこう語っている——「息子が生まれてからというもの、わたしは厄介な問題を背負いつづけてきた」[84]。「この女を通りに引きずり出して、金づちのくぎ抜きを使って歯を引っこ抜き、町の子ども全員を並ばせて、ナイフで肉片を切り落とさせるべきだ。その後、女は生きたまま焼かれるべきだ」。これは、ドイツで開催されたフォーラムでイスラエルの社会学者オルナ・ドーナトを標的とした匿名による攻撃のひとつだ。ドーナトは、調査のなかで母親になったことを後悔している女性の発言を集めている[85]。コリーヌ・メイエルのやり方に憤慨した人は多かった。あらかじめ特別な注意を払うことなく、子どもを産んで後悔していること、その子たちが自分にとってどれほどの重荷になっているかを公表し、苦痛を子どもに押しつけたからだ。それに対して、オルナ・ドーナトの研究に協力した女性は全員匿名だが、すでにみてきたように、そうでなければ女性への敵意を最小限に抑えることはできなかっただろう。これほど激しい反応を招くことはなかったにしても、あらゆる方向から研究の成果を否定するよう強いられたことだろう。例えば、フランスのラジオ番組で、ある出演者は、この調査でインタビューを受けた女性の回答は、おそらく自分の国が戦争中であることから説明されるのではないかと発言した。しかし、後悔の理由として、パレスチナ占領とそれがイスラエル社会に与えた影響はいっさい挙げられていない。そのほか、ドーナトは小さい子どもの母親にインタビューをしており、数年後、距離をおいてみれば、これらの母親ももっと肯定的な感情を抱いているだろうと勝手に推測する者もいたが、インタビューに答えた女性のなかには、すでに孫のいる女性もいた。二〇一六年、終わりのない論争をドイツで巻き起こしたこの研究について、SNS上では、#RegrettingMotherhood というハッシュタグで、青年期の子どもがふたりいる母親が調査に参加した母親を叱責する。「これらの女性たちが、子どもと接するなかで、自分が変化し、子どもに対する深い愛情を見出し、世界を純粋な目でみて、人生のささやかなできごとをいつくしみ、尊敬、思いやり、愛とは何かをあらためて学び、大いなる喜びとともに人生を送るに至らなかったことが実に残念でなりません。実際、自分のエゴを脇に置いて、謙虚になれば済むことです」と述べたのち、「愛について議論することは不可能です！」[86]と大文字で書いて、この女性は締めくくった。いったいいつから、「愛」は女性の口を封じる猿ぐつわになったのか？　愛とは、女性とは、もっと素晴らしいものではなかったか。

「母性に関して母親に質問したとき、社会によって許容される回答はひとつしかない。それは『子どもが大好きです』だ」とオルナ・ドーナトは結論づける。しかし、実際に後悔する人はいる。この世のあらゆる秘密と同じように、口にされない秘密は化膿する。さもなければ、危機や紛争を機に爆発するおそれがある。子どもがそれを感じない、察知することはないと考えるのは、現実から目を背けているに等しい。男性／女性、異性愛者／同性愛者を問わず、共著『エゴイスト、軽薄、自己中心主義』で子どもをつくることを拒んだことを証言した米国人作家の多くが、理想化された家族の表象を信じたことは一度もないと語っている。それも、自身の家族の歴史、とりわけ母親との関係のなかで失望や心の痛みを経験してきたからだ。「自分の母親を例にとると、母親であることは何ひとつ保証されていないも同然だった」と、ダニエル・ヘンダーソンは言う[87]。ミシェル・ヒューネフェンは、「明らかに子どもを欲しがっていた」自分の母親が、実際にできてみたらいかに途方に暮れたかを語っている。「子どもが何か質問するとか、本を元の場所にもどしていなかったとか」なんでもないことで、母親は怒りはじめたという。ミシェルが思春期になると、突然、母親が自分の部屋に入ってきて、あれをした、これをしたと非難することが頻繁にあった。ある日、持病の糖尿病のせいで母親は具合が悪く、ベッドの上の夫の横で丸くなっていた。ふと、部屋のドアのところにふたりの娘がいるのを目にするや、「呪われた子め、おまえたちはいったいだれだ？　とっとと失せろ！　子どもなんていらない！　こんな娘はさっさと処分してしまえ！」と叫んだ。

当時一〇歳だったミシェルは、これを聞いて、ある意味ほっとしたという。「長いあいだ、そうではないかと思っていたことが、とうとう言葉になって言われたのだ」[88]。思っていることを表現できる環境であれば、おそらくその感情を飼いならし、はけ口をみつけ、その感情がもたらす苦痛をできるだけ軽減できるかもしれない。同じような状況にある女性が、親しい人に、それどころか当の子どもたちにさえ打ち明けられるかもしれない。穏やかに会話をしているとき、子どもに自分の気持ちを話す――「わかってるでしょ。あなたのことは大好きよ。あなたがいれば、わたしは幸せ。でも、そんな役割に自分がふさわしいのか、自信がないのよ」。それは、あなたのせいでこんなにも生きづらいのだ、あなたなんか生まれてこないほうがよかった、と上からどなりつけられるのとはまったく違う。また、ずっと子どもにつきまとっていた疑問を晴らすことにもなる（自分が至らないから、産んだことを後悔しているのではないか、自分のことでがっかりしているのではないか、母親の期待に応えきれていないのではないか――はっきりとではないにしろ、子どもはどこかでそう感じていたのかもしれない）。

オルナ・ドーナト自身、母親にはなりたくなかったし、子どもを産んだら後悔すると言われつづけてきた。「中絶できても、頑なな女性に母親になるよう強制するときには、脅しとして後悔の念が利用される」と、ドーナトは分析する。だれも変えようとしないばかりか、ひとり以上の子どもを産んだことを後悔する現実に驚いたドーナトは、この問題について調査することを決意する。ドーナト自身のこうしたスタンスにより、調査に協力してくれた女性とのあいだに理解と共感に基づく関係性を結ぶことができた。「だれの母親にもなりたくない」という欲求が女性たちを近づけたのだ。また、子どもが欲しいのに産むことのできない女性は、みずから進んで子どもをもたない女性よりも子どもを産むことができて幸せに暮らしている女性のほうに親しみを感じるのだろう。そう考えると、個人のアイデンティティの深部に、各家庭の状況が必ずしも大きな影響を与えるわけではないことに気づかされる。基本的にドーナトは、「母親になりたい派」と「母親になりたくない派」を対立させようとは考えていない。本書の米国版には、先日亡くなった祖母、ノガ・ドーナトへの献辞が記されている。母親になってほんとうによかったと思っているこの祖母と、ドーナトは長い時間、話をしている。それぞれ相手の言うことに思いやりと興味をもって耳を傾け、理解に努め、自己実現を讃えあい、幸せになってほしいと願っている。アドリエンヌ・リッチも次のように書いている――「『子どもを産めなかった女性』と『母親』を対立させるのはまちがっている。それは、女性が母親になることと異性愛を推進する制度を益する結果にしかならない。実際、こうしたカテゴリー分けは想像しているよりずっと複雑である[89]」。

ドーナトの研究テーマは「後悔」であって、「相反する感情」が対象ではない。ドーナトがインタビューをした女性は、「やり直すことができるなら、同じことは繰り返さない」と言っている。母親になりさえすれば、自分に「欠陥がある」と感じていたのが「満たされている」と感じるようになるはずだったのに、実際に起こっているのはこの逆である。「小さなレプラコーン（アイルランドの伝承に登場する妖精）がやって来て、『あの子たちに姿を消してもらって何も起こらなかったことにしてあげようか?』とたずねられたら、私はためらうことなく『はい』と言います」――ふたりの子どもがいるソフィアはこう答えた。思春期の子どもが三人いるスカイは、「私にとっては耐えがたい負担ですから」とはっきり言う。みんな、子どもが好きなことに変わりはない。人生で、自分たちが母親として実際に経験したことがいやなだけだ。「でも、あの子たちがいないことは望みません。私はただ、母でいたくないだけです」とシャーロットが最後に語っているが、まさにそのとおりだ。ソフィアは言う――「私は間違いなく、素晴らしい母です。本当に良いお母さんなのです。(…)つまり、私は子どもたちを大切に思っている母です。子どもたちを愛し、本を読み聞かせて、専門家の助言を受け、より良い教育を与えて、たくさんの温もりと愛情を注ごうと、最善を尽くしています。(…)なのに、私はやっぱり母であることが**嫌い**です。母であることが**嫌い**。この役割が嫌です。境界線を引く立場になるのが嫌いだし、叱る役割を引き受けるのが嫌いなのです。自由がなく、自発的に行動できないのが嫌です」。アネモネもまた、このふたつを明確に区別している。「子どもたちを目の前にして、後悔しているとはとても言えない。そんなことを言っても意味がない。でも、母親になったことは後悔している[90]」。ティルザ(子どもは三〇代で、それぞれ子どもがいる)は最初の子どもが生まれたとき、すでにまちがいだったと悟ったという。「たちまち、自分には向いていないと気づきました。向いていないだけではなく、私の人生の悪夢だったのです」。思春期の子どもがふたりいるカーメルも同様の経験をしている――「その日、自分がしてしまったことを理解し始めたのです。その気持ちは何年もの間に強くなっていきました」。こうした証言を前にドーナトは、「産後うつになっても、母親になりたいという心の奥底にある気持ちや、将来の幸せに対する認識が変わらない母親もいる。でも、それ以外の女性にとっては、子どもの誕生が大きな変化をもたらすことに変わりはなく、その後の人生で折り合いがつくものではない」と結論づける。これらの女性たちの発言を認め、経験を語ることが許されるようにとドーナトは訴える。

親について一般に認められている真実、世論操作について問い直すべきだという人もいる。「『子どもの笑顔は何にも代えがたい』と言っているようなものじゃないですか。それはでたらめです。真実からかけ離れています」と、四人の子どもがいるサニーは抗議する。ところで、母親になることで得られる数少ないメリットは、自分が社会の一員だと感じられ、その期待に応えられることだ。すなわち、デブラが言うように、母親は「義務を果たした」ことが実感でき、少なくとも放っておいてもらえるのだ。三人の子どもの母親だったブレンダは、毎回、出産後に感じた幸福感について「子どもとの親密な関係、帰属意識、自分への誇り――夢を実現したのです。それは私ではなく他の人の夢ですが、認識することはできます」と表現している。そして、多くの女性が最初の子の出産時に自分には向いていないと感じたにもかかわらず、その後何人も子どもを産んだのは、社会的圧力のせいだと証言している。ローズ（ふたりの子どもがいる）は、もしこの先どうなるかわかっていたら、「もしも私に先を見通す力と、こういった決断を受け入れて支援してくれる環境があるとしたら」、ふたりめを産むことは決してなかったと証言する。これは、ジェラルディンが語った状況とは真逆だ。ジェラルディンはシャルロット・ドゥベストが取材した女性のひとりで、ドゥベストによると、「波風を立てずに、子どもはいらないと宣言すること」はほとんど不可能だという[91] 他片や、理解されない辛い選択がある（ただし、社会の同意を得て「いくらか」は軽減される）。他方、自分で納得したうえで選択する場合もある（のちに後悔することはなくても、周囲から多少なりともとりとめのない非難を受け、憔悴することになる）。「女性が子どもをつくらないことを選んだとき、わたしがこうむった唯一の問題は、ほかの大人たちだった」と語るのはダニエル・ヘンダーソンだ[92]。

結局、現状では、みずからの欲求と社会の同意とのあいだでうまく折り合いをつけ、心静かに生きることのできるタイプはひとつしかない。すなわち、望みどおり、ひとりまたはそれ以上の子どもがいて、この経験を通じて満たされていると感じているが、そのために高い代償を払っているわけではない女性だ。それは恵まれた経済状況にあるか、仕事に満足していると同時に家族と過ごす時間も保証されているか、子どもの教育と家事全般を一手に引き受けてくれるパートナーがいるか、両親、友人など周囲の人が助けてくれるか、または以上の条件をすべて兼ね備えているか、いずれかの場合に限られる（また、恵まれた経済状況にある場合、その幸福な生活は少ない報酬ではたらき、感謝もされない家の使用人や乳母の犠牲のうえに成り立っている可能性はきわめて高い）。それ以外の女性は、程度の差こそあれ苦しみ悩みながら、ほかの女性をうらやましく思っている（これは女性どうしを分断させるのに効果的だ）。アドリエンヌ・リッチも、自分と同年代で、子どものいない「教養のある女性」と交わした会話について語っている――「その女性は、教師の妻（その大半は子どもが欲しいか、すでに子どもがいる）が集まった席で感じたことを話してくれた。そのとき、彼女はグループ内で唯一の独身女性で、仕事に打ち込み、その価値を認められたがゆえに『子どもを産むことができなかった』が、これだけ多くの母親である女性のあいだにいると、人生に失敗したかのように感じたという。私は思わず訊ねた――『どれほど多くの女性があなたのように、仕事をして、深く考えて、旅行をして、子どもの母親やだれかの妻としてではなく、一個人としてあなたがしているような自立した生活を送りたいと願っているか、考えてみたことがありますか？』[93]」だれにとっても自分にないものをみれば、それを手に入れたくなるものだ。そして、人がどのような環境で生きているかを理解することはとても難しい。

オルナ・ドーナトの本に登場する女性はみな、罪悪感に苛まれていて、話す機会を与えられたことで肩の荷が降りたという。また、自分が打ち明けた話の内容を子どもが知ることを大変おそれていた。三人めの子を妊娠中だったマヤは、自分が良い母親であることを強調してこう言った。「（母親でいたくないと考えていることは）誰にもわからないのです。私の気持ちを知る人がいないのだから、他の人の気持ちを知ることだって不可能です」。子どもに対する気持ちを決して口にしないと心に決めている女性もいる。その気持ちは子どもには理解できないし、そのことで傷つくかもしれないからと自分に言い聞かせている。そんなこともあって、ロテムはこの研究が本として出版されることをとても喜んでいる。親になるのを強制してはならないと広く知ってもらうことは、とりわけ自分の娘にとって重要なのだという――「私には関係ありません――すでに子どもが2人いますから――でも、娘たちには、選択を持たせたいです」。

オルナ・ドーナトは、インタビューをした女性たちの経験は、母親の重荷を軽減できるよう社会が努めると同時に、母親になることを女性に強制してきた、今までの考えをあらためる時期に来ていることのあらわれだと考えている。一部の女性が後悔しているとしても、逆にそれは「社会が女性に選ぶことを禁じている他の道が存在することを示している。『母にならない』のような代替の道が**先験的に**消去されているのである」。この禁じられた道が女性に開かれ、多くの悲劇、無意味な苦しみ、混乱を避けることができたとしても、まちがいなく女性が幸福になれるのだとしても、この世界が崩壊するわけではない。

第三章——人生の絶頂である若さに酔いしれて

「ババア」のイメージを塗り替える

数年前のある夏の夕べ、レストランのテラス席で、わたしは友人のDと食事をしていた。情熱的でおおらかで才気煥発なDは話をするのが大好き。人の話を聞く際限のない能力があり、いわば会話の天才だ。ただし、議論が熱くなると（おそらく教壇から学生たちに向けて話をするのが習慣になっていたことも影響しているのだろう）、声のボリュームをセーブするのを忘れるきらいがある。（これに関しては、今振り返ってみると、最近プライベートで起きたことを話題にしており、知らない人の前で、愛情面に関する問題をみなさまの賢明なるご判断にゆだねるにはいささか不適当だったと、のちにD自身も認めるところである）。

その晩、ひと組のカップルがわたしたちのテーブル付近で夕食をとっていたが（テラス席のテーブルは互いにとても近かった）、一〇分もしないうちに女性が怒り出した。

「ちょっと、マドモワゼル！　すみませんが、これでは、わたしたち話をすることもできないわ」

困惑したDはすぐさま謝ると、叱られた子どものように食べることに専念していた。しかし、しばらくすると、晴れ晴れとした輝く目で、わたしにこうささやいた。

「あの人、わたしのことマドモワゼルだって」。

わたしには、Dの気持ちがよくわかる。わたしたちはともに四〇代前半、つまり、仕事のうえでは辛い肉体労働に従事することもなく、知識人として安定したキャリアを築き、健康的な食事を摂り、身だしなみに気を遣い、スポーツをするだけの余裕もある。それでも、わたしたちはいまだに慣例上の呼称「マダム」ではなく、「マドモワゼル」と呼ばれつづけている。それにはわたしも気がついた。むしろ、そのことには気づいていたというべきか。否、気づかないわけにはいかない。男性であれば一八歳から生涯を通じて、「ムッシュウ」と呼ばれる。しかし、女性の場合、人生のある瞬間から、日常ですれちがう人がみな、申し合わせたように、罪の意識もないまま、もう若くはないことを意味する名称で呼ぶようになる。わたしも初めて「マダム」と呼ばれたときには困惑し、傷つきさえした。ショックだったのだ。これは侮辱ではない、自分の価値は若さにあるのではないと納得するにはいくらか時間が必要だった。まるで初物の商品のように「マドモワゼル」の呼称に執着していることを無邪気に告白するアリックス・ジロ・ド・ランを笑ったところで虚しかった。わたしも、女性の若さを示すものに、何にも増して重きを置いていることが習慣になっていたのだ。自分でも気づかないうちに、若さという特権が自分のアイデンティティと深いところで混じりあっていたため、それを排除するのがひと苦労だった。

本章を書いているあいだずっと、不満を感じていた。わたしは四五歳にもなっていないのだからといって、年齢の問題に向き合いたくないと思っている自分がいた。一九八〇年代、米国の作家シンシア・リッチが「早くから、わたしたちは高齢の女性には距離を置き、自分たちの特権を鼻にかけていた[1]」と書いているように。こうした若気の至りを断つのは容易ではない。老いがもたらす先入観とおそれについて、今まで自分がいかにきちんと向き合ってこなかったか、少しずつわたしは理解するようになった。老いと死は、この社会ではタブーだとされている。ただし、覆い隠されているのは女性の老いだけ。センスの良さで知られる英語の雑誌『サバト』（現代の魔女についても論じている[2]）が、「しわくちゃババア（The Crone）」と題して「ババア」の典型に関する特集を組み、老いた女性のパワーを賞賛したときでさえ、表紙も他のページも掲載されていたのは、すべすべの肌と引き締まった体をした若い女性の写真ばかりだった（そのうちのひとりは、定番のエリート・モデルマネジメントのマヌカン）。これらの写真を通じて、毎週、毎月のように、女性誌は一六歳から二五歳までのモデルみたいになるよう読者に勧めている。そうすることで、女性誌は読者の大半を占める年代の容貌を目に見えないものにしてしまっているわけだ。

シンシア・リッチのパートナーだったバーバラ・マクドナルド（一九一三―二〇〇〇、エイジズムについて最初に取り上げた著者のひとり）は、一九八四年、年をとるなかで見えなくされているものがほかにもあることに気づいたと語る。「生涯を通じて、小説、映画、ラジオ、テレビ、いずれの媒体でも、わたしはレズビアンを見たことがなかったし、レズビアンとして幸せに生きられることも知らなかった。その後も、高齢の女性がいることや、老女になっても幸せに生きることは可能だと教えてくれるものは何もなかった[3]」。バーバラ・マクドナルドにとってとくに悲しく、何よりも憤りを感じたのは、フェミニストの世界でも、年老いた女性に対する沈黙と偏見は変わらなかったことだ。それどころか、フェミニストの会議ではいつでも自分がいちばん最高齢で、若いころ、ともに闘った女性はいったいどこに行ってしまったのだろうと訝らずにはいられなかったという。米国マサチューセッツ州ケンブリッジで、当時六〇代だったバーバラ・マクドナルドは、フェミニストが集うシネマカフェの常連だった（店の壁には、ヴァージニア・ウルフ、メアリ・ウルストンクラフト、ガートルード・スタイン、エマ・ゴールドマンのポスターが一面に貼られていた）。自分より若いほかの常連について、バーバラ・マクドナルドは「彼女たちの頭のなかにわたしのための場所はなく、なぜわたしがここにいるのかまったく理解できなかったことだろう。わたしは、ここに貼られているポスターの大半の女性、彼女たちがあこがれている女性たちとほぼ同じ年齢だというのに(4)」。

さらにもうひとつ、痛切な体験が語られる。夜、ボストンに向かってデモ行進に出発する前（当時、マクドナルドは六五歳）、主催者のひとりが、どうやらシンシア・リッチ（マクドナルドよりも二〇歳年下）と自分のことに関して話しているのに気がついた。主催者は、マクドナルドが同じペースで歩きつづけられないのではないかと案じて、別の場所で行進してもらったほうがよいのではないかと考えたらしい。これを知ったマクドナルドは、侮辱されたと感じ怒りに震えた。なぜなら若い女性は、マクドナルドが自分のできることがわかっておらず、直接それを言い出せないでいると思っていたから。礼儀を欠いたことに気づいた主催者は何度も繰り返し謝ったが、それでもマクドナルドは不快な思いを拭い去れなかった。マクドナルドは落胆した。「一生のあいだ、男性の世界で女性として生きるのに問題を抱えてきたけれど、今度は女性の世界で年をとっていることが問題になる。いったい、わたしはどこへ行けばいいのだろう」[5]。

興味深い発見はこれだけにとどまらない。一九七九年、雑誌『ミズ』が提案する「一九八〇年代にフォローすべき女性八〇人」について、マクドナルドがコメントしたときのことだ。リストアップされた女性のうち、五〇代は六人、六〇代はひとりだけ。「まさにこれこそ、事実が『見えないようにされている』好例だとマクドナルドはいう。リストに載っている四〇歳の女性もまた、一〇年後には自分たちも見えなくされるわけだから、失望は避けられない。さらに悪いことに、『ミズ』誌はリストをつくるのに、もっと年配の女性に依頼していて、「リストに載せる女性は、ほかの女性たちに運動を推進していく責任がある」という口実のもと、それを正当化しているというのだ。マクドナルドは、雑誌社側のこのロジックに、「目にみえない母親の犠牲」と同じ匂いをかぎつける[6]。シンシア・リッチとバーバラ・マクドナルドは、フェミニストが父権的家族制度の枠を乗り越えられるように主張している。ふたりの女性が自由に議論をしているときに、一方が「この人はわたしの娘かもしれない」または「この人はわたしの祖母かもしれない」と思ったら、議論はそこでストップするだろうと、リッチは考える。さらに、「シスターフード」という概念にも異議を唱える。「こうしたレッテルの裏には、『これからもあなたに尽くします』という暗黙の了解が隠されている。つまり、召使のように、互いを監督し合い、ほかの女性のことも監督する。わたしたちは互いに相手をそれぞれの役割に縛りつけ、将来、価値観を転覆させる可能性のあるパワーを否認しようとしているのだ」。わたし自身、最近、あるフランスの雑誌[7]を読んでいて、グロリア・スタイネムの写真に付された、気抜けするようなキャプションに驚き、悲しくなった――「おばあちゃんは抵抗した」。この表現は適切でないばかりか（グロリア・スタイネムはだれの「おばあちゃん」でもない。このように、私たちの言葉はまったく想定外の使われ方をされることがこの典型例をとってみてもわかる）、尊大にも最も相容れないステレオタイプに当のスタイネムを貶めていることだ。「（老いた女性を）『おばあちゃん』とみなすたびに、わたしたちは彼女の勇気ある自立を否定している。彼女の自由を無効にしている。その女性の選択に反して、『あなたのいるべき場所は家のなかよ』と告げていることになるからだ」とシンシア・リッチは書く[8]。

二〇歳を超えたらおばさん？

一九七二年、米国の知識人スーザン・ソンタグは、「ふたつの重さ、ふたつの秤（はかり）」と題して、男性と女性の老いをテーマにした優れた記事を書いた[9]。そのなかで、ソンタグはひとりの友人のことを語っている。二一歳の誕生日に、彼女は「わたしの人生で、いちばんいい時期は終わってしまった。もう若くはないの」と言って嘆いた。三〇歳になったときは、「わたしの人生は、ほんとうに終わってしまった」と言ってきかなかった。一〇年後、彼女はそこにはいないソンタグに向けて、「わたしの四〇歳の誕生日は最悪よ。でも、残りの人生を楽しむことに決めたわ」と宣言したのだそうだ。このエピソードは、二〇歳の誕生日パーティを催した晩、座を盛り上げるため、参加者に向けてこれからは年をとる一方で辛いとしか言えなかった自分のことを思い出させる。かわいそうなのは招待客だ。参加したことを後悔しないでいてくれればいいのだが。こんなことを言った自分の心理がいまだに理解できないのだが、それでもこの晩のことはしっかり記憶に残っている。ここ数年、パリ郊外のモントルイユに六〇歳以上の女性が自主管理に基づき共同生活をする「バーバ・ヤガーの家」を設立したテレーズ・クレールと、作家ブノワット・グルーという立場を異にするふたりの大先輩（いずれも二〇一六年に亡くなっている）がフランスのフェミニズムにおける年齢の問題を取り上げている[10]。この機会に、刷り込み済みの時代遅れの感情、すべての女性にとり憑いている賞味期限という概念についても論じる必要がありそうだ。これは女性に特有のことで、男性の場合、二〇歳の誕生日の夜、「年をとってしまった」とうめきながら床をのたうつ姿は想像できないだろう。「二二歳になると、ジャーナリストたちから『年をとるのが怖くない？』と訊かれるようになりました」と、女優ペネロペ・クルスは証言している[11]。一九八六年、バーバラ・マクドナルドは「若い女性が受け取るメッセージは、若いことは素晴らしい、老いることは恐ろしい」であると指摘した。「『人生の終わりは恐ろしい』と言われながら、どうしてこれから楽しい人生の旅が始まると思えるだろう[12]」。

女性につきまとって離れない有効期限の概念は、多くの場合、女性が子どもを産む能力にかかわっている。みたところ、分野の性質上、これは生物学的データによって正当化できるように思われる。すなわち、三五歳以上の女性が妊娠するのは困難で、四〇歳以上の女性の場合、胎児に奇形が認められる確率が高いということだ。しかし、マルタン・ワンクレルは、医師による過度の警告に注意を喚起している。「三五歳の妊婦中、八三％の女性は無事に出産を終えている。四〇歳の妊婦でもその割合は六七％で、この事実は、多くの医者が描いてみせる悲惨な結果とはかけ離れている」[13]。また、ミック・ジャガーのように（二〇一六年、六三歳のときに、八人めの子どもを授かったが、すでにひ孫もいる）、高齢の有名人が父親になるケースもあることから、男性の場合は、子どもをつくるのに年齢は関係ないという幻想を抱きやすい。しかし、男性の生殖能力も年齢とともに低下する。絶頂期は三〇～三四歳で、その後は下降線をたどり、五五～五九歳で二分の一にまで下がる。受胎までの期間の遅れや、流産、染色体の異常、遺伝病の発現リスクは、父親の年齢が上がるにつれて高くなる[14]。もちろん、女性が健康で、無事に妊娠・出産ができることはいうまでもない。出産後には、両親がふたりとも子どもの世話ができるに越したことはないだろう。それなのに母親の年齢だけを心配するのは、育児と教育はすべて女性の仕事だとみなす従来のモデルを強化することになる（ちなみに、ミック・ジャガーの七人め、八人めの子どもは、それぞれの母親が育てている。子どもが生まれたとき、ミックはすでに別れたあとだったが、父親として母子に住む家を与え、経済力に見合った養育費を支払っている）[15]。最後に、男性が実際に「女性」になることはできないし、母親でなければ満たされないという考え方は（いうまでもなく、男性のための主張である）、余計な圧力をかける危険があり不自然だ。

女性が感じている不安は年齢だけではなく、外見にもかかわってくる。周囲の人の若者信仰は、女性にも男性にもある程度影響を及ぼし、男性もまた加齢に苦しむことはあるが、人をみる社会の目は性別によって非常に異なる。愛情やセックス面で、男性の評価が年齢を理由に下がることは絶対になく、老いの徴候が男性に認められるようになっても、憐みの目でみられたり、疎まれたりすることもない。クリント・イーストウッド（この原稿を書いている時点で八七歳）の日焼けした美しい顔立ちに、人はぼーっとみとれる。ある研究によると、ハリウッドで女性スターの年収は三四歳まで上昇したのち急激に減少するが、男性スターの場合は五一歳で最高に達し、その後も減少に転じることはないという。[16] 二〇〇八年、米国の大統領選挙の民主党予備選挙で、保守派の著名ラジオ司会者ラッシュ・リンボーは、ヒラリー・クリントンにこう言った――「わが国は、女性が日に日に年をとってゆくさまを目にしたいと、ほんとうに思っているのだろうか」。ところが、バラク・オバマが二期八年にわたって大統領を務めるあいだ、世界は米国大統領の頭に次第に白髪が混じり、それにつれてますますエレガントに職務をこなす様子をあたたかい目でみまもっていたのではないだろうか（「ホワイトハウス効果」）。おそらくラッシュ・リンボー自身はあたたかい目でみてはいなかったと思うが、それを攻撃の理由にすることはさすがになかった。

「男性が女性よりもじょうずに年をとるわけではない。単に、年をとることを社会から認められているにすぎない」と、生前、米国の女優キャリー・フィッシャーはリツイートした。二〇一五年、『スター・ウォーズ』のエピソード七が公開されたとき、四〇年前の褐色の髪にメタル・ビキニを着たレイア姫でないことを知ったファンのあいだで大騒ぎになった（そのために、映画料金の払い戻しを要求した観客もいた）[17]。髪を染める男性はバカにされることがあり、社会党のフランソワ・オランドがフランス大統領に選ばれたとき、ニコラ・サルコジ前大統領は「きみ、髪を染めた男をみたことがある？」と取り巻き連中にふれてまわったという。五年後、大統領の広報担当は、大統領の汚名をそそぐため、いまだにそれは嘘であると言いつづけた。それなのに、女性が髪を染めることに対し、バカげているという人はだれもいない。二〇一七年後半、フランスで髪を染めた経験があるのは、四五歳以上の男性が二％であったのに対して、女性は六三％にのぼった[18]。スーザン・ソンタグが先の記事を書いたころ、パブロ・ピカソは、亡くなる数か月前に、最期まで連れ添ったジャクリーヌ・ロック（画家より四五歳年下）とアトリエでパンツ一丁でふざけている写真を撮影している。「九〇歳になる女性が、南仏にある所有地の戸外で、ピカソのように、ショートパンツにサンダルを履いて写真を撮ることはとても想像できない」と、ソンタグはコメントしている[19]。

女性の年齢をめぐるインチキ

女性の有効期限は、多くのカップルの年齢差でも認められる。二〇一二年フランスでは、同じ屋根の下で暮らす男女の場合、男性が年上のカップル（一歳だけ年長の場合も含む）が約八割を占めた。[20] 一九％のカップルで、男性は女性より五～九歳年上であるのに対し、逆のケースは四％にすぎない。たしかに、女性のほうが年上であるケースも増加している（一九六〇代に一〇％だった割合が、二〇〇〇年代には一六％）。しかし、一九五〇年以降、一〇歳を超える年齢差のカップルはほぼ二倍になり、八％だったのが一四％を占めるようになった。[21] 若い女性のほうがいいと言ってはばからない男性もいる。例えば、最近パートナーと別れた四三歳の写真家は、次のように打ち明けた――「同年齢の女性とつきあうのは不可能です。一度、出会い系サイトで、三九歳の女性で検索したのですが、うまくいきませんでした」[22]。フランスの作家フレデリック・ベグベデは、四八歳のときに二四歳の女性と結婚し、「カップルが長続きする秘訣は年の差にある」と述べた。ベグベデは、J・D・サリンジャーと、のちに三六歳年上のチャールズ・チャップリンの妻になったウーナ・オニールの関係を描いた小説を書いている。スイスの作家ロラン・ジャカール（極右の『コズール』誌を創刊）は七四歳で、五〇歳下のマリー・セエルと共著でふたりの馴れそめについて語った短編を書き、そのなかで「女性は、男性に比べて記録的な速さで年をとり、それゆえ苦労するのがわかった」と述べている。[23]『エスクァイア』誌がいきなり「四二歳の女性」をテーマに特集を組んだとき（宣戦布告はしたものの、それほどの内容ではなかった）、オンライン・マガジン『スレート』は皮肉な返礼歌として「五六歳の男性」（『エスクァイア』誌の記事を書いた記者の年齢）について特集することで応戦した[24]。

その点で、映画が果たした役割も無視することはできない。二〇一五年、米国の女優マギー・ギレンホールは、三七歳のときに五五歳の男性の愛人役を演じるのに年をとりすぎていると判断されたことに対して公式に抗議する[25]。米国の複数のメディアは、映画界ではめずらしくない年齢差（実生活に比して大きいことがわかる）をグラフ化して公表し[26]、映画界は男性によって支配されていて、それは実世界上の幻想を反映していると結論づけた。同様に、米国のリベラル系オンライン・メディア『ハフポスト』も、フランス映画界について、とりわけ俳優ダニエル・オートゥイユ、ティエリー・レルミット、フランソワ・クリュゼに対して申し開きのしようがない証拠を突きつけている（ただし、年の差は米国ほどではない）。「とりわけ同年代の女優をパートナーとするフランス映画の重鎮はひとりもいなかった[27]」。二〇一四年、ハリウッドで開催されたゴールデングローブ賞授賞式で、プレゼンターを務めた女優のティナ・フェイとエイミー・ポーラーは、ジョージ・クルーニーとサンドラ・ブロックが宇宙飛行士役で出演した映画『ゼロ・グラビティ』のストーリーについて、「この映画は、ジョージ・クルーニーにとって、自分と同年齢の女性とスペースシャトル内に一分たりともいっしょにいるより、宇宙空間に出て死ぬほうがどれほどましかを物語っている」とユーモアを込めてコメントした。

めったにないことだが、自分よりも若いパートナーのいる女性について、その年齢の違いはあたりまえのことではなく、大いに強調されコメントされるのが世の常だ。肉食の「ピューマ」と形容されることが多いけれど、男性の場合、これに相当する比較は存在しない。わたしが知っているある男性は、娘の小学校で、下のクラスの男の子を好きになった女の子が「ピューマ」と呼ばれたことを教えてくれた……。二〇一七年、フランスの政界は男女間の異なる扱いについて申し分ない例を提供する。大統領より二四歳年上のブリジット・マクロンは、たえまない性差別的「ジョーク」の格好の標的になる。フランスの週刊新聞『シャルリー・エブド』(二〇一七年五月一〇日付)では、「奇跡が起こるぞ!」のタイトルで、風刺画家リスがフランス共和国の新しい大統領が妻の丸いおなかを得意げに指さす姿を描いている。これは女性を出産のための道具に貶め、女性を更年期だと決めつけるときの常套手段だ。反対に、ドナルド・トランプに関しては、この人物にかかわるほぼすべてが際限のない揶揄の対象になっている(それも当然だ)にもかかわらず、妻メラニアと二三歳の年齢差があることはまったく問題視されていない[28]。

ここ最近、このテーマについて女性が書いた本は、女性嫌いと、恋愛関係にある男女間の暴力に残酷な光を当てている。カミーユ・ロランスの気がめいるような小説『あなたが信じた女(ひと)』のヒロインは、もうすぐ五〇歳になるが、二四歳の魅力的な独身女性というプロフィールでフェイスブックを始める。この本について、出版社は「欲望をかなえることをあきらめたくない」女性の物語だと紹介している[29]。ここで想定されている何が気になるのか、自分でもよくわからない。四八歳になったというのに、いまだにだれかを愛しているといって、みなを当惑させるのは避けるべきだということだろうか。それとも、自分の年齢を実際の半分に偽ることが「あきらめたくない」ことになるのか。いずれにしても、おもな男性の登場人物のおぞましい下劣さが小説のほんとうのテーマのように思える。また、地理学者シルヴィ・ブルネルは、自分の実人生に基づいた本を出版している。[30]二〇〇九年、夫エリック・ベッソンは移民・統合・国民アイデンティティ・連帯開発省大臣を務めていたとき、二三歳の学生といっしょになるため、二六年間生活をともにした妻ブルネルと別れた（ふたりの間には三人の子どもがいた）。著者はこの本のなかで、同じ理由で「離縁された」、まわりにいるすべての女性のことを書いている。例えば、アニエスは四五歳のとき、夫から「おまえなんか、太った牛だ」とののしられ、夫はあらゆる手段を行使して妻を家から追い出したうえ、二三歳年下の若い女性と新しい生活を始めた。

女性解放は男性の解放でもあったのだろうか、とシルヴィ・ブルネルは問う。離婚が一般的になる以前、男性は愛人をつくっても離婚するまでには至らなかった。少なくとも、妻は物質的には安心していられたわけだ。元夫は早く自由になりたいばかりに、全資産をブルネルに残したが、多くの場合、離婚は女性にとって、急激な貧困化を意味する。「信じられないほど多くの女性が、厄介払いされただけでなく、けちでエゴイストでけんか腰の夫の不実な仕打ちに直面せざるをえない（弁済不能を装い、子どもを育てるのに最低限必要な費用さえ払うのを拒むなど）」。養育費は当然女性の負担になる。一般に、女性が家事や子どもの教育を引き受けることになるが、それに伴い仕事を減らしたりやめたりもしている。シルヴィ・ブルネルによると、ベッソンは洗濯機の使い方も知らず、地方議員に選出されたとき、市民は道でブルネルを呼びとめ、問題を託したという。そのとき言われたのが「ご主人はお忙しい方だから……」という魔法の言葉だ。ブランディーヌ・ルノワールの映画『オロール』（二〇一六年）も同様のシチュエーションを描いているが、社会階層はもう少し下だ。アニエス・ジャウィが演じる主人公は五〇歳、ふたりの娘がいて、夫の会社で長いあいだ経理を務めていた。しかし、はたらいていた当時、経営者である夫は妻に給料明細が必要とは思ってもみなかったため、社会保険料（とくに年金）の支払い記録が残っていない。しかも、この夫は妻と別れて、別に家庭をもつ。ウエイトレスとしてはたらいていたレストランを飛び出したとき、ヒロインは孤独と不安定な生活のただなかにいた。こうして、離婚によって家の生計を立てていた人がお金を含めてすべてかっさらって出ていったことで、夫婦間の不均衡があらわになる。フランスでは、ひとり親世帯の三四・九％（およそ二百万人）が貧困ラインを下回っている（両親が揃っている家庭の場合は一一・八％）。母子家庭の実に八二％が貧困層だ[31]。

進化心理学は、文化が与える影響を実にあっさりと無視し、真っ先に不平等は遺伝学に由来するといって常に正当化するけれど[32]、このケースでも、男性は自分の遺伝子を若い女性に（外見で出産能力のあることがわかる）最大限ばらまくようプログラムされており、更年期前の女性をお払い箱にするのは種の保存のために必要な副作用でしかなく、それ自体は悲しいものだが甘んじるしかないと説明する。この理論を無効にするには、更年期の女性を愛し欲してくれる男性がひとりいればこと足りるし、いうまでもなく多くの実例が存在する（男性に遺伝学上の欠陥がある場合は別だが）。むしろ、こうした状況は、従来の父権制を存続させようとしていることのあらわれとみるほうが自然ではなかろうか。フランスでは、二〇〇六年まで、法律上、結婚可能な年齢は男性で一八歳、女性で一五歳だった。[33]社会学者エリック・マセは、今日認められるカップル間の年齢の差は、「社会学的に生殖のための夫婦関係によって女性が定義されていた」時代の名残だという。その時代、年をとるにつれ、男性は「経済的・社会的能力が上がった」のに対し、女性は「美と出産能力をはじめとする体の資本を失った」[34]。このような序列は、今もそれほど変わっていないようにみえる。理論上、女性は自由を得て、自分で生活費を稼ぎ、経済的・社会的能力を蓄積することが可能になったはずなのに、女性がもっぱら担う子どもの養育費がネックになっている場合が多い。すなわち、女性がいまだに「生殖のための夫婦関係によって定義され」ているということだ。そうすると、離婚それ自体は悪いことではないものの、それが簡単にできるようになると、「体の資本」を保ちつづけている若い女性のために、夫が妻を人生の途中で放り出すことを許しかねない。

社会学者マリー・ベリストロームは、出会い系サイト「Meetic」で、年齢が判断基準としてどのように使われているかを調査したところ、離婚を経験した五〇歳以上の男性で、若い女性に限って検索をする利用者の割合が増加していることがわかった。これは、一般に元妻が子どもを引き取り、子どもの教育費が夫にのしかかることが少ないためだと、ベリストロームは説明している。例として、離婚経験のある四四歳の男性の話を聞いてみると、出会った当初、新しいパートナーは、彼が遠くに住んでいることを心配したのだそうだ。男性には思春期になる子どもがふたりいたが、現在住んでいる街にとどまる理由はないので問題はないといって女性を安心させた――「愛のためなら、僕は海を渡ってもかまわない」……。「離婚によって男性は若返る。扶養する子どものいない独身男性は、人生をやり直す準備ができており、同じように若くて将来への希望を共有できる女性を求めようとする」。興味深いことに、若さを志向する傾向は五〇歳までの独身女性にも認められるという。例えば四九歳の女性作家は、新しいパートナーを探す際、三五歳から五〇歳までという条件を設けた。「それについては、わたしも困惑した経験があります。五〇代の男性の写真を眺めていたら、みなさん、ほんとうに老けていたものですから！」[35]

年齢による男女間の不平等は、みつけるのは簡単だが、異議を唱えるのは難しい。女性にあらわれる老いの徴候を美しいと思うように強制することはできない、という人もいる。ソフィー・フォンタネルは自分の髪がゆっくりと白くなってゆくことについてどう思うかをインスタグラムのフォロワーに訊いたことがあったが、わたしは次のようなコメントを読んで考え込んだ――「嘘はつけない。みっともないと思う」（賢明にもフォンタネルは、攻撃的なコメントの陰に、それを声高に言う人の存在、フォンタネルではなく自分自身に対する嫌悪があると考える）。いかに社会のイメージ付けや偏見、美醜の概念を定める表象の長い歴史が人の見方に影響を及ぼしているかについて考えずにはいられない。ツイッター上でフェミニストにいやがらせをする匿名の人は、「フェミニストは醜い」と発言することが多い。つまり、「服従しない女性は醜い」と言っていることになる、とダヴィッド・ル・ブルトンは分析する。[36]米国の哲学者メアリ・デイリーによれば、「創造的で強い女性の美しさは、女性嫌いの人の美の基準に照らせば醜いことになる」[37]らしい。少なくとも、今日、支配的な美の基準に従えば、女性は年をとるにつれて出産能力も魅力も衰え、夫と子どもの世話をする供給元としての役割もなくなれば、本人の意思にかかわらず「不服従」のしるしとみなされる。シンシア・リッチが書いているように、「子どもを産み、その世話をするだけでなく、みずからを創造し、自分の世話をするためにも生きていることに気づいた女性がかきたてる恐怖心があらわれている。老いゆく女性の体は、「他人のためだけに生きるのではない『自己』の存在をあらためて思い出させる」[38]。このような状況下で、人から醜いと思われたくなければ、どうすればいいのか。

カップル間の年齢の違いと見捨てられた女性をめぐる同様の問題は、女性が四〇代後半になったときにも発生する。一般には、これを一種の運命だと考える意見が受け入れられており、よくあるシナリオだという実情がそれに拍車をかけている。「夫が若い女といっしょに出ていった。あ、は、は」――ポール・マザースキーの映画『結婚しない女』(一九七八年)で、主人公のエリカはこう叫んで、苦い思いをかみしめる。いずれにしろ、男性がもはや愛していない女性と別れようとするのを禁じることも、フェミニストが他人の愛情問題に首を突っこんで事態を悪化させることも、さすがにできないだろう。結局、ウディ・アレンが元パートナーであるミア・ファローの養女スン＝イー・プレヴィン(アレンより三五歳年下)との関係について問われたときに答えたように、「心は正直[39]」だ。そもそも、男性にとってプラスにはたらく夫婦間の年齢差は、慣習として深く根を下ろしており、きわめて多様なシチュエーションで認められる(こちらのほうがもっと深刻だったりもする）。年の差があまりに大きい場合でも、こうしたカップルのなかには、互いに惹かれあう魅力の決定的な理由がパートナーの年齢ではなく、社会が容認しているからという、単にそれだけの例も認められる。また、該当する男性はみな支配したがりやの卑怯者だとか、女性はみな服従するバカかご都合主義者のいずれかだと主張するわけにもいかない。そんなまねをすれば、自分に腹がたつというよりも、周囲の人のおよそ八〇％とけんかになる結果を招きかねないので、ここでやめておくが、それでもなお、こうした図式は再考する価値があると思っている。

永遠のイメージからの脱却

米国のテレビドラマ『ブロード・シティ』は、ニューヨークに住む文なしの若い女性、イラーナとアビの冒険を描いている。二〇一七年一〇月に放送されたエピソードの冒頭で[40]、イラーナがアビの白髪を初めて発見し、うらやましそうに叫ぶ――「魔女になったのね！　作法を心得た強い魔女に！　なんてステキ！」けれどもアビは、イラーナと同じようには喜べない。その日の午後、魔女としての第一歩を祝福するかのように、アビは実際に魔女に遭遇するのだが、新しいパートナーとのあいだにできた子どもといっしょに散歩をする元恋人とすれちがう。落ち込んだアビは耐えきれなくなって皮膚科に飛び込み、しわ取りのボトックスを注射してもらう。その間、イラーナはセックスの巫女に診てもらっている（トランプが大統領に就任して以来、イラーナはオルガスムを感じなくなっていた）。さて、飛び込んだ先の皮膚科の女医は五一歳だったが、三〇歳前後にしかみえない。「多くの女性にとって、若くみえるように心がけることは第二のフルタイムの仕事に匹敵する。お金が減るほうの仕事だけどね」と、医師はいかにもうれしそうに話す。診察室の壁に貼られた、多少なりとも衝撃的な「注入前／注入後」の写真に怖気づき、アビはここへ来たことを後悔しはじめる。最終的に診察室を逃げ出す前に、アビは医師に言う――「あなたのこと、とてもステキだと思うけど、そんなことをしなくてもあなたは十分ステキだったはず」。これを聞いた女医は笑顔をみせたのちにかたまって、困惑を隠せず「いけない、笑っちゃった……」と言って、心配そうに手で顔を触る（このエピソードは、最後にセントラル・パークで大々的にサバトを開くシーンで終わる。そこには、イラーナとセックスの巫女や魔女たちもいる。アビは皮膚科医も連れてくる）。

見捨てられ、屈辱を受けた女性がたどる悲しい運命を避け、また、一般的に年齢をめぐる人生の恥辱をすすぐため、経済的に余裕のある女性は、外見が以前とできるだけ変わらないように必死になる。バカげた挑戦だ。あたかも過ぎゆく時間が存在しないかのように、三〇歳を超えた女性として、社会が唯一受容できる女性のイメージに（しかも、それは若い女性の生きた剝製だ）できるだけ近づこうと努める。人が夢みることのできる最大の野望が「うまく保存されていること」だとは。セレブの場合、とりわけ相当なプレッシャーがかかっていることは疑いえない。六〇歳を超えるイネス・ド・ラ・フレサンジュは、シャネルのモデルだった四〇年前と同じほっそりした体軀、しわのない顔、黒い髪を保っている。一九九〇年代のトップモデルたちは、姿をあらわすたびに、「わお、昔とちっとも変わらない！」と世間に感嘆してもらうために、おそらく全人生と資産の大半を賭けているのだろう。二〇一七年九月に、カーラ・ブルーニ、クラウディア・シファー、ナオミ・キャンベル、シンディ・クロフォード、ヘレナ・クリステンセンを集めてヴェルサーチが開催したショーの意味もここにあった。モデルは全員、体にぴったりしたキラキラ輝く同じドレスを着て、すらりとしたシルエット、引き締まった脚をみせつけたのだ。ドナテラ・ヴェルサーチは、シンディ・クロフォードがほかのマヌカンたちといっしょに同じドレスを着てポーズをとった一九九四年のブランド・キャンペーンにインスピレーションを得たと説明している。SNS上には、このイベントを見て「ほんものの女性がもどってきた」というコメントがアップされていた。それに対して、ソフィー・フォンタネルは「美容整形でほぼ全面的にリマスターした人を『ほんものの女性』とみなすなんて、滑稽にもほどがある。それぞれ、自分ができることを好きなようにすればいいだけで、意地悪で言っているつもりはないけれど、ただ単に、ウイルスみたいなイメージで、女性に関するばかげたビジョン、二五年たってもほとんど変わらない——しわひとつ白髪ひとつなく、いやな顔ひとつしない女性のイメージがつくられるのだから。まるで、変化してはならないとでもいうように」とコメントしている。そうして、「五〇歳の女性のイメージ、その美しさ、その自由は、いまだ開拓されていない未知の世界だ」と宣言して締めくくる。[41]

こうしたロジックの対極にあるのが、米国の写真家ニコラス・ニクソンが、一九七五年以降毎年撮影している、妻べべ・ブラウンと三人の姉妹へザー、ミミ、ローリーを撮ったモノクロのグループ写真だ。こうして、ニクソンは四人の女性の老いを静謐な目で記録に残している。一連の写真のなかで、老いはまるでひとつのオブジェ（興味と感情の対象）のようで、女性一人ひとりの内面と関係性と経験したできごとがさまざまに想像される。「わたしたちは、日々、異なる女性のイメージを次々と浴びせられているけれど、老いが明らかに感じられる女性の姿はきわめて限られる」と、ジャーナリストのイザベル・フラワーはいう。「さらに不思議なのは、女性たちが年をとったことはわかっているのに、そこに写っている姿は、まるで夢のなかのように若いままで、生体工学とたわむれながら、時のはざまで宙づりになっている。撮影するニコラス・ニクソンは、四人の姉妹をイメージとしてだけではなく、主体として興味をもってみている。写真家が求めているのは、時の経過をありのままに示すことであって、それに挑もうとしているわけではない。こうして、毎年、ブラウン姉妹の写真が届くたびに、わたしたちも人生のなかで時を重ねていることが実感されるのだ[42]」。

注目されるのは、米国の雑誌『アリューア』が、二〇一七年、治療や化粧品について「アンチ・エイジング」という用語を今後いっさい使用しないと告知したことだ。「人生で年老いてゆくことは、だれにも避けられない」と、『アリューア』誌の編集長ミシェル・リーは書いている。「毎分、毎秒、人は老い、そしてそれはとても素晴らしいことだ。一日いちにち、幸せで満たされた人生を送る可能性があることを意味しているのだから。（…）言葉は重要だ。四〇歳を超えた女性に対して、『美しい人だ、その年齢にしては…』と言いがちだが、次にこの表現を使いたくなったら、そのときは単に『美しい人だ』と言えばいい。老いる過程は素晴らしいことばかりだと主張するつもりはないが、三五歳を過ぎれば、残りの人生はひたすら斜面を転げ落ちるようなものだとみなすのはやめたほうがいい」[43]。よく聞く話？　そうかもしれない。しかし、それが生と死を分けるケースも実際に起きている。二〇一六年、スイスの自殺ほう助団体「エグジット」が、不治の病に侵されているわけではない八〇歳代の女性の自殺をほう助したことで、警察が捜査を開始する。女性の担当医師の説明によると、「この女性は、極端に粋好み」で「自分が老いてゆくことが耐えられなかった」[44]という。事件当時、女性が明晰であることが確認されたため、捜査はここで終了となったのだが、果たして男性の場合、同じ理由で死を望むだろうか。

著書『出現』で、ソフィー・フォンタネルは自身の哲学を展開している――「女性は、若いころの自分のまま変わらないと定められているわけではない。別の面を取り入れ、別の美しさを身につけ、豊かになってゆくこともできる」[45]。（フォンタネルはさらにこう付け加える――「そうしろと言っているのではなく、女性はそれぞれ自分にとっていいと思うことをすればいい」。同様に、ここでわたしは、社会が女性に望んでいることと、女性に禁じていることを明らかにしようと考えているが、だからといって、それと真逆のことをしようと主張しているわけではない。女性であるのは容易なことではない。わたしたちは一人ひとり、自分のできることを自分がしたいように判断するが、それは、一方から別の方向へと常に変化する）。ブノワット・グルーのような、おそれを知らぬ、文句のつけようのないフェミニストでさえ、美と若さはそれぞれ異なる別ものだとは言っていない。「美しいかどうかを気にすること自体は、アンチ・フェミニスト的行為ではない」と、グルーは自分がリフティング手術を受けたことについて、このように釈明しているが[46]、同じ環境にいる老齢の女性がこうむっている過酷な運命について語っていることを考慮すれば、この発言を非難することはだれにもできないだろう。反対に、ソフィー・フォンタネルは、「わたしは若さを求めないが、美しくはありたい」と書き、美と若さを区別する必要があると主張している[47]。わたしとしては、二五歳のころの自分の写真を見て、最初、赤ちゃんのようなすべすべの肌と白髪のない褐色の髪を前に、いくらか胸が締めつけられたのだが、よくよく考えてみれば、ところどころ白い髪が束になっている今の髪のほうが、オリジナルでいいと思う。困惑した目や咎めるような目でみる他人を考慮することなく、わたしは自分の髪がゆっくりと白く変貌し、さまざまなニュアンスで照り映えるままにすることを選びたい。そうすれば、髪のほうでもやわらかな輝きをみせてくれるのではないだろうか。一般におこなわれているように髪を染めて、こうしたニュアンスを覆い尽くしてしまうのはどこか悲しく感じられる。それに、あからさまに反抗したり頑なになったりするよりも、時の過ぎゆくままにすべてを任せているという心象のほうがいい。

極端に若くみせようとすれば、「若さ」と「老い」というふたつのカテゴリーを鋭く対立させることになる。とくに白髪は老いや不妊と結びつけて考えられやすく、老齢の女性に特有だと考えられがちだ。ところが、白髪が二〇代の後半、またはそれ以前に認められることもめずらしくはない。

ファッション誌『VOGUE UK』のエディター、サラ・ハリスは長いグレーの髪で有名だが、二〇一七年の秋、生まれたばかりの娘をやさしく腕に抱き、母親になったことを知らせる写真をインスタグラムに投稿し、フォロワーを動揺させた。ハリスは、一六歳ごろから髪が白くなりはじめ、二〇代の半ばには染めるのをやめてしまったと語っている。[48] それなのに、永遠の若さが理不尽な強権を発動し（解決すべきなのに、解決不可能な問題のひとつ）、自分を恥ずかしく感じ、見せかけの姿になるよう女性に命じる。二〇〇七年、米国のジャーナリスト、アン・クリーマーは白髪の受容について書いた本を出版した。この発想が浮かんだのは四九歳のとき。ブロンドの髪の娘と、髪の白くなった友人といっしょに撮った写真を見ていて、ショックを受けたのだ（クリーマーは何年ものあいだ、とくに疑問に思わず髪を染めつづけていた）。「写真のなかのわたしは、明るい色の服を着たケイトと、今にも笑い出しそうな友人アキのあいだでまるでブラックホールのようで、沈んだ赤褐色の髪と暗い色の服が、わたしの明るさをすべて吸収してしまっていた。わたしのひとつのバージョンであるこの人物を目にしたとき、わたしはボディブローをまともに食らったような気がした。一瞬にして、望んでいる若さを体現できるように、あれほど手をかけたつくりもののわたしが粉々に砕け散る。あとに残ったのは、手入れを怠ったことが見てとれる、当惑した表情の中年の女性。不自然なまでに濃い髪の色が浮いて見える。（…）ケイトはそこにいた。アキもいた。なのにわたしは、自分ではないだれか他人のふりをしているかのようだった[49]」。こんなふうに個人をカテゴリー分けすることで本質を隠蔽しようとする行為に、ソフィー・フォンタネルは耐えきれず

「髪を染めた自分を見ることができなくなった」という。髪を染めなければならなかったせいで、フォンタネルは人生を台なしにした。ヴァカンスを過ごしているとき、水から上がったフォンタネルは、海水浴で太陽の光を浴び、喜びに身をまかせているはずだったのに、濡れた髪の根元が白いことに人が気づくのではないかと心配になる。女性は永遠に若く見えなければならないという暗黙の強制は、女性を無力にする実に巧妙なやり口だ。インチキをするように強いられ、それを口実に不誠実だと非難され、信用を失うのだから。[50] 実際、女優が年をとったからという理由で悪意に満ちたコメントを投げかけられたくなければ、美容外科医が少々やりすぎて、嘲笑の的になるリスクを冒さざるをえない（ちなみに、スーザン・ソンタグは、女優を「アマチュアの女性に何をすればよいかを教えることで、高給をもらっているプロフェッショナル[51]」と定義している）。

語りはじめた女性

ここで、ひとつの疑問がわいてくる。もし、こうしたあらゆる努力がなんの役にも立たないとしたら？　「若いふりをすることと、実際に若いこととはちがう。だれでも、近くまでいってよく見ればわかることだ」と、アン・クリーマーは書いている。[52] 最初から負けがわかっている競争に、女性を駆り立てることの腹の底には悪意が感じられる。おまけに、ある女性がいつまでも三〇歳のころの容姿のままでいる、または一般に「年齢にしてはきれいなまま」でいるという離れわざに成功しても、そのパートナーにとっては、もっと若い女性と人生をやり直すことはめったにないチャンスで、それに抗えないことに変わりはないだろう。前述のポール・マザースキーの映画『結婚しない女』は、冒頭で理想的といえるカップルを描き出す。エリカとマーティンは、結婚して一七年。思春期になる子どもがひとりいて、ニューヨークで何不自由なく暮らしている。いっしょに笑い、議論し、セックスを満喫し、暗黙の了解で固く結ばれている。ところが、夫が涙ながらに二六歳の女性に恋をしたと打ち明けた日から、エリカの幸せな世界は崩れ落ちる。エリカが若々しい体を保っていたところで、甲斐はない。現実に、年をとってみえないことに最大のエネルギーを投入し、その点にかけては女性誌やゴシップ好きから常に賞賛の的である、かのシャロン・ストーンでさえ、夫が若い愛人とおおっぴらにふるまい、結婚生活に不穏な雲が立ちこめるのをどうすることもできなかった。ジェーン・フォンダもまた、二〇歳年下の女性のせいで二番めの夫と離婚した。また、このうえなく美しいモニカ・ベルッチと一八年間ともに暮らし、のちに離婚したヴァンサン・カッセル（ベルッチのほうが二歳年上）は、その後三〇歳年下のモデルと再婚している。

自著のなかでシルヴィ・ブルネルは、夫と別れたとき、人生をともにしてきたパートナーが見知らぬ他人のように見えたと語っている。実際、中年にさしかかった男性が妻と別れて若い愛人と人生をともにするとき、振り返ってみると、最初の結婚生活に男性を引きとめていた理由はなんだったのかと不思議に思われる。別れを切り出された女性は、若かったわたしを愛していただけなのかもしれない、今まで尽くしてきたこと、夫婦生活や子どものことなどなんとも思っていなかったのかもしれない等々、さまざまに思い悩む。とりわけ、男性は自分が支配することのできる女性しか愛せないのではないだろうか。この構図は、二重の暴力をはらんでいる。見捨てられた女性に対する暴力だけではない。それよりは目立たないけれど、新しいパートナーに対する暴力も隠れている。スン＝イー・プレヴィンとの関係について訊かれたとき、カップル間で平等な関係は必須のはずだが、ウディ・アレンはそうではなかったと答えている。「人と人との関係で平等であることは素晴らしいが、ときには不平等のほうがうまくいく場合もある」[53]――男女の年齢差は、その違いがそれほど大きくなくても、（幸い）意図的したわけではないにしても、社会、職業、経済、知性のいずれかの面で、男性が有利な立場にいることを保証してくれる。もしそうであるならば、男性はよく引き合いに出される若い女性の体ではなく、自分より下の立場や経験を相手に求めているということだ（若い肉体に性的な側面しかみないのはまちがっている。なぜなら、ここでもまた、四五歳以上の男性の体は依然セクシーだと、社会的に認められているからだ）。

男の子が成長し、社会化してゆく過程では、「お姫さまはいない」とよくいわれる。反対に、恋愛は自立を妨げるおそれがあり、罠が隠されているかもしれないと、恋人になることはほとんど必要悪であるみたいに注意を促される。[54]ところが、女の子のほうは、恋愛は自分を幸せにし、愛し合うなかで富と快楽をもたらし、それまで知らなかった自分の姿を垣い間みせてくれるから、その機会を待っていなさいと条件づけられる。そのせいで、「何もかもうまくいくように」女の子はマゾヒストさながら、いかなる犠牲も厭わない。そんなわけで、女性が恋愛関係になるときは、全身全霊をかけてそれを望むのに対して、男性はいくらか引き気味になるから、イカサマをするにはもってこいだ（シルヴィ・ブルネルは、結婚中、エリック・ベッソンからおおやけの場で夫婦間の忠誠の義務を否定され、侮辱されたと語っている）。双方が関係を認め、それを尊重するかのような幻想を抱いても、このモデルを受け入れたはずの男性は、根本的に独身時代のままで変わらない（女性が期待するような夫婦間の共有は、とくに望んでいない）。男性にとって、それは重荷、有害、脅威でしかなく、望んでいるのは邪魔をされないことだけ。世の男性（ことごとく「いやがらせをする女性」につきまとわれている）を苛立たせることなく、じょうずにコミュニケーションをとるコツを女性に伝授してくれる心理学のマニュアルも同意見だ。そのうちの一冊は、「うんざりするほど長い一日が終わり、夫が仕事でへとへとになって家に帰ってきたとき、ふたりの未来や妻に対する思いなど、あなたにとって重要な話題について訊ねたりして、旦那さまを悩ませてはいけません」[55]と勧めている。つまり、家にいたいといったのは妻のほうで、だから努力をすべきだと暗にほのめかしているようなものだ（夫に夕食をつくってほしいとか、ゴミ出しに行ってきてほしいとか頼まない。また、頼む場合は、さんざん遠回しに言う、または甘いささやきとおだての手練手管を駆使するのも同じ理由による）。

　したがって、男性にとって年のいった連れ合いの問題点は、彼女がもはや「若い女性」特有のカテゴリーを代表していないということだ。精神的にみずみずしく、無邪気で、無害（人が意図的に若い女性と結びつけたがる精神的価値をあらわす）であれば、理性は必ずしも必要ではない。時とともに、妻も経験を積み、自信を深めるとまではいかなくても、個人としての割合が大きくなる。ところが、寛容さの閾値は意外に低い。自信があって、確固とした意見をもっていて、何をしたくて何をしたくないかがわかっている女性は、夫と周囲にいる人たちから、たちまち、ガミガミ屋の意地悪女だとみなされる（友人の前で夫に言い返したり、反対のことを言ったりしたら、友人たちは必ず反発するけれど、逆の状況ではそれに気づきもしない――そんなふうに話してくれた女友だちがいる）。ヴァレリー・ソラナス［ＳＣＵＭマニフェストと、一九六八年にアンディ・ウォーホルを殺害しようとしたことで知られるラディカル・フェミニスト］も、ミュート機能が常に女性に押しつけられてきた結果について、次のように語っている――「やさしさも、礼儀正しさも、『品位』も、不安定な感情も、精神的な囚われ状態も、会話といえるものに欠かすことができない強靭さやユーモアとほとんど両立しない。会話と呼ぶに値するものは、どこにでも転がっているわけではない。強靭でユーモアのある会話ができるのは、自分に自信があり、尊大で、あけっぴろげで、したたかなほんもののくそ女（サロープ）だけだ(56)」。

対等な立場でつきあうことに関心のない男性は、若い女性に惹かれるものだ。若い女性から無条件の賞賛のまなざしで見られ、自分と一〇年、一五年、二〇年ともに生きた女性（今も夫を愛しているとしても）の視線よりもずっと価値があると思うだろう。わたしは自著『致命的な美しさ（*Beauté fatale*）』で、若い女性を好む素人の男性は、何よりも精神的な心地よさを求める可能性が高いと書いた。例えば、ジョン・カサブランカス（一九四二—二〇一三、エリート・モデルマネージメント」の創設者）の親しい女性は、こんなふうに話している——「一八歳で、人は深く考え、賢くなろうとする。ちょっぴり大人になった女の子が、自分の意見をもつようになると、もうおしまい。ジョンはちやほやされたいのに、女の子は彼に言い返そうとする」[57]。精神的な心地よさには、「腹話術師のエロティシズム」も含まれる。このエロティシズムは一般に広まっているため、いわゆる「エロティシズム」と呼ばれるものと区別がつかない[58]。いくらかいかがわしげなカサブランカいわスという人物は、二〇一六年、自分を美化した伝記映画を製作し、女性誌から満場の拍手喝采を得た。その名も『女性を愛した男』——もっといえば、『一八歳未満の女性を愛した男』というべきかもしれない。フランスの歌手クロード・フランソワも同様の発言をしている。「ぼくが好きなのは一七歳、一八歳までの娘で、それ以上の年の子は用心する。一八歳より上の女性と恋愛することがあるかって？　幸いなことに、もちろんある。でも、一八歳を過ぎると用心するのは、いろいろ考えはじめて、自然になるからだ（原文のママ）。一八歳になる前に始まることもある」[59]。

魔女狩りで標的になったのはとりわけ年配の女性で、それも明らかに自信があるのがみてとれて、許しがたかったからだ。近所の人、司祭または牧師、裁判官、死刑執行人に対してさえ言い返すことがあったと、アンヌ・L・バーストウは書いている。「多くの女性が何も言わず、服従することを期待された時代に、これらの女性たちは言い返したものだ」。それが可能だったのは、父親や夫や子どもに拘束されることがもはやないからだ。「大きくてしっかりした声で話し、口答えし、自立した精神の持ち主である」女性たち。[60]老女たちの言葉がこれほど恐れられ、迫害され、凶運とみなされても驚くには値しない。歴史家ジョン・デモスによれば、米国ニューイングランド地方で、中年または老齢の女性が魔女だとして告発された理由は、その尊大な態度（とくに夫に対して）にあったという。[61]意地悪女は老女のイメージとして今も根強いが、そう呼ばれることは死を意味した。また、一六世紀、イギリスとスコットランドでは、女性の傲慢さは、「ガミガミ女の轡（くつわ）」または「魔女の轡」と呼ばれる器具（頭に被せる鉄製の器具で、少しでも動くと鋭いとげが舌を刺す仕組みになっていた）で罰せられた。

辺境に生きる

一般に、年配の女性の致命的な欠陥は経験にある。豊かな経験ゆえに多くの老女が火刑台に送られた。「魔力はひとつの技（わざ）だ。（魔女は）経験を積み、知識を学び、熟練の技を身につける。当然、年配の女性は若い女性より疑いの目でみられることが多い」と、歴史家ギィ・ベシュテルは説明する。[62]『白雪姫』、『眠れる森の美女』をはじめとするウォルト・ディズニーの名作映画では、「年老いた魔女と年の若い美女といった世代間の対立が演出され、女性の受胎力と若さに価値が置かれている――苦労して得た智慧に価値はないのだ」（クリステン・J・ソリー）。[63]おそらく、男性の白髪は受容されているのに対して、女性の白髪がよく思われない理由のひとつはこんなところにもあるのではないか。白髪をみてわかる男性の経験の豊富さは魅力的で人を安心させるが、女性の場合は脅威になる。『ル・モンド』紙の報道によると、フランスの右派政治家ローラン・ヴォキエは、「容姿について攻撃されること」（子ねこのようだといわれている……）に腹を立て、経験豊富に見え、信頼されるよう髪を灰色に染めていることを否定したという。[64]こうした疑いをもたれること自体が、それを雄弁に物語っている。

ドイツ語の「Hexe（魔女）」、英語の「hag（くそババア）」と「hedge（垣根、そこから転じて「境界」の意でも用いる）」には共通するものがある。もともと「hag」に軽蔑のニュアンスはなく、「村と荒野の境界（人間界と霊界の境）に位置する辺境の地に住む賢い女性」を意味していたと、スターホークは説明する。[65]魔女狩りが始まると、かつては賞賛の対象だった聖なる知識とパワーは危険で死を招くとされた。ハンス・バルドゥング［ルネサンス期のドイツの画家］が描いた『人生の三段階と死』（一六世紀）をみると、中心に老女が立っている。これについて米国の歴史家リン・ボテーリョは「絵の下のほうには、フクロウ（とくに、夜・闇・悪と結びつきが強い）が描かれている。背景はフクロウの不吉さを反映しており、荒涼として荒廃した、悲痛な風景だ。苔に覆われた枯れ木と戦争で破壊された城壁もある。太陽は雲で覆われている。衰退し、破壊されたこの世の終わりを支配するのは老女で、あたかも彼女がこの惨状を引き起こしたかのようだ[66]」と描写する。

女性の経験に対する不信感は、大きな喪失、損傷でしかない。できるだけ変わらないように勧め、変化のしるしを検閲することは、女性のやる気を失わせる。少し考えれば、若さに対する崇拝がもたらす、常軌を逸した理想化の影響は即座にわかる。わたしが母親になることを選ばなかったのは、新しく生まれてきた子が幼年期から思春期にかけて恩知らずの時期を過ごすのを傍らでみまもりつつ自分もまたそれを生き直し、その子が同じ試練、退屈な仕事を経験し、不器用さ、経験のなさ、無知ゆえに失望するのをみたくないというのがいちばんの理由だ。子ども時代の特性は、ものごとを知覚して途方もない想像力を発揮することにある。だからこそ人は、生涯を通じてノスタルジーとともにそれを思い出すのだ。しかし、同時に子どもは傷つきやすく、率直にいって耐えがたいほど無力だ。年を重ねるなかで学び、理解し、身につけたことを一つひとつ評価する、それが雪だるま式に増えていくことはこのうえない喜びでもある。

当然のことだが、過ぎゆく時は不幸や失望や後悔と背中あわせだ。しかし、幸いにも決定的な悲劇を免れるか、たとえそんな目にあっても、時が経てば、距離をとり、なんとか対応して人生を生きることは可能だ。今、自分のなかで、落ち着きとバランスを取りもどし、手なずけることのできたすべてのことを思い返している。時が過ぎれば気にとめることも迷いもなくなり、肩から重荷をおろし、ついに自由にふるまえるようになって、本質に到達できたときの喜び……。一つひとつのできごと、一つひとつの出会いが、それ以前にめぐり遭ったできごとや出会いと響きあい、意味を深めてゆく。友情、恋愛、考えたことが大きく広がって、花開き、洗練され、豊かになる。時の経過は登山さながらだ。頂上に近づくと、そこから見晴らせる景色が脳裏に浮かぶ。もしかしたら、頂上などないのかもしれない。そこに至ることができないまま死ぬのかもしれない。しかし、頂上に近づきつつあると思うだけでめまいを覚える。ごく若いころと同じように、永遠に無力で傷つきやすいふりをしつづけていれば、自信のある女性に刑を宣告する社会では身許を保証してもらえる。しかし、それでは自分の力を封じることになり、生きる喜びを奪われてしまう。数年前、『マリ・クレール』誌に掲載された「四五歳で、二五歳の自分より美しくなる！」と題する記事で示されていたのは、なんとも奇妙なロジックだった。五〇歳の女性は、これまで以上に男性から愛されるなんてとても信じられないという。記事は「しかし、疑いが増せば女性の心は揺れ動く。ところで、ご存じかもしれないが、男性を誘惑するには、傷つきやすさが決定的な武器になる……」と続く。どうやら、いずれの年代でも、自分を護ることもできない哀れな存在でいることを貫きとおせというこことらしい。

社会から検閲されても、経験を通じて試練をパワーに変えることはできる。一九七八年、四四歳のときに（一般大衆向けのメディアが「女性の容姿と性的魅力が衰える」と書きたてる年齢だ）乳がんを発症した、アフリカ系アメリカ人のエッセイストで詩人のオードリー・ロードは語っている――「こうしたメディアが広めたイメージに反して、わたし自身は、経済力が十分にあり、能力と体力を最大限に発揮し、欲望もちゃんと満足させることのできる女性だと思っている。若い時分の束縛と恐怖と逡巡の大半から自由になり、長い年月のあいだに生き残る術（サバイバル）を身につけたおかげで、自分の美しさに気づき、さらにほかの人の美しさを認めることができるようになった。それに加えて、サバイバルを通じて学んだ教訓とわたし自身が感じたことをきちんと評価することを学んだ。感覚の鋭さは増したけれど、ものごとの価値を正確に推しはかることができるので、あらたに感じたことをすでに知っていることと結びつけて固有の世界観をつくりあげ、真の変化に至る道すじを描くことができる。こうした展開と確立の過程を通じて、がんになって死ぬかもしれず、乳房切断というトラウマを経ても、それをもっとダイナミックで、もっと本質的な糧として取り入れることができるだろう」(67)。

グロリア・スタイネムが自著『ほんとうの自分を求めて 自尊心と愛の革命』の一節でみごとに描いてみせたように、年月は減速の感情をもたらす(当時スタイネムは、六〇歳になろうとしていた)。この本のなかで、十数年来歩いてきたニューヨークの馴染みの場所で、つかの間、昔の自分と邂逅(かいこう)したことが書かれている。「彼女には未来の私が見えないのだが、私には彼女の姿がはっきりと見える。彼女は気がすすまないあるアポイントメントに間に合わないことを気にしながら、私の前を走り去る。彼女は間違った恋人と議論をして、怒りの涙を浮かべながら、レストランのテーブルに座っている。彼女は十年間、愛用してきたジーンズにワインレッドのスウェードのブーツをはき、大股でわたしに向かって歩いてくる。あのブーツの中の足の感触を、私はつぶさに思い出すことができる。(…)レクチャー・ホールの外で、素早く私のもとへやって来た彼女は、しゃべり、笑い、大いなる楽観主義に満ちている。私はよく彼女にいらいらさせられたものだ。なぜ彼女は、時間を無駄にしていたのだろう? なぜ彼女は、この男と一緒だったのだろう? なぜあんなアポイントメントのところに？　なぜ最も重要なことを言うのを忘れたのだろう？　なぜ彼女は、もっと賢く、もっと生産的で、もっと幸せでなかったのだろう？　けれども最近になって、私が彼女を見かけると、私は深い思いやりと同時に、喉の奥に涙がこみあげてくるのを感じるようになった。私は思う、『彼女はベストを尽くしている。彼女は生き抜いたのだ――そして、彼女は必死で頑張っている』。時々、私は、自分が過去に戻って行って、彼女をそっと抱きしめてやることができたらと思う[68]」。

「卑賤さをあらわす格好の標的」

一般に、年配の女性は積み重ねてきた経験ゆえに恐れられるが、だからといって老いの過程にある女性の体がほんとうに嫌悪を抱かせないわけではない。本のなかの現実のシルヴィ・ブルネル、映画のなかの虚構のオロールは、ともに自分たちの年齢がかきたてる恐怖に気づいている。オロールは元夫と新しいパートナーの家にいるふたりの幼い娘に会いにいくとき、急に体がほてってきて、着ていたセーターを脱がなければならない。その理由を説明しようとしたのだが、たちまち遮られる。元夫は「更年期」という言葉が聞こえないように耳をふさいでいた。シルヴィ・ブルネルは新しい本の企画について話したとき、編集者から「そんなことを話しても、なんにもならないと思います。あなたのイメージがこわれるだけですから……。読者にショックを与えて、それで終わりです。『更年期』という言葉は『痔』と同じように、人に話すものではありません」と言われたと語る。また、がんになるかもしれないからと、更年期症状の治療を受けるのを迷っているブルネルの友人のひとりは、婦人科医にこう言い返された――「更年期よりがんのほうがマシですよ。少なくとも、がんは治療ができるから」[69]。

人生の半ばで捨てられた女性のシナリオを解釈するとき、パートナーは鏡をみるように相手のなかに自身の老いをみるのが耐えられなかったという理由が考えられる。それとも、新しいパートナーを得て、自分も若返りたかったのかもしれない。例えば、フレデリック・ベグベデは「次の世代を愛するのは一種の吸血鬼信仰だ」と、みずからの「ドラキュラ性」について明言している[70]。しかし、別の仮定も想定できる。すなわち、夫は妻の老いはみているけれど、自分の老いはみていない。それというのも、夫には体がないからだ。「男性には体がない」――これは、フランスの小説家ヴィルジニー・デパントの発言で、わたしはこれをまじめに考える必要があると思っている[71]。経済・政治・恋愛・家族、さらに芸術・文学の各方面で、支配的な位置を占めることで、男性は絶対的主体、女性は絶対的客体という構図ができあがっている。西洋文化は、きわめて早い段階で、体すなわち嫌悪の対象、体すなわち女性（逆もまたしかり）と定義していた。神学者と哲学者は、自分たちが感じる恐怖を女性に投影させることで、自分たちには体がないかのようにみせかけ、聖アウグスティヌスは、男性の体は魂をあらわすが、女性の体はそうではないと説明した[72]。「男性は精神、女性は感覚」と言ったのはアンブロジウスだ。一〇世紀フランスの修道士オドン・ド・クリュニー（九四二年没）の女性に対する言いようは強烈だ――「われわれは指の先で、吐瀉物や排泄物には絶対に触れたくない。糞の詰まった袋を抱きたいなどと、どうして思えるだろうか？」この不信感、この時代錯誤（アルカイスム）は今なお根強い。昔と同じように、わたしたちを取り巻くアート、メディア、広告関係には「女性の体しかない」と、ダヴィッド・ル・ブルトンはいう。[73] 反対に、純粋な造形美的観点からは、女性の体に対する嫌悪は否定されていない。オドン・ド・クリュニーと呼応するように、二〇一五年一二月二一日、米国大統領選挙の民主党討論会の最中にヒラリー・クリントンがトイレに行くため、広告の合い間にしばし席を外したことについて、ドナルド・トランプは「どこに行ったかはわかっている。胸がむかついて、口にしたくもない。いや、絶対に口にするものか」とコメントした（幸いなるかな、もう少しで米国人は、トイレに行く人を大統領に選ぶところだった）。

ジャン・ドリュモーによれば、「男性よりも物質に近いとされる女性が老いゆく姿を目のあたりにして、見た目にも時間的にも精霊の化身と称する男性より女性のほうが『滅びやすい』ことから、『第二の性』に対する嫌悪が倍増している」という。[74] この根拠に対する信憑性はさほど明白ではないものの、冷静に考えれば常軌を逸していることがわかる。男性は「精霊の化身」だと主張してもムダで、男性も女性と同じように「物質に近く」、老いさらばえるスピードも見た目も変わらないのだから。単に、男性はそれが大したことではないかのようなふりができただけのことだ。プライベート、街なか、職場、国会、さまざまな場所で、男性は女性の体や服装がもたらす快感と不快感について騒ぎたて、体重や年齢について咎める一方で、自分たちの体、服装、体重、年齢については不問に付す。ときには用を足す必要があるという理由でヒラリー・クリントンを攻撃するならば、ドナルド・トランプには膀胱も腸もないと主張（暗にでも）すべきであり、こうした攻撃が可能だったのは、二千年にわたる女性嫌いの歴史がもたらした信じがたい厚かましさゆえのこと。これこそ、支配的なポジションが可能にする純粋な化学作用による専制の一例で、男に体はない、説明の必要なし、それで終わりだ。

　また、ジャン・ドリュモーは「ルネサンスとバロックの時代、とりわけ貴族階級に属する詩人（ロンサール、デュ・ベレー、アグリッパ・ドービニェ、シゴーニュ、サン・タマンなど）によって、がりがりの骸骨のような醜い老女の恥ずべき姿をうたう詩が数多く書かれた」と強調する。すでにロンサールは、「老女は放っておいて」「新しい女性を選ぶ[75]」よう読者に勧めている。ロンサールの『魔女ドニーズに』は、魔女の疑いをかけられ、裸で鞭打たれた、ヴァンドームに住む老女に向けて、くどくどと侮辱の言葉を並べ立てた長い詩だ。「西洋で女性の老いは、卑賤さをあらわす格好の標的だった」とアントニオ・ドミンゲス・レイバは書いている――「説教と田園詩で悪魔として描かれたことから、老女は身体的醜悪さのコードとして定着し、そこから一六世紀の女性殺しまでは一直線だ[76]」。この「醜悪さのコード」は今なお有効で、米国で一九七九年に出版された「老女の社会的世界」に関する社会学的調査の一環で、通りですれちがった子どものグループに老いた女性がほほえみかけたところ、お返しに「汚い、汚い、汚い！」と叫ばれた例が報告されている[77]。

　女性の白髪が、多くの場合「だらしがない」しるしとみなされるのはなぜだろう。ぼろをまとった魔女から、直接連想されるからだろうか。一九八二年、シンシア・リッチは、ボストンの地元の雑誌で、老女のグループがどのように描写されているかについて調べた。それによると、老女のひとりは「きちんと手入れされた灰色の髪」と書かれていたそうだ[78]。この「きちんと手入れされた」という形容は、ブロンドもしくは褐色の髪であっても、同じように書かれていただろうか。ソフィー・フォンタネルは、自分が髪を染めるのをやめたとき、友人のひとりは「体を洗うのをやめた」と聞いたときのように困惑したという[79]。フォンタネルの場合は、「だらしがない」という仮定がまったく的外れであるだけに（フォンタネルはファッション関係ではたらいており、趣味がよく、エレガントで身だしなみのよい女性として通っている……）、多くを物語っている。髪を染めていたころから白髪になるまでの移行期間に、時代遅れの想定を意に介さなかったところ、かえって道ゆく人を当惑させる。「困ったようすで、髪の根元に目をやる。それから、急に服と髪を交互に見比べはじめる。まるで、どこかに手がかりがあるのではないか、もしかして全体的に『投げやりな』感じになっていないか、それならわかるとでもいうみたいに。でもわたしの身なりをよく見れば、服にはきちんとアイロンがかかっていて、センスだっていい。髪を染めることを別にすれば、わたしは何ひとつおろそかにしていなかった[80]」。

　年老いた女性と死を結びつけたがる傾向も、同様に健在だ。あるイタリア人女性ジャーナリストが、あきれるほどの激しさで、フォンタネルに次のようにまくしたてことがある――「ご存じでしょうが、人は死んでも髪の毛と爪は伸びつづけて、そうすると……。ああ、ぞっとする。話すのも恐ろしい。埋葬されて数日たってから、ふたを開けたら、長さ三センチの白髪が顔にかかって。わかってます、だれもふたをあけたりしないっておっしゃるのでしょう。たしかにめったにないことです。おお、神さま。それで、あなたは、棺のふたを開けて、そぞろ歩きたいのでしょうね、みなさんの目の前で！」[81]同じように、少し前、わたしの友人のひとりは、髪が白くなった母親をみたくないのは、たぶん母親の死を連想させるからだろうと言っていたが、果たして、リチャード・ギアやハリソン・フォードをみても、そんなふうに死を思うだろうか。

また、文学作品や絵画で、誘惑する女性のイメージと老衰または死のイメージが並列されているのを見て、ショックを受けることが少なからずある。「一見、快活にみえるが、その背中や胸や腹ではすでに腐敗が進行している女性は、図像または文学のテーマとして、不変の長い歴史」があると、ジャン・ドリュモーは書いている。[82]一九世紀のシャルル・ボードレールも、「腐った死骸」で同様のテーマを取り上げた。語り手は恋人と散歩をしている途中、腐敗の進んだ動物の屍をみつけ、ご親切にも細大漏らさずそれを描写する。語り手がそこに見出すのは、連れの女性の将来の姿だ（彼自身の姿ではない）。「――とは言え、いつかあなたもこの汚物とそっくりに、このひどい臭(にお)いの代物と同じになる、わが目の星よ、わが心根の太陽よ、わが天使　わが情熱よ！」この手法は今日でも認められ、例えば、『ゲーム・オブ・スローンズ』第六シーズン（二〇一六年）のワンシーンにもみられる、ほとんど自動的に繰り出される語り手の反応だ。自室で、ロウソクの光に照らされた「紅の女」メリサンドル（シリーズに登場する数多（あまた）の男性をその魅力で支配してきた）は、首飾りをとって、鏡に写ったほんとうの姿――まばらな白い髪、垂れた乳房、しまりのない腹、曲がった腰の哀れな老女をみつめる。この比較が意味するのは、一種の悪魔祓い、安堵、そして勝利だ。将来の姿を予告する、老いの痕跡がはっきりとみてとれるこの体に魅力はない。つまり、体が男性に対してふるっていた力も失われているわけだ。しかし、別の見方をすれば、女性に根本的に存在する卑劣さや悪どさを、老いが象徴的にあらわしているとも考えられる。ギィ・ベシュテルは、次のようにコメントしている――「最後には本性があらわれるだろう、若いころは美しかった女性も本来の姿に返り、醜い心をしただれかに変わるだろうと、人は考えているようだ(83)」。

糾弾された欲望

そのころ、老いた女性の性はとくに不安をかきたてた。もはや子どもを産むこともなく、人によっては寡婦になり、性生活をおこなう当然の権利は失われた。それでも豊かな経験があり、常に何かを欲しているこれらの女性は、社会秩序にとって不死の危険な存在にみえる。老女は苦い思いをかみしめ（なぜなら、母親の役割を果たすことで得ていた尊敬の念を失ったから）、若い女性を妬ましく思っているにちがいないと人は考える。リン・ボテーリョは「一五世紀には、『更年期の女性と魔女』の類示性が確立され、『それぞれ不妊であることが強調』された[84]」と書いている。いずれの女性も「セックスにとり憑かれ、満たされることはなく、それゆえにごく普通の人間相手ではもはや満足することができない[85]」。その点については、エラスムスが『痴愚神礼讃』で説得力のある描写をしている――「地獄から戻ってきたのではないかと思われるような屍同然の梅干し婆さんたち」は「牝犬同様にほかほかして居られまして」、「口を開けば『人生は楽しいわ』などとお繰り返しになる」。ここでもまた、イタリア人ジャーナリストがソフィー・フォンタネルに殺気立った言葉でまくしたてたときのことが思い浮かぶ――「性生活に関して、どんなふうに考えていらっしゃいますか？　魔女のように髪を振り乱し、男の上に馬乗りになるのでしょうか？　男性はすでに女性を恐れているというのに怯えてしまい、かわいそうに、いずれぜんぜん勃たなくなったとしても驚くことはないのでしょうね！[86]」

こうした世も末のイメージは、白髪からイメージされることの多い「だらしのなさ」の裏に、別の意味が隠されているのではないかと想像せずにいられない。二〇一七年一一月、女性誌『グラツィア』の表紙にソフィー・フォンタネルが登場する。これは大きな進歩で賞賛に値する。しかし、それに比べて雑誌の中身はといえば、髪に関するアドバイスに加えて、「できるだけシャープにまとめた、かっちりしたボブヘア。そうでないとだらしなく見えてしまいます[87]」と読者に勧めるなど、相も変わらずの内容で、きわめて古典的に、この失礼な髪の広がりを最小限に抑えるだけでなく、ふたつのカテゴリーのあいだに明確な境界線を押しつける。一方は官能的で、ブロンド、栗色、赤、茶の髪で（天然でも染毛でも）男性を誘惑したいという欲望に忠実な女性。もう一方は、「あきらめの境地」に達し、飾り気のない髪型でそれを示唆する女性。たてがみのような白髪は、あらゆる束縛を乗り越え、欲望の赴くままに行動する魔女の姿とサバトを彷彿させる。数年前、別の雑誌では、むしろ髪を「きちんと整えること」に重点を置き、「グレーの髪は、きちんとカットして、手入れがされていればキレイに見えます（ショートでなくてもOK）[88]。カールするのは避けてくださ い」と書かれていた。

「髪がボサボサだったり、あちこちはねて逆立ったりしていると、魔女のようだと言われます」と、難解で神秘的な本の著者として知られる米国人ユディカ・イルスは書いている。「髪型が崩れないように押さえても、魔女の髪は頭巾からはみ出し、ポニーテールみたいに後ろでしばってもおとなしくしてくれません[89]」。『イーストウィックの魔女たち』では、スーザン・サランドン演じるジェーン・スポッフォードがついに自分の魔法の力と願望を認める場面で、きっちりと編み込んでいた美しくカールした赤毛をほどいて、流れるままにする。歌手のパティ・スミスは、白い髪を無造作に垂らし、その色と自由さで人に強い印象を与えるが、女性であればだれもが望む美しさ、緊張感、繊細さをみせようとすることなく、ひたすら自分のアートに専念し、まさに現代における魔女といってもいい。二〇〇八年、『ニューヨーク・タイムズ・マガジン』は、今も活動を続ける伝説のロック歌手に、なぜリンスを使わないのかと訊ねずにいられなかったらしい。髪に限らず穏やかにしてはどうか、と言いたかったのだろうか[90]。以来、独身の女性についても同様に、強い印象を与えれば危険視され、無頓着でいれば勝手気ままで、手に負えないと評されているのではないか。

「年老いた恋人たち」を描写する際、エラスムスは「この婆様たちは、（…）どこかの若いパオン［サッポに恋された美男］をたらしこみ、休む暇もならばこそ[91]」と書く。今日なお、四〇歳を超えた有名人女性が若い恋人をつくると、先述のような老いの徴候が認められなくても、例えばゴシップ誌では、シャロン・ストーン、デミ・ムーア、ロビン・ライト、またはマドンナの「トイボーイ」と書くなど、暗に「ジゴロ」を思わせる言葉で表現する。アシュトン・カッチャーは一六歳年上のデミ・ムーアと結婚したとき、こともあろうに映画『*Toy Boy*［邦題：愛とセックスとセレブリティ］』に出演した。しかし、年配の男性有名人の若い恋人については何もいわないか、少なくともおおっぴらには金銭づくの恋愛などと非難することはない。たとえ、同年代の女性が若さを保つため、この男性の何倍もの努力をしていたとしてもだ。

女優のモニカ・ベルッチは、五一歳のとき、ミック・ジャガーのような年配の男性から発せられる「パワー」に「とてもエロティック」なものを感じると発言した。それに対し、『パリ・マッチ』誌は、あきれて信じられないといった調子で「二〇歳のときと同じ欲望を感じるのだろうか？」と書いた[92]。世間はこの単なる仮定の根底にあるものに動揺する。社会で支配的な基準が、四五歳以上の女性にもはや魅力はないとみなすように、その年齢に達すると女性のリビドーは消滅するとでも無邪気に信じているのだろうか。女性が感じる欲望が、男性にかきたてる欲望にすり替えられるおそれがある。いってみれば、腹話術のエロティシズムだ。老齢の女性の性につきまとうタブーも、これで説明がつく。亡きジャン・ドルメッソン［フランスの哲学者］がしていたように、モナ・オズーフ［フランスの歴史学者、哲学者］が自分の性的欲望が健在であることを自負するのは想像できないと、シルヴィ・ブルネルは指摘する。一般に、女性は性的快感にめざめるのが男性よりも遅いだけに、さらに不平等だとスーザン・ソンタグはいう。「大きいのは、生物学的理由ではなく文化的要因だ」。「男性に認められている性的エネルギーのはけ口は女性に禁じられているため、抑制を部分的に解除するには時間が必要とされる。しかし、女性が性的に成熟するのは、性的な魅力のある人だとみなされなくなったとき。性的にはベスト・コンディションにある三五歳から五〇歳にかけて、老いの『ダブルスタンダード』に縛られることになる(93)」。

二〇〇〇年、ポルトガルで、元家政婦のマリア・イヴォーネ・カルヴァーリョ・ピント・デ・サウサ・モライスがリスボン行政裁判所に告訴した。五年前、五〇代だったころ、外科手術の失敗により座ったり歩いたりするのが難しくなったうえに、強烈な痛みと婦人科の疾患で性生活を営むことができなくなったためだ。裁判所は女性の訴えを認め、賠償金の支払いを命じたが、翌年、最高裁判所によって減額になる。この見直しの理由は以下のとおり――「原告がこうむった損害をすべて考慮に入れても、命じられた賠償金の支払額はきわめて高額で、原告が家事労働を遂行する能力が失われたことは、実証されていない。（…）子どもの年齢を考えると、おそらく現行の義務は夫の世話に限られているとみられ、フルタイムの家事ヘルパーの助けが必要とは考えにくい。（…）

しかも、手術時、原告はすでに五〇代で、ふたりの子どもの母親であった。その年齢では、性生活に若いころと同等の重要性があるとはいえないだけでなく、その利益は年齢とともに減少すると考えられる」。二〇一七年夏、欧州人権裁判所は最終的に原告の主張を認める。当時、七名の裁判官中、二名（ひとりはルクセンブルク、もうひとりはスロベニアの代表）が反対したため、この二名と同僚の女性裁判官二名（それぞれ、ウクライナとルーマニアの代表）とのあいだで激しい対立が生じた(94)。

「あらたな規則をつくること」

「わたしたちは、激しく愛しあいました。身体的にこんなにも強烈な情熱を感じることはめったにありません。再会のたびに、文字どおりむさぼるように愛したのです。部屋から出ないで、連続して数日間いっしょに過ごすこともありました……」。

上述の映画のヒロイン、オロールは家政婦として、パリ郊外モントルイユに、テレーズ・クレールが二〇一二年に設立した六〇歳以上の女性のための公共集合住宅「バーバ・ヤガーの家」で勤めるようになる（ただし、映画では家の名称は出てこない）。人生で数々の手ひどい扱いと失望に直面してきたオロールは、ある日、床掃除をしているとき、これ以上耐えられなくなって泣きはじめる。この家に住むイロことアルジェロ・バルディス（実際の「バーバ・ヤガーの家」の住人が演じており、撮影修了後まもなく亡くなった）は、オロールを立ち上がらせて、なぐさめる。そのあと、ふたりは長いあいだ話をする。そのなかで、七〇歳を超える老女は恋愛の思い出を冒頭のように語ったのだ。「それって、いつのこと？」と、オロールは夢みるような顔で訊ねる。当然、若いころの話だと思ったからだ。ところが、返ってきた答えは──「三年前よ。なんて幸せだったことか！　でもそのあとに別れて……」。オロールの顔にはこれ以上ない驚きの表情が浮かんでいる。その後、勤め先から傘をさして帰る道すがら、オロールはひとりでにっこりと笑う。これまで何度となく排除されつづけ、正当に評価してもらえない偏見にぶつかってばかりいたのに、自分でも知らないあいだに隠されていた扉を開けていたのだ。扉の向こうには、別の規則──空想や自由や寛容さが支配する世界が広がっている。そんな世界が存在するなんて、オロールは思ってもみなかった。

二〇〇六年、両性愛者のテレーズ・クレールは、ジャン＝リュック・レイノー監督の素晴らしい映画『老いる技術（アート）』に出演した。三年後、クレールは「お尻をめぐる高貴な物語よ」と、茶目っ気たっぷりに説明した。「先週、リセに通う子たちに上映する機会があったけど、みんな打ちのめされていた。それで、『ねえ、あなたたち、そんなにショックだった？』と訊いてみた。何も聞き出せなかったから、信じるしかない。反対に、年寄りは十分満足したみたいだけど……」[95]。テレーズ・クレールは、カミーユ・デュセリエのドキュメンタリー映画『魔女──わたしの姉妹たち』のシーケンスにも出演し、カメラの前で自慰をする。それは二〇一〇年のことで、当時クレールは八三歳だった。クレールは自分のセクシュアリティ、生命の力を静かに肯定していたが、スクリーンいっぱいに広がる、固定ショットで撮られたその顔は息をのむほど美しかった。長いあいだ、発言と表現を独占してきた司祭、画家、女性嫌いのへぼ作家の群れによって押しつけられた、憎しみに満ちたイメージの空虚さを際立たせる。「魔女であることは既成の秩序をひっくり返し、あらたな規則をつくること」と、クレールは低い声で語る。

ポール・マザースキーの映画『結婚しない女』のヒロインも、プログラミングされた老朽化の世界に隠れていた扉を発見する。マーティンが二六歳のお姫さまといっしょに出ていき、打ちのめされていたエリカだったが、痛手から少しずつ回復し、思い切って外出もできるようになった。そして、何年ものあいだ、夫としか寝る機会はなかったが、感情抜きのセックスを試してみようと思いつく。しかし、思ってもみなかったことに、これが大恋愛に発展する。勤務先のギャラリーで、自由気ままでカリスマ的な魅力のある画家ソール（英国人俳優アラン・ベイツが演じている）と知りあい、魅惑のパ・ド・ドゥ［ふたりの踊り］が始まる（エリカを演じているのはジル・クレイバーグで、一九七八年カンヌ映画祭で女優賞を受賞した）。ふたりの恋人はたわむれ、抱きあい、助けを求め、あらたな面を発見しあう（ときには、対立することも）。危機的状況と思しき場面もあった。言い争いが予感され、勃発し、ふたりの関係は早々に終わるのではないかと心配される。しかし、そのたびにふたりは、すんでのところで思いとどまる。交わされる視線、子どものようなふるまい、ほほえみで、恋人たちは幾度となく結束し、もはや抗うことは不可能だ。論争も尽きたとき、エリカが「男ときたら！」と毒づくと、ソールもまた「女ときたら！」とやり返す。あたかも棒高跳びの選手のごとく、ふたりは自由を見出し、手に手をとって、男女間の月並みな関係や、自分たちが今生きている状況（例えば、思春期の娘に夕食の席でソールを紹介する）に潜む罠や停滞期を飛び越える。それに比べると、マーティンと若い恋人のカップルはなんと月並みで、とるに足りない、しみったれた関係にみえることか。当初、夫の家出はエリカにとって世界の終わりも同然で、いかに屈辱的で、深く傷ついたにしても、そのおかげで今こうして生まれ変わることができた。一部でみられる、セクシズムとの闘いをうたったシナリオの多くは、これみよがしの、清教徒的な潔癖さと厳格さに貫かれた退屈きわまりない映画に陥りがちで、致命的な想像力が欠如している。『結婚しない女』にみられるような映画の可能性を忘れてはならない。

まったく別のジャンルで、父権制から逸脱するハリウッドの古典映画がある。ジョゼフ・L・マンキーウィッツの『イヴの総て』（一九五〇年）だ。舞台であるニューヨークに君臨するのは、華やかで才気渙発、皮肉屋の大女優マーゴ・チャニング（ベティ・デイヴィス）。栄光の絶頂にいるとき、女優志望の若い娘イヴ・ハリントンに目をかけ、親しい劇場関係者に紹介する。しかし、それがまちがいだったことに気づくのに時間はかからなかった。臆病で控えめな賞賛者の顔の裏には、良心のかけらもない性悪女が隠れていて、マーゴからあらゆるものを奪いとってやろうと狙っていた。芝居の役も、俳優で恋人のビル・サンプソンも。(96) マーゴは強くない。四〇歳になったところで、これからのキャリアに不安を抱いている。そのうえ、愛してやまないビルは八歳年下——とくれば、もうこの先の展開はおわかりだろう。イヴには女優としてすぐれた才能があり、衰えゆくマーゴに比べてずっと若い。したがって、イヴが勝利を収め、先輩のマーゴがお払い箱になるのは時間の問題だった。新人女優はインタビューの席で、みずからの野心をあからさまに示す。イヴとビルはまさに絵に描いたようなカップルで、洋々たる未来が開けていて、マスコミや観衆の関心を惹くこともできる。こうした展開を前に、マーゴは恐ろしくなるが、それを隠すこともできない。怒りもあらわに、周囲にあたりちらし、酔っぱらい、スキャンダルを繰り返したあげく、嫉妬に駆られてビルをうんざりさせる。これでは、マーゴがなんとしてでも避けたい打撃をかえって早める結果になると観衆は想像する。疲れ果てて、ビルはやさしいイヴのもとへ逃げてしまうのではないだろうか。その間、ビルはマーゴを安心させようと、愛していると言って抗議するものの、マーゴのわだかまりを解消させることはできない。ビルは妄想だと言ってマーゴを非難するが、それも半分は嘘だ。なぜなら、若きライバルは情け容赦なくマーゴを攻撃し、あらゆる手を使ってそれが成功するよう手を尽くしていたからだ。めずらしく落ち着いているとき、マーゴは友人に気持ちを打ち明けて、「ほうきにまたがって、猛スピードでまっさかさまに落ちてゆくような」自分の性格にため息をつく。たしかに、「まだ若くて、女らしくて、無防備なイヴの姿」（何にもまして、マーゴが恋人のためにこうありたいと願っている姿だ）を目にして、頭に血がのぼってしまった。結局のところ、ほうきに乗った魔女＝「ガミガミ女」が、おとなしくて、害のないようにみえる若い娘に太刀打ちしようとするのが無理な話なのだ。ビルと自分の関係が、融通の利かない社会より、よっぽど固い絆で結ばれているなんてありえない。幻想を抱くのが怖い。しかし、イヴに迫られたビルはおもしろがるばかりで、軽蔑もあらわに拒絶する。そうして、再会したとき、ついにマーゴはビルの結婚の申し出を受け入れたのだった。舞台では、イヴが夢みていたとおりのめざましい成功を手にしている。しかし、思っていたように先輩女優を転落させることができたわけではない。そのためとあれば、魂を売り飛ばしていただろうに。

また、ときに人生では、偏見に基づく裏切りに遭遇することもある。例えば、コレットは体制追従とはほど遠い作家だが、女性の老いは嫌悪の対象であり、取り返しのきかない失墜だという考えを受け入れている。小説『シェリ』（一九二〇年）と『シェリの最後』（一九二六年）は、レア（五〇代になろうとしている）と年若い恋人（今も愛しているレアと別れて、若い娘と結婚する）との数年にわたる関係を描いている。物語はハッピーエンドで終わらない。別離の五年後、シェリはどうしても忘れることができず、衝動的にレアに会いに行く。再会したとき、シェリはレアの変わりようにショックを受ける。「ひとりの女が（…）こちらに背をむけてなにか書いていた。広い背中、彼の母親と同じようにカットした灰色のこわい髪のしたのざらざらした脂肪のたるみがシェリの目に入った。『ほら、見ろ、独りじゃないぞ。あのおばさんはなんだ？』（…）灰色の髪のご婦人がこちらをふりむいた。そしてシェリは顔面に、彼女の青い目の衝撃をくらったのだった」。老いは、女性の全アイデンティティをかっさらい、骨抜きにする。かつてのレアはみる影もなく、そこにいるのは男性とも女性とも区別のつかない、見たこともない生きものだった。「レアが怪物じみているというのではなかった。しかしとにかく大きくて、身体のあらゆる部分にたっぷりと肉がついていた。（…）無地のスカートにこれといった特徴のない長い上着、その合わせから下着の胸飾りがのぞいており、自然のなりゆきで女らしさが放棄され収縮していったいきさつと、性とは無縁になった女の威厳のようなものを語っているように思われた」。この邂逅（かいこう）の合い間、シェリは心のうちで懇願していた――「やめてくれ！　もとの姿にもどってくれ！　そんな仮装は脱いでくれ！　その仮装のしたにいるんだろう、話し声はちゃんと聞こえるのだから！」[97] 数週間後、若いころのレアの写真が壁一面に貼られた一室で、シェリはみずから命を絶つ。

　レアの変わり果てた容貌から透けてみえる悲劇は、女性の老いの悲劇というよりも、見捨てられ、終わってしまった恋愛の悲劇であることは明らかだろう。そして、とりわけその容貌は、レアを捨てたのはまちがいだったことを年若い恋人に突きつけている（もし、シェリが財産めあてで結婚したりせず、シニカルに陥ることなく、もっと果敢に生きることを選択していたら、愛する人がこんなふうに年をとることはおそらくなかったのではないか）。これほどまでにレアが変わってしまったのは苦しみと失望ゆえのことで、単に年をとったからではない。惨憺たる結果に終わった短い再会から自殺に至るまでの数週間、シェリはひとりさまよい、自分が犯した誤ちのせいで失われてしまった時間、取り返しのつかない損失を後悔の念とともに思い出す。もしも、あのときレアを手放さなかったら、「三年か四年分のみちたりた年月。それこそ何百もの昼と夜が手に入り、愛の日々としてたくわえられたはずなんだ……」。しかし、このふたつの小説は最初から、老女が人にかきたてる恐怖と嫌悪に彩られていたのも事実だ。ふたりの関係が終わりに近づいていたある日の朝、シェリが目をさます前に、レアは首まわりの衰えを隠そうとして、真珠のネックレスを慎重に首にかける。うつろな目のごく若い男性を連れた、醜くグロテスクな、もったいぶった奥様然の知人を前に、一瞬、将来の自分を目にしたように思う。そして、皮相で残酷な、決して甘くはない社交界では、老いは弱さのしるしとして容赦なく断罪される。

とはいえ、実人生上のコレットはそれほど悲劇的ではなかった。五〇歳になる少し前、一七歳になる夫の連れ子ベルトラン ド・ジュヴネルと関係をもち、五二歳のとき、当時三六歳だったモーリス・グドケと出会って三度めの結婚をし、一九五四年、八一歳でコレットが亡くなるまでともに暮らす[98]。寄る年波がもはや見分けがつかないほどレアを変えてしまったのに対して、作家のほうは創造性も愛されるだけの価値もいっさい失うことなく、最後まで十全に自分自身でありつづけた。しかも、年老いたコレットの写真は若いころと同じく数多く残っており（パリのアパルトマンのベッドで執筆するコレット。パレ・ロワイヤル庭園に面する窓は開かれ、飼い猫に囲まれている……）、作家の悩みの種だった病にもかかわらず、人生から贈られた恩恵のすべてを満喫した。

今日、女性が物質的に恵まれた環境で健康に年齢を重ねる可能性は、男性に比べて低い（年金額は平均して男性より四二％少ない）。女性は男性よりもパートタイム勤務が多く、育児のために仕事をやめるのは女性のほうだ（相変わらずの「母親の天井[99]」）。しかも、それだけにとどまらず、客観的にいって、加齢によりその人の価値がさらに下がるというあらたな不平等がこれに加わる。偏見とステレオタイプは、深いところで多少なりとも精神の退廃をもたらすが、新しい道を選択するひとつの可能性にもなりうる。何ものも恐れず、冒険と発明を志向し、同士をみきわめる喜びを味わい、他人と無為な時間を過ごす必要もなく、本来の言葉の意味（すなわち、古来より伝わる偶像とそれがもたらす不幸な宿命を破壊すること）で、因習を打破することが促される。

一九七二年、スーザン・ソンタグは最後にこう記している――「女性には別の選択がある。単にやさしいだけでなく賢くなりたいと願うことも、役に立つだけでなく仕事ができるようになりたいと願うことも、単にしとやかなだけでなく強くなりたいと願うことも、男性や子どもとの関係だけでなく、ひとりの人間として野心を抱くこともできる。恥じることなく、時の過ぎゆくまま自然に年を重ね、年齢に関する社会の『ダブルスタンダード』に起因する慣習のいいなりにはならず、積極的に抗議することもできる。できるだけ長いあいだ娘のままでいる代わりに（そのうち、娘たちは中年女性になって辱めを受け、次におぞましい老女になるだろうから）、もっと早い段階で大人の女性になり、活動的な女性として今よりずっと長い期間、性生活を楽しむことだってできる（実際、女性にはそれが可能だ）。そのとき、女性たちの顔はこれまで生きてきた年月を物語り、真実を述べているだろう」。それからほぼ半世紀が経つけれど、それを望むすべての女性が手を伸ばし、こうした展望を求めつづけている。

第四章

この世界をひっくり返す

女性と自然のために闘う

さまざまな点からみて、わたしは愚かだ。ばかげた質問をする、的外れな回答をする、とんでもないコメントをする――どんな状況にあっても、わたしは今の仕事にもってこいだ。話している相手が信じられないという目でわたしを見て、「でも、この人は本を書いていることだし……」、「この女（ひと）、『ル・モンド・ディプロマティーク』紙は、ほんとうにだれかれ構わず雇うのか……」などと、今にも言い出すのではないかと思われる場面に遭遇したのは一度ではない。わたし自身、転んだとき、空高く舞いあがり、驚き顔の一同の眼前で地面にたたきつけられたときのような（しかも、実際、わたしはそうしかねない）恥ずかしい思いをする。自分のこうした側面は、どうしてもコントロールできないだけに絶望的な気持ちになる。一般に、言葉が口をついて出る〇・五秒後には、話している相手と同じ困惑を共有するのが常（すでに遅きに失しているのだが）で、自分ではどうすることもできない。およそ四五年間、定期的に騒ぎを起こしているから、ついにこうして生きてゆくほかないという結論に至った。しかし、それも容易なことではない。

ある意味、毎回バカなことをしでかすのは、おそらく個人的資質によるのだろう。重大な結果に至る失敗を経験し、全面的に実践感覚が欠如している。頭は何か別のことを考えていて、見ている人はさぞやおもしろいことだろう。ちゃんと眼鏡をかけていないときはなおのこと。精神が霧のなかをさまよっているだけでなく、視覚上の霧がそれに加わるのだから無理もない。引っ込み思案のせいで即座にパニックを起こし、きちんとした対応ができない。全体的に、その場ですぐ判断するよりも、十分距離を置いて状況を一つひとつ把握し、分析するほうが得意だ。はっきりいえば、考えるのに時間がかかるということ。しかし、わたしのバカさかげんには、ジェンダーも大きく関連しているように思われる。わたしは衝動的で、情にもろく、人がいいといわれる。わたしはセクシストの標的が歩いているようなもの。正真正銘の慌て者で、非理性的な女性そのもので、一般に女性が苦手とするあらゆる分野を苦手としている。高校では、科学の成績が悪いせいで、危うく留年するところだった。まったくの方向オンチで、運転免許証をもっていたら（もっていないことについて、神さまに感謝したいほどだ）、自動車修理工にとってはいいカモだったろう（さんざん不具合をでっちあげられ、修理代を絞りとられていたにちがいない）。仕事では、経済学および地政学的センス（典型的な男性の牙城で、権力の武器に最もなりやすい）が致命的に欠けている。

知性に絶対的な価値があるのではなく、わたしたちが現在どんな状況にあり、だれを前にしているのかに応じて、驚くようなバリエーションがあることを理解するのに、わたしには時間が必要だった。環境と対話の相手次第で、わたしたちのきわめて多様な部分が明らかになったり、引きつけられたり、知的能力が刺激されたり抑制されたりする。ところで、社会は女性と男性に対し、それぞれ非常に異なる価値を有する専門領域を割り当てているが、女性はバカみたいなシチュエーションに置かれるケースが多い。女性は権威があって、重視されている分野で能力が発揮できない可能性が高く、反対に、女性が能力を発展させることが可能だと考えられる分野は顧みられず、軽視され、ときには完全に無視されている。また、女性も自分に自信がないため、その無能さはおのずと予想される。ときどき、無知によって、頭がコチコチになり、ニューロンがムクドリみたいにあちこち飛びまわる。または能力が欠けているがゆえに、バカなことを言って、悪循環に陥っているのではないかと情けなくなる。話している相手が上から目線でわたしを軽蔑するように見ている気がするが、あまりにもばかげたことを言っているので、自分の目からみても無理はないように思われる。当の相手は、同僚のジャーナリストかもしれないし、洗濯機の修理に来た人かもしれない。到着するなり、機械の機能について質問をして、わたしが口を開いて答える前に待ちきれなくなって、ぶっきらぼうに同じ質問を繰り返す。あまり賢くはない人物を前にしていると判断したらしい（ただし、わたしの場合、いつもそうだとは限らず、質問に対してまっとうな返事をすることもある）。セクシストは社会の至るところで待ち構えていて、素晴らしいステレオ効果を発揮し、根っからの女性の弱さをいつでも思い出させる。わたしも老後に備えなければ。なにしろ、女性のなかでもいちばん愚かなのは老女だといわれているのだから。シンシア・リッチは、バーバラ・マクドナルドといっしょにパソコンショップに行ったとき、マクドナルドが質問をしているのに、店員はリッチを見ながら質問に答えたと語っている（当時、マクドナルドは六〇代、リッチは四〇代だった）[1]。

何世紀にもわたり、科学者、宗教関係者、医師、政治家、哲学者、作家、アーティスト、革命家、お笑い芸人たちは、あらゆる手段を使って、女性には生まれつき解剖学的に構造上の欠陥があり、愚かで知的に無能で手のほどこしようがないと一刀両断にし、必要とあればバカバカしいにもほどがある根拠を並べたててきた。それでも、女性が多少なりとも阻害されていると感じないとすれば驚くほかないだろう。米国の著述家スーザン・グリフィンが、女性について長年言われつづけてきたことを書き連ねたものは衝撃的だ。

・女性の脳には欠陥がある、脳の線維が脆弱で、生理があるせいで脳に血液がまわらない。
・抽象的な知識、無味乾燥の知識は男性の堅固な精神と手際の良さにまかせておけばよいと、人は断言する。女性は地理ができないのは、こうした理由による。
・女性に算数を教えるべきか、否かという論争は常にある。
・望遠鏡をもっている女性には「そんなものはさっさと処分して、月で何が起こってるいるか詮索するのをやめるように」勧めることだ[2]。

「男性の堅固な精神と手際の良さ」および「地理ができない云々」と言ったのはイマヌエル・カントだが、望遠鏡はモリエール『女学者』（一六七二年）に登場するクリザールがフィラマントに長々と語った話に基づく。「やくにもたたないあんな書籍類はみんな焼き捨てて、学問なんかこの町の学者連にまかせておけばいいのだ。人をこわがらすばっかりのあの長い望遠鏡も、見たってもしろくもないがらくたといっしょに、家の屋根部屋かどこかへ持っていってしまってもらいたいよ。月世界の人間が何をしていようと、そんなことはいらざる詮索だ。そんなことより、家の中がめちゃくちゃなんだから、そこらをすこし面倒みてくれることだよ」。ふたつの引用を同等に扱うことはできない。それというのも、ふたつめは登場人物のせりふであって、ここでモリエールの女嫌いに関する論争を繰り返すつもりはない。とはいえ、ここから垣い間みえる女性のイメージはまことに容赦がない。この本を読みふけっているとき、たまたまネットショップのサイトで、「天文学は苦手だけど、お隣さんのボディを見るにはいいかも」と書かれた女性の脳の断面図を発見した。何かと思えば、四九・九九ユーロの望遠鏡を売る広告だった[3]。

このような前提に立てば、なぜ女性が、ドヤ顔をした男性から「人生について説教」されつづけられなければならないかがよくわかる（レベッカ・ソルニットの有名な著書のタイトル『説教したがる男たち』を引くまでもない[4]）。このエピソードが書かれたのは二〇〇八年で、社交パーティが開かれた日の翌日のこと。その晩、相手の男性は、会話のテーマと関連する内容で最近出版された本についてソルニットに話す。おそらく、『ニューヨーク・タイムズ』紙の書評欄で見たのだろう。まさかその本の著者が目の前にいるとは夢にも思わず……。男性があまりにも自信満々に説明するので、ソルニットは自分の本と同じテーマについて書かれた重要な本が出版されていたのを見落としていたのだと思い込むところだった。「だが自分の意見に価値がないと思わされるこの症候は、ほぼすべての女性が日々経験する戦争だ」と、ソルニットはコメントしている。「それは女性の内面で起きる戦争でもある。自分がいなくてもいい存在だと思い込み、沈黙に追い込まれてしまうこと。(多くのリサーチをし、正確に事実に基づいて書くことによって)作家としてそれなりのキャリアを築いてきた私も、その戦争から完全に自由になることはできなかった。結局のところ、ミスター・インポータント氏とその過大な自信によって自分の確かな感覚が揺らがされるような瞬間を、私はみすみす用意してしまったわけだから」。翌日、ベッドから飛び起きると、ソルニットはいっきに記事を書き上げる。それをインターネット上にアップするや、瞬く間にひろがったのだった。「何か人々の琴線に触れるものがあったのだろう。それと逆鱗に」。ソルニットが受け取った数多くのリアクションのなかに、インディアナポリスに住む、「私生活でも職場でも、一度たりとも女性を軽んじるような真似をしたことのない」お年を召した男性からのコメントがあった。「もっとふつうの男」とつきあうべきだと非難し、「もうちょっと下調べをしてから書け」と説教したいがためにメッセージを送ってくる。「そのあとは人生相談気取りで、私が『劣等感』にさいなまれているとのコメントまでくれた」。

しまいには自分に向けられる視線を受け入れて、自分は空っぽで何もできない、そう思われても当然だと考えるようになる。とても感じのよい旅行者とすれちがって、とくに悪気もなく道を訊かれたときなど、わたしは何も疑うことなく「だれか別の人に訊かれたほうがいいですよ」と答えてしまう。しかし、その人が去ると、きちんと道を教えてあげることができたのにといつも後悔するのだ。「方向オンチ」、「経済」……そんな言葉がわたしの頭のなかで点滅しはじめると、かつて「数学」という言葉でそうだったように、もうパニックだ。数年前、プロヴァンス大学の研究者たちが、小学校の児童をふたつのグループに分け、複雑な幾何学模様を記憶して描くという実験をおこなった。一方のグループには、「幾何学の練習問題」、もう一方のグループには、「デッサンの練習」と知らせておいた。最初のグループでは、男子に比べて女子のほうがうまくいかなった。二番めのグループでは、数学という恐怖から解放されて、挑戦する以前に失敗する可能性を思い浮かべることもなかったせいか、女子のほうが男子よりも成功する確率が高かった[5]。高校の終わりごろ、わたし自身も、混乱の種を蒔くこの限界（それまで、変わることはないと思い込んでいた）をあっさり超える機会があった。熱心な女性教師がいて、辛抱強く、かつやさしく数学を教えてくれたのだ。わたしのよく知っているタフでマッチョなカウボーイ・タイプとは一線を画する、この先生のおかげで、信じられないことに、スイスのマチュリテ資格（フランスのバカロレア〔大学入学資格〕に相当）を受ける二年前、わたしはほとんど「数学が得意」といえるまでになり、試験で優秀な成績を収めることができた。とくに問題もなく口頭試験が進んだところで、かなりトリッキーな質問が出されたが、それにもうまく対応し、恩師から「ブラボー」というお褒めの言葉を授かった。かれこれ二五年前のことだ。この「ブラボー」をわたしは生涯忘れないだろう。数字で埋め尽くされた黒板の前で途方に暮れていた自分を思うとほとんど信じられない。わたしの頭の悪さは宿命ではなかったのだと思うと、めまいを禁じえない（二〇一四年、イランの女性数学者マリアム・ミルザハニは女性で初めて、数学のノーベル賞に相当するフィールズ賞を受賞し、その三年後、四〇歳のときにがんで亡くなった）。

「何に対する秀逸さなのか」

絶望的な教科がある一方で、やさしく感じられて自信をもたせてくれる教科もある――高校では科学のせいで玉砕するところだったが、マチュリテ資格試験のギリシャ語では賞をもらった。それなのに、わたしは重要科目ではないと思い込んでいたため、その後わたしのちっぽけな知的衛星は澄んだ音色の音楽を奏でながら、永遠に「真実の知」という名の惑星の周囲をぐるぐるまわりつづけることになる。それでも、わたしは一般に認められている考えに少しずつ疑問を抱くようになった。今も、わたしの一部の無能さについては、相変わらず残念としかいいようがない。人はわたしが実務的なことを軽蔑していると思っているようだが（いわゆるインテリと称する人がすべてそうであるように）、実情はそれにはほど遠く、自分のバカさ加減に情けなくなる。しかし、それ以外の点では、知性を評価する場合の支配的な基準に対し、思い切って異議を唱えることができるようになった。

例えば、わたしは一読者として、『ル・モンド・ディプロマティーク』紙のファンだった。文学的・哲学的テキスト、時代と社会に対する視点、偉大な知識人たちの署名入りの寄稿、精巧で傑出した図版……。そこに一種の詩的ジャーナリズムを見出し、いたく気に入った。実際に自分がそこではたらくようになったとき、多くの同僚の数字、地図、表に対するこだわりに面食らったものだ（これまで、そんなものがあることさえほとんど気づかなかった）。まったく理解できなかっただけではない。めったにないことだが、それらについて検討するなかで、突然ひらめいて、理解の光がわたしの脳の闇を稲妻のように貫くときでさえ、知識欲が満たされたとは感じない。数字、地図、表は役に立つし、そのクオリティは高く、一部の読者から評価されていることを否定するつもりはない。しかし、読者のなかには別の方法で（豊かな情報を含んでいる点では変わりがない）世界を把握したいと考える人が一定数いて（わたしもそのなかのひとり）、数字や地図や表では彼らに訴える力がないのだ。当初、わたしはそんな自分を恥じていた。しかし、これからはそんな自分を引き受けようと思う。全般的に、年齢を重ねるにつれ、知識の領域では、わたしを上から目線で見る人の限界、死角、弱さを感じる機会が増えた。その人たちと比較したときの自分の愚かさ、自分と比較したときの彼らの賢さの価値について抗議をしても（少なくとも腹のうちでは）、彼らにとっては言わずもがなのことなのだ。わからないでもないが、彼らは幸いにも知識人の陣営にいるというのに、なぜ煩瑣（はんさ）なことであれこれ考え込むのか。おそらく、わたしが本を書く理由もこのあたりにありそうだ。能力を発揮できる場所をつくるため（願わくば、そうでありますように）、必ずしもあるべき姿で取り上げられていないテーマを適切かつふさわしいかたちで浮かび上がらせるために書く。

　女性が大学で占めるポジションについて話をする場合、通常、女子学生や女性教授の割合、またはほぼ女性が存在しない専門課程について取り上げる。男子学生および男性教授によるセクシズムや、女性の自信のなさについて（そのため、女子学生が物理や情報処理を専門に選びたがらない）

嘆くけれど、多くの場合、若い女性は知識や方法や規範を身につけるために大学に進学するという事実を無視し、教育の中身を問うことは忘れられている。大学で教えられている知識等の大半は、何世紀ものあいだ、女性のいないところで形成されてきた（女性を敵視するものではないにしろ）。この問題を指摘すれば、それは本質主義ではないかとすぐさま疑われる。女性の脳の作りは男性と異なっていて、知識を取り入れるときも「いかにも女性らしく」学ぶとでもいうのだろうか（例えば、何か言いたいことがあるときには、数式のあいだに小さなハートマークを書き加えるとか？）ところが、本質主義だという非難は、そのままお返しすることも可能だ。男性と女性は、それぞれ抽象的な空間内で硬直した本質によって構成されているわけではなく、歴史の動きと変遷のなかで培われてきた関係性を保っている人間のふたつのグループを指し、大学で教える知識は客観的とはいえず、それを絶対的な価値とすることはできないからだ。

「歴史は勝者によって書かれる」とよくいわれる。例えば、ここ数年、毎年一〇月のクリストファー・コロンブスの日［一四九二年一〇月一二日のクリストファー・コロンブスによるアメリカ大陸の発見および到着を祝う日として、米国の多くの州で祝日になっている］は、公式の歴史観による「アメリカ新大陸の発見」および「発見」という言葉自体が問題であることを示して抗議する機会になりつつあり、年を追うごとにその力は強くなっている。勇敢な開拓者は、別の側（がわ）からみれば、残虐非道な侵略者だ。ある意味、女性もまた歴史の敗者（しかも、本書でみてきたように、暴力に満ちた歴史だ）であり、なぜ女性だけが敗者で、意見をもつ権利が保証されないのか。もちろん、女性をめぐる状況も視点はひとつではない。フェミニスト的立場の歴史家もいれば、魔女狩りをフェミニストの視点で読み解くことを拒否する歴史家もいるだろう。たしかに、植民地に魅力を感じる被支配者の子孫もいれば、奴隷制にまったく関心を示さない奴隷の子孫もいる。さらに、被支配者のいずれのテーマに関しても、熱心に取り組む支配者側の白人がいる。だからといって、関係する所属グループが判断に影響を及ぼさないことがありうるだろうか。前述したように、もっぱら男性によってつくられてきた教科としての歴史は、魔女狩りの扱いに対して影響を及ぼさなかったとはいえず、魔女狩りの事実は完全に無視されたか、ページの下に注記として記されたにすぎない。もうひとつ例を挙げよう。エリック・ミデルフォートが、独身女性に冷たい社会では、魔女狩りはある種の「治療」的効果をもたらしたと書いたとき、メアリ・デイリーはふたつの疑問を呈している。すなわち、同じような「治療」という言葉をユダヤ人大虐殺、または黒人に対するリンチに対しても用いることができるのか。さらに、「治療」とはだれに対する治療なのか。[6]

一九九〇年代の初め、自尊心について書いた著作のなかで、グロリア・スタイネムはある研究を引用している。米国の大学第一課程で学ぶ二〇万人の男女の学生を対象におこなった調査では、大学進学を機に女子学生には自己否定の傾向が顕著であるのに対して、男子学生の自尊心は維持されるか、さらに強まる傾向が認められた。当時、多くの学生が、大学が示した女性およびマイノリティに開かれた規範の多様化に対して激しい抵抗を示した。彼らは「ポリティカル・コレクトネス」、通称「ＰＣ」を厳しく批判したが、ＷＩＴＣＨの創設者のひとりロビン・モーガンは、これは「単なる礼儀（Plain Courtesy）」だと指摘している。学生は自分たちを「秀逸さ」の番人として行動していると主張したが、これに対してスタイネムは、「最も重要な問題は、何に対する秀逸さなのかだ」とコメントした。スタイネムによれば、学生たちが全力で反対したのも、この変革は単に女性やマイノリティに大学の教育課程または既存の組織への門戸を開くだけにとどまらず、「ものごとをあらたな目で学び直し、ほかのあらゆる経験をはかるものさしで『基準』の概念そのものを問いただすこと」[7]を伴うのが十分わかっていたからだ。

自然科学のヘゲモニーと、世界に対するある種のアプローチの仕方（冷徹、客観的、突出した四角四面な方法）に対するわたしの不満は、わたしが女性として生きる条件と常にかかわっているように思われたが、その関係を明らかにするだけの能力がなかったばかりに、それを言葉にしようとしなかった。ここでもまた、本質主義の亡霊がわたしを押しとどめたのだった。「女性らしい」ものごとの見方や実行の仕方を擁護する自分をみたくはなかった。そもそも、わたしはすべての女性が自分のようでないことがわかっていた。自分の感じ方がむしろ男性のようであることも。そうしたわけで、わたしはひとつの考え（わたしが書いたすべてのエッセイで、何をテーマとするものであれ――たとえ、甲殻類の生殖について本を書いたとしても、それについて触れる場所をどこかに見出したと思う――、しつこいぐらい何度も繰り返されている）を反芻することでよしとしていた。わたしは、理性崇拝（というより、人が合理性とみなすものについて）に対する批判を文章化し、さらにまた文章化する。このカルトは自明のこととして浸透しているので、もはや人が理性を絶対視しているなどとは思わない。この理性を崇め奉る姿勢は、わたしたちの世界に対する向き合い方、知識の積み重ね方、行動と変革の仕方を決定づけている。この信仰に従うと、世界は一つひとつバラバラで、どこまでも明快で、じっと動かないものの寄せ集めのように思い描くことになる。それは目の前の有用性という唯一の角度から推しはかられ、客観的に知ることが可能で、均等に切り売りし、生産と進歩の名のもとに動員することができる。量子論がこうした楽観的で尊大ともいえる世界観を揺るがした今でも、一九世紀の征服の科学に依拠したままだ。量子論がわたしたちに示す世界では、神秘がひとつ解明されると、あらたに別の神秘があらわれ、あらゆる探求に終わりはない（まったくそのとおりだと思う）。事物はバラバラではなく、互いに絡み合っている世界、事物が何であるかあらかじめわかっていて、それが変わらぬまま続いていくのではなく、エネルギーの流れ、連続するプロセスにかかわっている世界、ものごとを注意深く観察することによって、その後の経験が変わる世界、不動の規則にしがみつくのではなく、不規則性、予測不能性、説明できない「急激な展開」を認める世界だ。こうしたことすべてについて、現代物理学は魔女の直観が正しかったことを証したとスターホークは発言している。また、フランスの物理学者ベルナール・デスパーニアは、これからの物質と世界を説明する最終の知識に対する抵抗を考えれば、常に私たちの理解を超えて逃げてゆくものの概観をわたしたちに提供する術（アート）にゆだねることがばかげているとは思わない(8)と述べている。この結論は、わたしたちの体に浸み込んだ知識の習得方法について大きな変化をもたらすものだ……。

量子論の発見後一世紀を経ても、わたしたちはその意味するところをはかりかねている。その発見は、一七世紀、飛躍的に発展した世界観、とりわけルネ・デカルトの『方法序説』で、人間を「自然の主人にして所有者」と位置づけた一節に対するにべもない反論となる。主要な著作のなかで、地理学者オギュスタン・ベルクは、世界との向き合い方をめぐり、デカルト派の態度によってもたらされた混乱を分析している[9]。ジャン＝フランソワ・ビルテールは、ルネサンス期の西洋に始まり、地球全体にゆっくりと広まりつつある「一連の反動」（冷酷かつ計算高い商品の論理にすぎないにもかかわらず、合理性の頂点だという誤った評価を得ている）の軌跡をたどっている[10]。さらに、ミシェル・レヴィとロバート・セイヤーは、今日では興奮したなまっちょろいダンディの一群とみなされるロマン派が、強制されたシステムの根幹にかかわる欠陥にいかにして気づいたかを示している。ロマン派が別の心理領域を開拓して価値を与えようとしたとしても、理性を否定したわけではない。むしろ、「道具としての合理性」――自然と人間に対する支配に反対し、実質的で人間的な理性を打ち出したものといえる[11]。

こうした思想家たちは、慣れ親しんだ文明に対する違和感を明らかにする際にわたしを導いてくれた。征服、扇動、攻撃をモットーとする世界に対する違和感、肉体と精神、理性と感情を別物として考える、お人好しでばかげた信仰に対する違和感、ほかのものをみようとしない、それどころか拒否反応を起こすナルシシズムに対する違和感、建設と都市化という名の錯乱によってこの大地をみるも無残なものに変える、またはうるさいハエ一匹を殺すために大砲を持ち出す（実際にそのハエを殺す行為についてはいうまでもない）習慣に対する違和感、鋭い角度とギラギラした光に対する違和感、陰影やあいまいなものや神秘に対する容赦ない攻撃に対する違和感[12]、そこから発散されるあらゆるものを商品化しようとする病に対する一般的な違和感だ。こうした行為に対しては後悔しかない。かつてそうであったものに対する後悔ではなく、もしかしたらそうかもしれなかったものに対する後悔だ。わたしは今まで、自分が主張するフェミニズムについてまわるこうした想いを、何かしら関係があると感じていたものの、どう言いあらわせるかがわからないままだった。しかし、魔女狩りの歴史と、多くの女性作家がそこから引き出した解釈に接したことで、すべてが明快になった。パズルのピースがぴたりとはまったときと同じ感覚だ。

自然の死

シルヴィア・フェデリーチ著『キャリバンと魔女』は、シェイクスピアの戯曲『テンペスト』の登場人物のひとりを参照している。魔女を母親にもつ、黒い肌をした異形の登場人物。その醜悪さは外見ばかりか、精神にもおよび、プロスペローをして「おぞましい奴隷」、「闇の申し子」と言わしめている。キャリバンが象徴しているのは奴隷と植民地の被支配者。女性と同様に搾取され、資本主義の発展に必要不可欠とされた基本的な資本の蓄積を可能にした。しかし、女性の隷属は、別の隷属状態と軌を一にしている（当時は、緊密な関係があった）。すなわち、自然の隷属だ。これは、一九八〇年、哲学者でエコフェミニストのキャロリン・マーチャントが『自然の死』[13]で展開した理論で、シルヴィア・フェデリーチの著作と補完しあっている。マーチャントは、ルネサンス時代に、人間の活動が激化したため、膨大な量の金属や木材、広大な耕地面積が必要になり、いまだかつてない規模で地球の様相が変わり、それに伴って人間のメンタリティもいかに大きく変化したかを如実に語っている。

従来のビジョンでは、世界は生きた有機物で、母親や乳母のイメージと結びつけて考えられることが多かった。古代から、とくに鉱物の採掘は、欲（金）または殺人（鉄）を動機とする攻撃行為と関連づけられ、プリニウス、オウィディウス、セネカによって断罪されてきた。一六世紀および一七世紀には、エドマンド・スペンサーやジョン・ミルトンなどの詩人が糾弾した淫欲がこれに加わり（地球をレイプするイメージ）、時代の想像力は「鉱山の採掘と女性の体をくまなく探る行為のあいだにある直接的な相関関係」を視覚化した[14]。炭鉱は女性のヴァギナで、採掘される資源が眠る鉱床は子宮腔というわけだ。こうした心的表象がすたれると、少しずつ別のイメージがそれに取って代わり、この新しいイメージは世界のエネルギー源を奪い、恥も外聞もない抑止の効かない乱獲へとつながってゆく。同様に、新興の商業的熱狂とともに埠頭や橋や水門や川船や船舶を建設し、石鹼やビール樽やワイン樽を生産するために、驚異的な量の木材が必要になる。その結果、単なる「資源」とみなされた自然に対する管理人たる人間の不安が初めて出現する。一四七〇年、ヴェネチアで、今後は都市の役人ではなく造船所(アルセナーレ)がオークの伐採を管理するとの法律が制定された。マーチャントは概観をパノラマにして、次のように描き出す——「ヨーロッパの都市が大きくなり、森林が後退し、湿地帯が排水され、運河網が国じゅうに張りめぐらされ、巨大かつ強力な水車、炉、製鉄所、クレーンが職場の環境を支配するようになるにつれ、ますます多くの人が、機械にいいようにされて、変わり果てた自然の姿を目撃することになる。こうして、人間の経験の根底をなしていた有機的に結びついた即座の直接的な関係から、ゆっくりとではあるが、避けることのできない阻害関係へと移行する結果になった」。支配的な機械論的立場からすれば、世界に関する知識は「確実で一貫している」。有機的な生命による無秩序は、「安定した数学的法則と恒等式」に取って代わられる。世界は死んだも同然で、物質は動かされるのをただ待っているだけ。機械、とりわけ時計が世界のモデルで、デカルトは『方法序説』で、動物をロボットとみなす。一六四二年、ブレーズ・パスカルが機械式計算機を完成させたことを聞きつけたトマス・ホッブズは、論理を単なる足し算と引き算の連続になぞらえる。[15]

この時代、米国の哲学者スーザン・ボルドーが「分娩の悲劇」と呼ぶものが発生した。中世の有機的、母性的世界から引き離され、「明晰さ、無関心、客観性」が支配する新しい世界へ放り出され、そこから誕生する人間は、「かつて自分が魂を分け合っていた世界につながる絆を断たれた、まったく別個の観念的存在」だ。ボルドーによれば、その存在は「女性らしさからも、母性的世界につながっていたころの記憶からも遠く離れた場所へ逃走し、それに関連するあらゆる価値を拒絶」し、それに代わってひたすら距離を置き、境界線を引かなければならないという強迫観念にとり憑かれているという。[16]ギィ・ベシュテルは、別の言い方で「新しい人間をつくる機械」は「かつての女性を殺害する機械」だったと述べている。[17]そのとき、「極限まで男性化された知識のモデル」、冷酷で没個性の「男性的な認知のスタイル」が出現する。このような解釈は、二〇世紀のフェミニストたちによる幻想ではないとボルドーは強調する。「近代科学の創始者たちは、明らかに意識的に科学の『男性性』があらたな時代を開いたのだと主張し、そのうえで男性性をより清潔で、より純粋で、より客観的で、規律ある世界との認識論的関係に結びつけた」。こうして、英国の学者フランシス・ベーコンは、「時代の男らしい誕生」を宣言する。[18]

自分と周囲の世界をめぐる関係性はひっくり返される。体と魂は別のものだと考えられ、拒否される。デカルトは書いている――「私はもろもろの肢体の組成――人体と称されるあの組成――ではない」(『省察』)。シルヴィア・フェデリーチは、この発想が、のちに人間の体を「資本主義的規律が要請する自動で動く精確で適切な道具」にしたとみる。[19]スーザン・ボルドーは、西洋哲学でみられる人間の体に対する軽蔑(牢獄またはケージと比較される)は、古代ギリシャにさかのぼると指摘する。[20]ボルドーによれば、プラトンもアリストテレスも、精神と肉体は分かちがたく絡み合っていて、死ぬまで魂は肉体を逃れることができないと考えた。他方、デカルトは、そこからもう一歩先に踏み出し、魂と肉体は根源的に異なる別のものだと主張する。デカルトにとって、人間の精神は「なんら物体に由来するものをもたない」(『省察』)。

滋養を与えるふところであることをやめた自然は、手なずけなければならない野蛮で無秩序な力に変わる。キャロリン・マーチャントが示すように、当然、女性もそうであるとみなされた。女性は男性よりも自然に近く、性に対する志向も激しいといわれている（それを抑制する試みが成功したことで、今日、女性は男性よりも性的ではないと考えられている）。「自然の力の象徴である魔女は、嵐を巻き起こし、病気を広め、収穫を台なしにし、次の世代に引き継ぐことを妨げ、子どもを亡きものにした。混沌（カオス）と化した自然と同様に、混乱を引き起こした女性は制御しなければならなかった」。ひとたび鎮圧され、服従させられた自然と女性にはもはや装飾的なはたらきしかなく、「疲弊した夫＝企業家にとっては、精神的気晴らしの対象でしかないのだろう[21]」。

　近代科学の父とみなされるフランシス・ベーコン（一五六一―一六二六）には、このふたつがみごとに反映されている。一〇年間、イングランド王ジェームズ一世の側近として、権力の頂点、なかでも大法官としてさまざまな任務を遂行した。『悪魔学（デモノロジー）』の著者ジェームズ一世は、即位するやすぐに法律を変え、殺人に用いた場合に限らず、あらゆる魔術の実践者が死刑に処される。キャロリン・マーチャントによれば、フランシス・ベーコンは、その著作のなかで、自然に対しても魔術の実践者に対するときと同様の扱いをするよう示唆しているという。法廷（あるいは、ベーコンが長い時間を過ごした拷問部屋）からは、使用目的と科学的方法を描くのに使用した図像が直接、発見されている。ベーコンは自然を問題視し、その秘密を暴こうとする。「自然を審問することは禁じられているもの」ではなく、「奴隷」として扱い、「蹄鉄を打ちつけ」、機械の力で「形を変える」べきだと書いている[22]。今日、わたしたちが使用している言語も、いまだに当時の征服者のような、男らしい攻撃性に満ちた態度の痕跡をとどめている。フランス語の〝esprit pénétrant〟(文字どおりの意味は「貫通する精神」)は洞察力があることを示し、英語の〝hard facts(文字どおりの意味は「堅い事実」)〟は議論の余地のない事実を意味する[23]。米国の哲学者アルド・レオポルド(一八八七―一九四八)のようなエコロジストでさえ、「エコロジストとは、斧を振るうたびに、地球の表面に自分の名を刻印していることを、つつましくも自覚している人のことだ」と書いている[24]。

一九世紀、ついに人間に屈した自然は、科学の猛攻にもはや抵抗しない従順な女性の姿で描かれる。フランスの彫刻家ルイ=エルネスト・バリアス(一八四一―一九〇五)に、『ヴェールを脱ぐ自然』と題し、顔を覆い隠していたヴェールを優美なしぐさでとる瞬間の胸をはだけた女性をかたどった作品がある。今日、その彫像を見るにつけ、アルジェリア戦争のあいだ、アルジェリア女性にヴェールを脱ぐようせっつく(「きれいかどうか見てやろう。全部とってしまえ!」)フランスのプロパガンダ広告のポスターや、イスラム教徒の女子生徒に学校でスカーフを身につけることを禁止した二〇〇四年の法律が思い出される。どうやら、女性(とりわけ原住民の女性)と、自然(同じロジックで服従を強いられている)は、父権的な西洋の目に何かを隠していると思われているらしい。徹底した審問のなかで、魔女と疑われた女性の体じゅうを隈なく毛を剃り落とす行為は、支配を完全なものとするためにすべてを人目にさらす必要があると告げていた。

精神分析医ドルーフの物語

本書の第二章でみた、ドルーフ医師の診療所のある道の名は「スコポフィリー通り」という。ジークムント・フロイトは、物体のように扱われる人の体をのぞき見ることで、対象を支配下に置いていると感じて性的満足を得ることを「窃視症（スコポフィリア）」と名づけた。この通りはトリスという名の架空の町にある。夜も更けたころ、物語は始まる。ドクターは診察室にいる。ほこりをかぶった小さな部屋で、本棚には黄色くなったガラスの瓶が並び、なかには「ホルマリンに漬った子宮らしきもの、女性の乳房らしきもの」、さらに堕胎した胎児（女児）が浮かんでいる[25]。この時間、女性専門精神科医のところではたらく家政婦はすでに夕食の支度を始めていた。ちょうど、その日の最後から二番めに予約を入れた患者が長椅子に横たわったところで、エヴァという名のその患者は初診で、「名医と評判の、万人が認める専門医」に診察してもらいに来たのだった。それというのも、女性は奇妙な病に苦しんでいたからで、あらゆる時代の数百人の女性の声と運命にとり憑かれているように感じていた。長時間にわたる診察時間の合い間に、一種のトランス状態に陥った患者の口を借りて次々と語るのは、聖書の罪びと、修道院に閉じこめられた修道女、魔女だと宣告されて火あぶりになった老女、森で薪を集めているところをレイプされた若い農婦、凝った衣装をいくつも着こんでほとんど身動きのできなくなった貴族の女性、夫に無理やり監禁された妻、違法の堕胎を繰り返した末に死に至った娼婦……。

ドルーフ医師は多少なりとも耳を傾けているものの、うんざりしたり、上の空になったり、茶化したり、抑えきれなくなったり、不安になったり、イライラしたり。このヒステリー性の女をどうすべきか考えあぐねているらしい。精神病院に送りこむべきだろうか、それともうんざりするほど大量の薬を飲ませてやるべきか。女性がまくしたてているあいだも、「まったく、おっしゃるとおりですな」と、低い声でもぐもぐ言っている。女性どもが彼に吹きこんだ恐怖の念を払拭しようとして、科学と数式にしがみつく醜い小男の脳裏には、若いころ、女性に侮辱され、罵倒された思い出が次々とよみがえる。「修道女による天国パワー成果回火刑台と汚された少女の根っこ引く泥畑と娼婦、そのためにわたしたちは……」。患者が滔々と語る最中、魔女を迫害した人物の話が出てくるや、急に医者は動揺し、魔女狩りの長い系譜に連なる師匠ポポコフのことを思い出す。ドルーフ医師は、若い女性にその人物はどんな人だったかと訊ねる。エヴァは答える――「とっても不愉快な人。革のブーツをはいて、固くて長い杖をもち、夜のような漆黒の大きなマントを羽織っていました。先生、ちょうどあなたぐらいの年齢で、先生、ええ、ええ、そうですとも、たしかにその人は、あなたを思わせるところがありました、ドルーフ先生」。気を良くしていた医師は、精神分析を受けている女性の声に「いくらか嘲るような震え声」を認めて、急に顔を曇らせる。

スウェーデンの小説家マーレ・カンドレ（一九六二―二〇〇五）が、小説中でとりわけジークムント・フロイトと精神分析医を名指ししているのは、一般に医者と科学者がなんとも痛快な風刺の標的だからだ。医学は女性対近代科学の戦争で中心的役割を果たしたとみえる。私たちが知っている医学は、物理的な排除によって成り立っている。当初、魔女狩りが標的にしていたのは、先にみたように女性の民間治療師たちだった。経験に基づく、これらの治療師たちは世間で認められた医師よりずっと有能で、多くの医者は、モリエールの戯曲『病は気から』に登場する、哀れなディアフォワリュスのごとくだったが、ライバルの数々の発見をわがものとし、「不実な」ライバルを排除することで利益を得ていた。しかし、魔女狩りが始まるずっと以前の一三世紀、ヨーロッパの大学に医学部ができたころ、医者という職業は女性に禁じられ、一三二二年、パリに移ってきたフィレンツェの貴族ジャクリーヌ・フェリーチェ・デ・アルマニアは、医学を違法におこなったかどでパリ市大学の訴えにより法廷に引き立てられる。女医のおかげで病気が治ったと証言したうちのひとりは、「パリの有名な医者や外科医よりも医学や外科手術について詳しかった」と語ったが、かえって状況を悪化させる結果にしかならなかった。女性には、医術の実施が許可されていなかったからだ[26]。婦人科の病気について書いた医学の参考書『トロトゥーラ文書』（実在したサレルノの女医トロータの名にちなんでいる）がたどった運命は、医療の現場から女性が抹殺されただけでなく、文献の執筆者からも排除された過程をよく示している。この文書は一二世紀末にまとめられたのち、紆余曲折を経て一五六六年にドイツの出版社の手にわたり、膨大な〝*Gynaeciorum libri*〟として刊行されたが、トロータの存在は疑問視され、エロスという名の医者の著だとみなされた。「そのようなわけで、〝*Gynaeciorum*〟中のギリシャ、ラテン、アラビアの著者の一覧の均質性は注目に値する。全員が男性で、女性の体について論じ、婦人科の知識の真の所有者を自任していた」と、スイスの文学者ドミニク・ブランシェは最後に述べている。[27]ヨーロッパに比べて、いまだに男性が優勢の米国の医学界だが、女性が追放されたのはそれよりも遅く、一九世紀のことだった。中産階級出身の白人男性が強権を発動し、激しい抵抗にあったものの、最終的には勝利を収めるに至る。[28]

二〇一七年、フランスのラジオ局「ユーロップ1」で、匿名の病院勤務医が「冗談で」同僚の女性の「お尻に触った」と自慢したが、もし女性のひとりがこの医者と同じように「みんなをリラックスさせよう」として家宝に手で触れたり、男性のお尻をはたいたりしたら、おそらくおもしろかったではすまされなかったろう。[29]よくいわれる「医学生かたぎ」や「リラックスする必要性」は、女性の医者が男性の同僚や上司から受けたセクシャルハラスメント[30]を正当化するのに持ち出される常套句だが、実のところ、女性に対する敵意を隠しているといっていい。こうした行為の裏には、そこに女性がいてはならない、ここでは女性は招かれざる客だという確信が潜んでいて、女性に対する怨恨の根は深い。二〇一八年、およそ一〇人のインターン（その大半は女性）が、トゥールーズのピュルパン病院のインターン用食堂の壁に貼られたポルノまがいの絵を撤去するよう求めたとき、同僚の男性たちは「いかにも医学生らしいアート」は「医学の歴史の一部[31]」だといって撤去したがらなかったというから、言葉もない……。同様に、ある女性外科医が、まだ新人のころ、帰宅する前に上司から、「君はこの仕事でうまくやっていけそうだな、お嬢ちゃん。このブロックでぼくが泣かせることのできなかった唯一の小娘だからな」と言われたと語っている。[32]

女性の患者も、自分の体を護るのに大変な思いをしている。手術ブロックで眠っている患者の体になされたことや、婦人科の診察時に若い女性が経験したことなどからもそれがよくわかる。「最後に行ったとき、受付で次に診てもらう日を予約しようとしていると、医師が部屋に入ってきて、わたしの胸のことを話しはじめたんです。笑っているのが聞こえました。受付の女性はかたまっていました。そんな話をされるのはこれが初めてじゃないことがわかりました。その医者のところへはもう二度と行きませんでした」[33]。軍隊と同じように、医師の組合は、女性に対する根深い敵意と、男らしさを信奉する雰囲気が強いらしく、「猫かぶり」は毛嫌いされる。日々、力の行使が実践されている職場ならまだしも、それが人を癒す場でおこなわれていることに驚かざるをえない。

いまだに、魔女狩りの時代に誕生した科学のあらゆる側面——攻撃的な征服の精神と女性に対する憎悪、全能である科学とそれに従事する人、さらに体と精神の分離、あらゆる情感を排した冷徹な合理性に対する信仰が医学に集中していることに衝撃を受ける。何よりも、医学の領域では、征服・支配しようという意志（その誕生については、キャロリン・マーチャントが書いている）が存続し、ときにはカリカチュアにもなっている。二〇一七年一二月、イギリスで、臓器移植を受けている最中のふたりの患者の肝臓に、自分の名前のイニシャルをレーザーで彫った外科医に対する裁判がおこなわれた[34]。医者の姿勢には、患者に対する感情の悪化が認められる。第一に、女性解放運動家フロランス・モントレノーが指摘したように、解剖学上、「女性の臓器にはもっぱら男性の名前がつけられている」（あたかも、人体のあちこちに旗を立てているかのようだ）。例えば、「子宮の両側卵管は一九九七年まで一六世紀のイタリア人外科医にちなんで『ファロピウス管』と呼ばれ、卵巣に位置するふたつの小さな袋状の器官（思春期から閉経期まで、毎月一個、卵細胞ができる）は一七世紀オランダの医師にちなんで『グラーフ濾胞』、粘液を分泌して外陰部とヴァギナの入り口を湿らせる腺は一七世紀デンマークの解剖学者にちなんで『バルトリン腺』だ。そればかりか、二〇世紀、ヴァギナにある性感帯はドイツの医師エルンスト・グレフェンベルグのイニシャルから『Gスポット』と命名された。どうか想像していただきたい。同じように、男性にしかない陰茎海綿体に『エミリアンヌ・デュポン』、精管に『カトリーヌ・ド・ショーモン』という名前がついていたとしたら……[35]」。

こうした専制的支配は、実体を欠くものではない。医療の世界は、女性の体を常にコントロール下におくことに腐心し、どこまでも浸食しようとしているかのようだ。自然と女性に対して飽くことなく繰り返される服従化のプロセスは、その体を常時受け身で従順なままにしておこうとやっきになっているかにみえる。例えば、マルタン・ワンクレルは、思春期以降、まったく健康なフランスのすべての女性に強いられている「不変の慣例」、「神聖なる義務」である年一回の婦人科の検診について疑問を呈している。ワンクレルによれば、これを正当化する理由はどこにもないという。「『性行為を開始して以降、毎年一回』、『何も見逃さないようにするために（子宮頸がん、卵巣がん、乳がんを指す）』、いわんや三〇歳未満の女性を対象として（この年齢では発症することはめったにないうえ、だれかれかまわず早期発見を目的とする検診を実施したところで検出はできない）、乳房や塗抹標本を含む婦人科の診察を受けるという発想は、医学的に根拠がない。一年後、女性に健康上の問題が認められなかった場合は、診察しなくても、医師は同じ（避妊の）処方をまた繰り返すことができる。それはなぜか？　答えはいとも簡単で、女性の健康に問題がないのは、大抵の場合、何も理由がないからだ。率直にいって、女性に対する嫌がらせとしか思えない」。たしかに、どうしてだろう？　この慣習によって、なんとも悲惨な結末を迎えることがある。ワンクレルはふたりの思春期の少女の例を取り上げている。医師（少女が住んでいる自治体の長でもあった）は、ふたりに三か月ごとの乳がんと婦人科の検診を受けるように強制した[36]。しかし、その理由は純粋にイデオロギーによるものだったようだ。ブロガーで著述家のマリ＝エレーヌ・ラエイは、二〇一六年六月、フリーの助産婦の権限拡大に対するフランスの婦人科医および産科医の声明という、いかにも雄弁なタイトルを強調する。これらの医師は、女性に対する「医学的監視」を損なう措置だとして告発したという。また、メアリ・デイリーは、美の規範と同様、部分的に女性の力を削ぐはたらきをするこうした慣習により、すべての女性が常時不安な状態におかれると考える[37]。

　多くの医師が正当な権利を確信しているがゆえに、無意識のうちに違法な領域に踏み込んでしまうことがある。二〇一五年、リヨン・シュッド大学医学部で、婦人科の医学生を招待し、研修と称して手術ブロックで眠っている女性患者のヴァギナを触らせたことを伝える内部文書がインターネット上に出回った。医療上の行為は、男性／女性にかかわらず患者の同意が必要ではないか、ヴァギナに指を入れる行為はほとんどレイプではないかと訊ねられたところ、多くの医師と学生が不快感を示したと、マリ＝エレーヌ・ラエイはＳＮＳ上で語っている。なかには、「まったく性的なものではなかった」、「快感はまったくなかった」のだから、少なくともレイプだというオーバーな解釈は見直すべきだと抗議する者、恥知らずにも、もし手続きにのっとって患者に許可を求めたなら、断られる可能性があったなどと主張する者もいた。ヴァギナや肛門に触るのに性的意味はなく、大したことではないとする意見を前に、マリ＝エレーヌ・ラエイがツイッター上で、それなら医学部の学生どうしで実践すればいいと提案したところ、残念ながら「喜んでそれに応じるリアクションはもらえなかった」という[38]。

問題となる慣習はそれだけではない。ある女性が今にも分娩しようとする段階になると、医療スタッフが列をなしてやってきて、ヴァギナに次から次へと二本の指を差し入れ、子宮頸の拡張の度合を測るというのだが、これを女性の同意を得るどころか、事前の説明もないまま、無造作におこなわれることがあるという。ラエイは、体のほかの部位にも同様のことがおこなわれても不思議ではないと考える。例えば、歯科医のところで、見知らぬ人が定期的に診察室に入ってきて、指を口に突っこんでいく行為を考えてみればいい。または、直腸の検査のため専門医に診てもらっているとき、一〇人ほどの人が順番に指を肛門に挿入するとか……。「こうした実践は、医学全体ではとても考えられない。唯一の例外が産科、女性の性器を対象とする分野だ」とラエイはいう[39]。ここには、女性の体は誰もが自由にでき、許されていないのは当人だけだという前提が、極端なかたちであらわれている。この前提は、社会全体のさまざまなレベルで遭遇し、例えば、お尻を触られることに女性が過度に反応するのは想定されていないことでも説明される。

すべてがでたらめ

さらに先へ話を進めるにあたって、ここで明確にしておきたいのは、大半の医療従事者がきわめて困難な状況で献身的にはたらいていることを決して否定しているわけではないことだ。多くの患者やその家族と同様に、わたし自身も医療関係者には大変お世話になった。その人たちに不当な扱いを受けた、もしくは恩をあだで返されたなどの感情を抱かせてしまうのはまったく本意ではない。しかし、彼らがまっとうに仕事をしていると主張して闘っているときに障害となるのは、おそらく予算のカットや効率重視のロジックだけではないだろう。意識しているか否かはともかくとして、医師という職業が歴史のなかで形成され、受け継いできた構造的な論理の壁にもぶつかっているのではないか。それは人を見下し、女性を毛嫌いする容赦のない同僚たちがこぞって取り入れているものだ。メアリ・デイリーは、別のかたちではあるが、婦人科学は悪魔学の系譜に連なるとまで発言している。魔女狩りと同じように、医学は女性をその弱さゆえにさらされている悪から救おうと試みているだけだという。かつて悪魔と呼ばれていた悪は、現代では病と呼ばれている。[40] 実際、医学によって女性がこうむってきた暴力の長い歴史を否定することは不可能だ。ここではその歴史を一つひとつたどることはしないが、一八七〇年代に構想され、限度を超えていると判断された性欲を抑制、または「手のつけられない態度」（一般に夫婦関係で認められるものを指す）を矯正する目的で大々的に実践された健康な卵巣の切除、クリトリスの切除（米国では一九四八年に、自慰行為の「治療」を目的として、五歳の少女に実施されたことが記録に残っている）[41]、さらに「患者を家族にとって害のない、まさに家畜同然の状態」にする脳の薬片切断術（ロボトミー）などを挙げておこう。こうしたケースで、患者の大多数は女性だった[42]。

今日、放置や不適切な扱いに加え、虐待、暴行[43]による被害は、製薬企業が買った顰蹙（ひんしゅく）と飽くなき利益の追求とあいまって、犯罪レベルに近い。ヘルスケアをめぐっては、驚くほど多くのスキャンダルが相次ぎ、死には至らないまでも患者に試練の生活を強いている。ＰＩＰ社の豊胸バッグは、世界各国で数万人がインプラント手術を受けているが、シリコン剤が体内に漏れ出す問題が起こっている。また、バイエル社の避妊器具「エシュア」は、金属が女性器を損なうおそれがある。避妊用第三世代、第四世代ピルの服用により、血栓症、肺塞栓症、脳血管障害のリスクが大幅に上昇している[44]。子宮脱を治療するためのジョンソン・エンド・ジョンソン社の造膣用プロテーゼ「プロリフト」は、実際は拷問器具だったことが判明する。被害者のひとりは、こう証言している――「今まで自殺する勇気はありませんでしたが、心の底から翌朝、目が覚めなければいいと思いました[45]」。これに、千五〇〇人から二千人の死者を出したセルヴィエ社の抗糖尿病薬「メディアトール」を加えてもいい。この薬剤は食欲を抑えるために処方され、犠牲者は主として女性だった。また、二〇一七年春、メルク社は「レボチロキシン」の組成を変更した。同剤は甲状腺機能低下症の薬で、フランスでは三〇〇万人に処方され、うちの八〇%を女性が占めた。この組成変更により、重度の障害や苦痛を伴う副作用が数千件報告された。

第二次世界大戦後には、ジエチルスチルベストロールをめぐる事件もあった。この薬剤は流産を防止する目的で投与されていたが、妊娠中に服用した母親から生まれた女児に、受胎率、危険を伴う妊娠、流産、奇形、がんなどの健康被害を引き起こし、一九七一年に米国で、一九七七年にフランスで処方が禁止された（フランスでは、ＵＣＢファーマ社が販売）。本剤を投与された女性は二〇万人にのぼり、副作用は三世代にわたって続き、男児にも被害が及んだ。二〇一一年には、裁判で障害率八〇%を認められ、若い男性が損害賠償を勝ち取る。一九五八年に祖母が服用したジエチルスチルベストロールのために、娘には先天性の子宮の奇形があり、一九八九年に出産した子どもは超未熟児だったという。[46] 同様の事件として、サリドマイドが挙げられる。サリドマイドは一九五六年から一九六一年に市販された妊婦のつわりを軽減する薬だったが、そのために世界じゅうで数万人におよぶ奇形児が生まれることになる。ディアジオ社は、数百万ドルの賠償金を支払ったが、二〇一二年には、オーストラリア人の女性から腕も足もない赤ちゃんが生まれた。[47]

また、偏見により、女性の受けられる医療が限定されていることがわかってきた。例えば、「同じ症状でも、女性が心迫を訴えれば抗不安薬を処方して終わりだが、男性の場合は心臓の専門医に連れていかれる」と、神経生物学者カトリーヌ・ヴィダルは説明する。[48] 同様に、子宮内膜症だとわかるまでに、何年間も生理が来るたび苦痛に耐えてきた女性は多い。妊娠可能な年齢の女性中、一〇人に一人がこの病気にかかるが、知られるようになったのはごく最近で、フランス政府がこの病気の啓蒙キャンペーンを展開するのは二〇一六年になってからだ。[49] このように、受診などの医療行為を女性が普通に受けられなかった理由は、多くの場合、「自分でそう思っているだけだ」ですまされてしまうことにある。ドルーフ医師も「そうだとも、そうだとも」とつぶやいていた。話を聞いてもらうことができないうえ、まじめに受け取ってもらえない。レボチロキシンのときもそうだった。女性の患者は作り話をしているのではないか、大げさなのではないか、何もわかっていないのではないかと疑われつづけ、感情的で非理性的だと決めつけられる（バカなことばかり言うのはめったになく、感じの悪い医者の前にいるときだけだとはっきり言うべきだろうか？）「医師による無意識のセクシズムに着目したいくつかの研究で、男性患者よりも女性患者の話をさえぎるケースが多いことがわかっている」と、マルタン・ワンクレルは指摘する。[50] このように、長いあいだ、女性はか弱く、病気で、生まれつき欠陥があるとみなされてきたが、一九世紀の中産階級では、慢性の障害があるとみなされ、ベッドで寝ているようにことあるごとに命令され、そのためかえって女性は退屈で頭がおかしくなるような事態が起きる。どうやら、医学は意見を変えたようで、この先、医学は女性のあらゆる病気は「心身両面」に原因があると考えるようになる。つまり、「精神の病気」から「メンタルの病気」に移行したのだ。[51] ある米国のジャーナリストは、「裕福な女性を対象とする健康関連産業（ヨガ、デトックス、スムージー、鍼……）の今日の成功は揶揄されることが多いが、主流の医療システムでいかに女性が排除され、非人間的な扱いを受けてきたかによって説明することができる」という。ヘルスケア産業は「やわらかな光が差し込み、女性が居心地よく感じる空間をつくることに特化している。そこで女性はほめそやされ、リラックスする。女性の体が規範なのだ」[52]。さらに、別のジャーナリストは、「デトックスとそれを商売にしている人をどう思おうが、この人たちは基本的に女性のことを気にかけ、幸福と健康がいかにもろいものであるかがわかっていて、幸せに暮らしてほしいと願っている」[53]と語る。

二〇一八年の初めに放映された、米国のテレビドラマ『グレイズ・アナトミー　恋の解剖学』は、従来のシステム下で生きる女性の顰蹙（ひんしゅく）を買った好例だ。ドラマのヒロインのひとりミランダ・ベイリーは、心臓発作を起こしていると確信して、最寄りの救急病院に行くが[54]、診察した医者はそれを信用せず、精密検査をする必要はないと言う。ここで展開されるのは、黒人女性（ベイリー自身、医者である）対同業のイェール大学を出た白人男性（上から目線で尊大きわまりない）の対決だ。ベイリーの話を信じてもらう可能性は風前のともしびで、とりわけベイリーが脅迫観念につきまとわれていると認めざるをえなかったため、精神分析医のもとに送られ、話を信じてもらえる可能性はますます望めない。もちろん、最終的にベイリーの主張は当然であり、視聴者（とくに女性）は尊大なる大御所の失墜を存分に味わうことになる。このストーリーは、『グレイズ・アナトミー　恋の解剖学』の女性脚本家のひとりの実体験に基づいている（彼女に向かって、医師は「ノイローゼのユダヤ女」と言ったそうだ）[55]。しかし、この回が放映されたとき、反響はテニス・プレイヤーのセリーナ・ウィリアムズが語った話にまで影響が及ぶ。二〇一七年九月、出産後、肺塞栓症の初期症状を感じたとき、それをわかってもらうのに大変苦労し、危うく死ぬところだったという。このエピソードは、世界の先進国中、米国で母親の死亡率が最も高く、その割合は、黒人女性でみた場合さらに高くなるという事実を物語っている。「妊娠時の合併症は、黒人女性の場合、非ヒスパニックの白人女性の三倍から四倍高く、黒人女性が出産した子どもの死亡率は二倍に達する」という[56]。それは医療上のフォローを含む生活の悪条件、女性が感じるストレスだけでなく、人種差別的偏見にも起因するが、（いまだ）真剣に受け取られているとはいいがたい。お金持ちで、有名で、そのうえハイレベルのスポーツ選手で、自分の体についてはこれ以上ないほどよくわかっている患者でさえそうなのだ。また、フランスで起こったふたつの悲劇的なケースは、蔑視によって人が殺されうることを示した。二〇一七年一二月、ストラスブールに住むコンゴ出身の若い女性ナオミ・ムセンガは電話で助けを求めたにもかかわらず、緊急医療救助サービスのオペレーターにとりあってもらえず、亡くなった。また、二〇〇七年、ペルピニャン近郊で、タヒチ出身の少女ノエラニーはふざけたクラスメイトから首を絞められて死亡する（ノエラニーはクラスで「クロスケ」と呼ばれていた）。そのとき医師は、ノエラニーが「(首を) 絞められたフリをしている」だけだと決めつけ、手当てをすることを拒んだ[57]。

無意識の連帯の誕生

「ぼくは医者が嫌いだ。医者は立っていて、病人は寝ている。（…）医者は今にも死にそうになって寝ている貧乏人のベッドの足元で偉そうにしていて、医者は病人を見もしないで、ギリシャ語だかラテン語だか、寝ている貧乏人にはちんぷんかんぷんの言葉をまともに投げつけるが、立っている医者のじゃまをしたくない病人は何も言わない。医者は科学の匂いをぷんぷんさせているけれど、実は自分が死ぬのを恐れていて、それをひた隠しにして、そうしているあいだも、眉ひとつ動かさず、バルコニーから下々の世界に甘ったるい神の御言葉を振りまく教皇さながらに、最終宣告と適当な抗生物質をばらまいて歩く」。一九八八年にピエール・デプロージュ［フランスのユーモリスト。著作タイトルの「公然たるたわごと（flagrant délire）の裁判」は「公然たる犯罪＝現行犯（flagrant délit）」のもじり］ががんで亡くなる少し前、『公然たるたわごとの裁判』を読み返していたわたしの脳裏にフラッシュバックのようにある記憶がよみがえった。一九八八年当時、わたしは一五歳。つまり、医者によるトラウマは十分早かったというわけだ。一二歳のときに判明した健康上の問題のため、数年間、わたしは専門医から専門医を転々とした。おとなしくて無知な少女の前にいるのは、栄光ある科学の後光の射した中年の医者。わたしは、マーレ・カンドレがみごとに描いてみせた、極端に非対称的な権力の構図をみてとった。診察室の中央で、半ば裸になり、微に入り細に入り調べられているわたしの姿がみえる。医師は思春期の恥じらいなどおかまいなしに、まるで本人はそこにいないかのように、わたしについて話し、手荒に扱う。そのぶよぶよした冷たい手とわたしのむき出しの肌に触れる白衣の感触、吐く息とアフターシェーブローションの匂いは、今もまだ記憶に残っている。次の場面では、わたしは大人になっている。婦人科の手術を受けたときのことだ。麻酔なしでおこなわれた手術は最悪だった。ひどく痛がるものだから、上からどなりつけられ、膣鏡を痛がるわたしに、医者――女性だった――は苛立ち、根拠もなく、意地悪な小言（膣鏡がちっとも痛くないことは、女性なら誰もが知っている。これではヴァギナに何か入れるなんてとてもできない云々）を浴びせた。いつもはおとなしく診察を受けているわたしも、さすがにそのときばかりは抵抗した。朦朧とさせて片をつけるため、力づくで顔にマスクを押しつけられたときに暴れたのだ。そうして、処置を再開する前に、息がつけるよう少し時間をくれと要求した。ひとりだけ、わたしに同情しているように見えた看護婦がいたが、ほかのスタッフはわたしのために時間を無駄にしているといわんばかりにイライラしていた。

ここ数年フランスでは、ブログやSNSで、医療現場での患者の不適切な扱いが問題になっている。SNSのタンブラー「わたしは同意しなかった（Tumblr: Je n'ai pas consenti）」がその一例だ[58]。ネットで展開される直接行動主義が浸透し、とりわけメディアが産科の暴力をめぐるトピックに飛びつき、二〇一七年夏、マルレーヌ・シアパ男女平等担当副大臣がこの問題に関する調査を指揮することになった[59]。このように女性が自由に発言することが認められたのには、#MeToo運動と共通する点が多い。#MeToo運動は、ワインスタイン事件の数週間後に、セクシャルハラスメントを告発する目的で誕生した。いずれも、強要された関係を打破し、女性の体験と主観性を重視するよう求めるものだが、最終的に、女性に対し繰り返される暴力を卑小化するための数知れないあくどい手口を集団として無効にする可能性が飛躍的に拡大した。ほかの女性が語る言葉、このまま黙ってはいないという断固とした決意によって、ある種の態度を拒否することはまったく正当なのだと納得でき、嫌悪感を抱いてもいいのだと思うことができた。これまでどこからか聞こえてきた「あなたが傷つきやすいだけ、とり澄ましているだけ、過剰なだけ」という小さな声も、ついに聞こえなくなった。そこには、このうえなく晴れ晴れとした、人を元気にする何かがある。こうして、バラバラだった個々の経験を隔てていた壁が崩れ落ちる。テレビでは、ミランダ・ベイリーが声をあげ、話を聞いてもらうために闘っている。医学の権威がもつ圧倒的な重さに押しつぶされそうになっても、怖気づいたりしない。ものごとは変わるのだという希望をもてたことで、わたしはこの問題に積極的にかかわるようになった。以前だったら、堪えがたい経験は忘れてしまおうとすることしかできなかったと思う。

こうした無意識の連帯に力を得て、わたしは意地悪な医者を前にしても、以前のように身動きができなくなることはもうないだろう（幸い、親切な医者に出会うこともある）。でも、医者たちはそれが気に入らない。なにしろ、自分たちがしていることに対するごく単純な質問でさえ、たとえ愛想よく訊ねられたとしても、許しがたい侮辱または不敬罪とみなすような人たちだ。どうやら、良い患者とは何も言わない患者を指すらしい。しかし、反駁の余地のない決定的な理由がある――

そのことについて質問することが、あなたの命を救うかもしれないのだ。わたしの友人のひとりは、パリの「歴史ある」産院で出産した。女性のことを第一に考える点で先駆的役割を果たしたという評判にもかかわらず、友人はそこで怖い思いをし、邪険に扱われ、ことがどのように進むかを知って、ひどくショックを受けた。息子を出産したのち、ふたたび診察のため来院したとき、友人は感じていた疑問について公明正大に話し合おうとした。ところが、相手はその苦情を即座にさえぎると、「あなたも、あなたの赤ちゃんも元気なのに、これ以上何を望んでいるの？」と反論したという。なんとも奇妙な論理ではないか。彼女は健康で、正常な妊娠だった。母親とその息子が元気だったとしても驚くことは何もなく、それこそ最低限のことではないか。マリ＝エレーヌ・ラエイが書いているように、死の恐怖をあおるのは、「自分の体に敬意を払ってほしいと望む女性の気持ちをくじいて、医療の力に服従させる最良の手段[60]」なのだ。マルタン・ワンクレルの言葉を信じるなら、同時にそれは、医学部の学生を怯えさせて、教えられている実践に対して質問しようとする気を失わせる最良の手段でもある。「正しい態度を学びなさい。もし教えられたとおりにしなかったら、患者は死ぬんだぞ[61]」と脅すのだ。こうした脅しは誇張されている場合が多い。とくに、病気ではない妊娠中の女性に対しては。さもありなん。脅しにはリアリティがある。医師に対して、患者の立場は弱い。患者は多少なりとも重大な症状に苦しんでいて、死に至る場合もあるのだから。医者には人の知らない知識があり、わたしたちを救うことができるのは医者しかいないのだから[62]。デプロージュが語ったように、患者は寝ていて、医者は立っているのだから。しかし、こうした弱さは、最低限の配慮を得るために主張すべきであって、そのために病人が何も言えなくなるようなことがあってはならない。人間の弱さは、あらゆる感情を高ぶらせる。感情によって虐待は、立場の弱い人をこのうえなく傷つける。反対に、繊細さと共感の気持ちをもって助けてくれる人に対しては、限りない感謝の気持ちしかない。

ひとりの人間として患者を扱う

民間治療師に対し、女性一般に対し、関連するあらゆる価値観に対し、もしもあの強権が発動されなかったとしたら、今日、西洋医学はどうなっていただろう。かつて医療から排除された女性は、まず看護婦として復帰することが許可された。看護婦は理想化された女性だと、バーバラ・エーレンライクとディアドリー・イングリッシュはいう。やさしく、献身的で、まるで母親のよう。医者が理想化された男性で、科学の栄えある後光が射しているのと同じように。甘ったるいロマンスを書く小説家の目はたしかだ。診断を下すのは医者。治療薬を処方するのも医者。そして、患者につき添い、日常の世話を焼くのは看護婦の役割だ。それでも偉大なる医者は、「みずからの才能と、骨の折れる面倒な病人の世話をするための、とんでもなく金のかかる大学教育を無駄にはしないだろう」[63]。このようにワンクレルは、フランスの医師を養成する教育で、男女間の分業が相も変わらず続いていることを指摘する。まるで医学教育の目的は、「ほかのいかなる市民より、医師の権威のほうがずっと重要なことを保証する態度」を学生たちが身につけることにあり、「人の苦しみを軽減する行為」を教えることではないかのようだ。「病人の世話は看護婦、助産婦、運動療法士、精神療法士の仕事。医師は、知識とそこから派生する権力を維持するのが仕事だ[64]」。

しかし、エーレンライクとイングリッシュは、「手当をすることは、言葉の最もシンプルな意味で、治療と世話の両方を指し、医師であると同時に看護師でもあることが求められる。かつての民間治療師たちは、このふたつの機能をいずれも果たしていて、そのために人びとの尊敬を得ていた[65]」と指摘する。セイラムで陰鬱な数年間を過ごしたのち、バルバドス島に帰ってきたティチューバは（マリーズ・コンデが数奇な運命を創造した魔女だ）、祈禱師として再出発する。ある日、ティチューバのところに、反抗的な奴隷の若者が連れてこられる。青年は主人から二五〇回もむちで打たれ、もう少しで殺されるところだった。「イフィジーン（青年の名前だ）は、私の部屋の隅に藁を敷いて寝かせたんだ。そこにいて息をしているのがすぐわかるようにな[66]」。患者をよく理解すること、常に患者のようすに気を配ることも治療の一部に含まれる。それは、患者を受け身で取替えのきく動かない物体ではなく、ひとりの人間として扱うことにほかならない。病人をモノのように扱う限り、体と魂（または精神）の分離は永遠に続き、非人間的な扱いなどの虐待につながる。こうした姿勢が、先に述べた医学界に支配的なメンタリティとあいまって、患者に対する軽率な接し方――まるで機械に対するかのように、その場にいないかのように無遠慮に話をする――の根底にあるのではないか。

患者と対等な立場に立ち、患者がすべてと思って接すれば、体と精神を分けて考えることもなく、思いやりをもって大切に体を扱うことができる（純粋理性が大好きな、偉大な知識の持ち主ではとてもなしえない）。わたしたちが今、目にしている新しいパラダイムの観点に立てば、人間もまた体は動物で、屈辱的で不都合なものであることを想起させる。シルヴィア・フェデリーチによれば、魔女狩りの時代、とりわけ糞便に対する脅迫観念は、「体＝機械の活動を中断させる可能性のある要素はすべて調節し、きれいにしようとする中産階級の必要性」と、糞便が体にとりついた「病的な気質」の象徴であることから説明できるという。清教徒は、病的な気質について「人間の性質が堕落していることの目に見えるサインで、原罪の一種として抑止し、征服し、追い払わなければならない」と考えた。「悪魔を追い出すため、子どももまたは〝とり憑かれた〟大人に、下剤、吐剤、浣腸を用いるのもここから来ている[67]」。ジュール・ミシュレは、反対に「腹の、つまりさまざまの消化機能の名誉回復」をしたのは魔女だったと断言する。「魔女たちは大胆にも公言する。『この世には、何ひとつ不純なものはなく、何ひとつ不潔なものはない』と。（…）精神的な悪業ほど不純な何ものもないからだ。どんなものであれ、肉体的なものは清らかである。肉体的なものはなんであれ、人間の視線と研究とから、たとえ空虚な精神主義によって禁じられているにせよ、愚劣な嫌悪感によって禁じられているときにはいっそうのこと、遠ざけられることがあってはならない」。ミシュレによれば、すでにこのような態度は、「上」と「下」からなるヒエラルキーを実践していた中世のメンタリティに相反するものだった。「中世流の考えに従えば、精神は貴族的で、肉体は貴族的でない」「なぜか。『それは天が高いからである。』しかし、天は高くも低くもない。天は上にもあれば下にもある。奈落、それはいったい何なのか。まったく何ものでもない[68]」。

患者をひとりの人間として対等にみようとすると、患者に感情移入しやすい。つまり、恐ろしいことに感情を抱くことになる。ところが、冷酷で超然とした科学界の神話に従って、医師になろうと思っている人は感情を封じこめることを教えられる。「病院での研修期間を通じて、研修生たちはかかわりあいにならないこと、患者の気持ちにできるだけ距離を置くことを期待されているかのようだ。当然、そんなことは不可能なのだが」とワンクレルはいう。学校でも、医学生たちは自分を守ろうとして内面に閉じこもり、「何も感じなくなる」ことがよくある。無理もない。勉強に追われ、ストレスを感じ、目の前の苦しみに対しどうしたらよいのかわからないのだから。学校でたたきこまれた人を見下す態度は、何ものにも動じない強さを装うことを意味するのだから。患者のなかには、医師のこうした態度に安心を覚える人、そんな態度をとるからといってやぶ医者だとは限らないと考える人もいる。しかし、ワンクレルはあえて強調する——「冷酷で無関心でいて、有能な医者は存在しない」と[69]。

医者もまた自分の感情を表出してかまわないという発想は、当の医者と一部の患者をパニックに陥れるらしい。まるで、人間性や感受性があらわになると仕事ができなくなり、何もできない無能な人になってしまうかのように。これは、こうした能力がわたしたちの精神のなかで何に左右されているかを物語っている。感情とは、あらゆるものを押し流し、疲れ切って狼狽したぼろ布に人を変え、仕事をすることさえ妨げる急流なのだろうか。ここで思い出されるのは、がんを発症したわたしの家族のひとりを診てくれた専門医のこと。最後の診察で、これ以上患者が生きていくことが難しいとわかったとき、その医者は目に涙を浮かべることさえあったという。のちにそれを聞いたとき、わたしは心を揺さぶられ、喪に服しているあいだも、そのことに支えられたような気がする。この涙は、単なる一症例ではなく、ひとりの人間を目の前にしていることの証し。何年間も寄り添ってきた患者なのだから、これ以上に自然なことはない。この医者に人間性を認めたからといって、この人が医師として劣っているわけではない。その真逆だ。反対のケースを考えてみればよくわかる。苦しみを前に、まったく動じない医師の態度に人は何を感じるだろうか。意識こそされていないが、精神病患者は良き医者のモデルなのか。感情を封じこめることで、果たして自分の身を護れるものだろうか。

非合理的なのはだれ？

医学のあらゆる科目のなかでも、産科学ほど女性に対する戦争と近代科学のバイアスを体現しているものはない。「魔女とそれに相当する助産婦は、物質と自然をコントロールするための闘いで象徴的な位置を占めている。この闘いは、生産と生殖のレベルで確立される新しい関係性の中核をなす」とキャロリン・マーチャントは書いている。[70] ふたつの器具が導入されたことにより、助産婦はのけ者にされ、「通常＝男性」の医者にあらたな市場を提供することになった。すなわち、膣鏡と鉗子だ。膣鏡は、米国アラバマ州の医師ジェームズ・マリオン・シムズによって一八四〇年代に発明された。この医師は奴隷を使って実験を繰り返し、そのうちのひとりアナルカという名の女性奴隷は麻酔なしで三〇回におよぶ手術を受けたという。「膣鏡には人種差別とセクシズムが組み込まれていた。今度は、あなたが手術台に固定されことを想像してみてください」と、カナダのジャーナリスト、サラ・バーマックはいう（今日、いかに女性がみずからの性をふたたび自分のものとすることができるかについて本を書いている）。[71] 他方、鉗子は、それ以前の一六世紀に、英国に移住したユグノー教徒ピーター・チェンバレンによって発明されていた。一六七〇年、甥のヒューがパリ市立病院でフランソワ・モーリソーに鉗子を使った処置のデモンストレーションをおこなったが、母親も子どもも死に至り、手術はさんざんな結果に終わる。英国で鉗子は手術器具に分類されていたが、女性が外科手術をすることは禁止されていた……。危険な方法にもかかわらず、手術に鉗子を用いた医師を助産婦が非難し、抗議したが無駄だった。[72] 一六三四年、ピーター・チェンバレン（発明者の甥にあたる三代目）に抗議する請願は無為に終わる。激しい誹謗中傷のキャンペーンが展開され、助産婦たちは無能、蒙昧主義として非難された。一七世紀末、出産は男性医師の手に完全にゆだねられていた。[73] フランスでは、一七六〇年、パリ市立病院に勤める英国の助産婦エリザベス・ニヘルが、手術器具を用いた出産に立ち会ったことは一度もないと証言。ニヘルは『助産学術論』で、個人的な都合や手術時間の短縮のために鉗子を使用する外科医を非難している。[74]

忌まわしい皮肉により、医師と外科医はとりわけ不潔だとして助産婦を排除した。ところで、一七世紀から一九世紀にかけて、当時、庶民層の女性だけが出産していた産院で産褥熱が猛威を振るったことがあった。例えば、一八六六年二月、パリの産院では、出産した女性の四分の一が亡くなったという。米国の医師オリバー・ウェンデル・ホームズは、一八四〇年ごろ、ウィーンでは大人数の死者を隠蔽する目的で、ひとつの棺に二名ずつ入れていたと語っている。[75] 一七九七年に、英国の知識人でフェミニストのメアリ・ウルストンクラフトも、[76] 第二子（『フランケンシュタイン』で有名になったメアリ・シェリー）を出産後、産褥熱で亡くなっている。一九世紀半ば、ウィーン病院に勤務していたイグナーツ・フィーリプ・ゼンメルヴァイスが産褥熱の「流行」の原因を突きとめる。それも、死体を解剖した医師が、手も洗わずに女性を分娩させていたせいだった……。ゼンメルヴァイスが、職場にもどる前に手を洗うよう同僚に求めたところ、死亡率は劇的に低下する。ゼンメルヴァイスは罪悪感に苛まれる――「唯一、神だけが私の過失により何人の患者が亡くなったかをご存じだ」。しかし、この発見は、みずからの手が死を仲介したといわれた同僚の顰蹙を買って抗議が高まり、それに続く数年間、ゼンメルヴァイスは門戸を閉ざされ、うつ病を患ったのち、一八六五年、ウィーンの精神病院で亡くなった。一七九五年以降、スコットランドの医師アレクサンダー・ゴードンがゼンメルヴァイスと同様の仮説を提出したが、反響は皆無。さらに、ゼンメルヴァイスと同じ結論に至ったホームズは、ゼンメルヴァイスと同じ攻撃を受ける。名声を求める無責任な成りあがり者扱いされたのだ……[77]。ようやく手洗いが普及するのは、ゼンメルヴァイスの死から二〇年後のことだった。

マリ＝エレーヌ・ラエイは、自著『出産――女性にはもっと価値がある』で、産科の暴力を告発するだけでなく、多少なりとも良心的な医師、助産婦、看護師各個人の行動に反して、いかに異常で議論の余地のある方法でわたしたちがこの世に生まれ、子どもを出産しているかを詳細に物語っている。そして、慣れきっているがゆえに、別の方法が存在するとは思いもしない出産準備についてあらためて見直そうと提案する。それでも、異議を唱えたい点はまだいくつか残っている。例えば、女性にとっても子どもにとっても、都合がよいとはいえない仰向けに寝る姿勢（重力の効果を利用できない）もそのひとつ。ウルグアイの医師ロベルト・カルディロ＝バルシアは「足でつるす体勢は別として[78]」最悪の姿勢だと評している。仰向けの姿勢が説得力をもつのは、出産間近の妊婦の脚のあいだで見せ場を独占するような医師に対してだけだ。つまり、セックスをしている最中の宣教師となんら変わりはない。いずれの姿勢もその場に「ふさわしく」、「ヒトデのごとくベッドに張りついた受け身の女性の上で何やらあくせくしている[79]」男を演出しているのだから。一六六三年、ルイ一四世が出産を前にした愛妾ルイーズ・ド・ラ・ヴァリエールを仰向けに寝かせて、「壁掛けの後ろに隠れて、出産に立ち会うことができるように」してくれと医師に頼んだという話はさもありなんと思われる。ここでもまた、何もかも目にしたいという強迫観念が認められる……。五年後、ルイ一四世の侍医モーリソー（この外科医の面前でヒュー・チェンバレンは鉗子のデモンストレーションをおこなって失敗した）は、後世に影響を与える出産論で、妊婦を仰向けに寝かせることを勧めている。

あらたな世界の兆し

こちらは、私たちが知っているとおりの産院の一室。「職場」のように騒がしく、煌々と照らされた部屋では、医療スタッフがせわしなく動きまわり、出産を間近に控えた妊婦がモニターをつけ、しかるべくベッドに寝かされている。体勢も一連の手続きもまったく同じ――「合理化され、流れ作業で規格化されている」出産モデルだとマリ＝エレーヌ・ラエイは考える。[80]（一九七六年、アドリエンヌ・リッチは『女性に生まれる』のなかで、これと似たようなことを書いていて、出産時にサポートと助けが必要なことはいうまでもないが、「助けを呼ぶことと無にさせられることのあいだには大きな違いがある」と述べている[81]）。他方、こちらは、とあるクリニックの一室。「自然な雰囲気」で、助産婦と連れ合いも立ち会っているが、出産は妊婦を中心に進行する。「部屋はうす暗く、リラックスできる音楽がかかっている。体が命じるままに、自由な姿勢をとることができて、設備に囲まれているなかで、ヒョウのように腹ばいになったり、サルのように機器にしがみついたり、好きなようにできる。痛みではなく、信じられないようなパワーを感じて、力強い叫び声、エネルギーに満ちたうなり声、途方もないうめき声をあげる」。ふたつの描写を読むと、最初の場所には、先に書いたような違和感とあいまって、騒々しい文明の痕跡が認められる一方で、二番めの場所には、自然、そして何よりも女性と穏やかな関係を保った、別世界を思わせるあらたな兆しが感じられる。それぞれ異なるふたつの世界。これから迎え入れられようとしている新しい人間に、世界はどんな色をしているのか、それぞれ違う方法で伝えている……。

わたしにとっても、ラエイのアプローチはとても興味深い。ラエイは、理性的であるという医学界に非理性的な姿勢を求めているわけではなく、反対に、理性的であると称する主張自体に異議を唱えている。ラエイの本には、注記と科学的参考文献が満載だ。女性がみずからの出産をコントロールできるよう訴えるのは、神から賜った知識を授けてくれるという「直感」によってではない。出産は「反射の総体」で、嘔吐と同じように体による自然な反応だが、「その結果ははるかに喜びにあふれている」とラエイは語る。そのためには、とりわけ体を放っておく必要があるのだ。ストレスは病院のしきたりに由来するのに、そのせいで生じた問題を病院側は自分たちが解決したと自慢する。「モニターの音や、センサーがはたらくたびに鳴り響く甲高いアラームで、女性の体にはアドレナリンが大量に分泌される。分娩に必須のホルモンであるオキシトシンは子宮の収縮を促すが、アドレナリンが生成されるとこの収縮がうまくはたらかない。それを埋めあわせるため、医療チームがオキシトシンを投与する場合があるが、エンドルフィンという別のホルモンが不足することで自然な収縮に狂いが生じ、痛みを増加させる。その場合、母親は痛みを軽減させる硬膜外麻酔が必要だと思うかもしれないが、麻酔で体が動かなくなるので、さらに分娩のプロセスが遅れる結果になる」。こうしたロジックについて、ラエイは「『病院で出産しなければ、死んでいたかもしれない』と語る女性がいる一方で、かなり多くの女性がむしろ『病院で殺されるところだった』と語っているはずだ」と結論づける。既成概念とは裏腹に、母親の死亡率が低下しているのは、病院で実践されている出産の規範のおかげではない。「一九四五年から一九五〇年にかけて、出産による死亡が劇的に減少したのは、出産時の産科の介入主義ではなく、生活条件と衛生の改善、一般的な医療の進歩によるものだ」。

魔術師の実践には懐疑的な面もあるが、それでも魔女狩りの対象となった民間治療師たちは、当時の正式に認められた医者よりずっと理性の側に立っていた。「医師たちの仕事のほうが危険で、効果も低かった」とバーバラ・エーレンライクとディアドリー・イングリッシュは断言する。大学で医学を学ぶ人はプラトンとアリストテレス、神学を学び、瀉血とヒルに頼っていて、医師たちが虚しく主張していた治療能力に対しては、神の意図に立ち入る側面があることから宗教的権威も躊躇した。一四世紀、医師たちは医療を実践する権利を有していたが、「体に加えようとしていることが魂には危害を及ばさないこと」を示さなければならなかった（「実際、当時の医師が受けていた医学教育について残っている報告書から判断する限り、彼らはむしろ体を危険に陥れていた可能性が高い」と、エーレンライクとイングリッシュは揶揄する）。公的に認められた医学は裕福な人には認可されていたが、民間治療師たちは同様の寛大な処置にあずかれなかった。聖職者たちが病人に押しつけようとしていた運命論を、彼女たちは拒否した。この点について、ジュール・ミシュレは次のように書いている――「あなた方は罪を犯した、だから神さまがあなた方を辛い目にお会わせになる。感謝しなければならない。感謝すれば感謝するだけ、あの世での苦しみは減るのだから。諦めるがよい、苦しむがよい、死ぬがよい。ローマ教会は死者たちにかならず祈りをあげて進ぜる」[82]。こうして、子どもを産む女性たちは原罪を償わなければならなかった。民間治療師たちは、ライムギに寄生する麦角菌を使ってこうした人びとの苦しみを癒した。今日、分娩中と出産後に投与する薬剤のいくつかは麦角菌を原料にしている。彼女たちが使用していた多くの植物は、今も変わらず現代で使用される薬剤の一部を構成している。「骨や筋肉、植物や薬について深く理解していたのは魔女たちで、医師は占星術に基づいて診断を下していた」[83]。別の言い方をすれば、大胆かつ先見の明があり、断固としてあきらめず、古くからの偏見と決別していたのは、必ずしも人がそう信じていたほうの側ではなかったということだ。「〝魔女〟と称していた人びとが、その時代、最も科学に造詣が深かったことを示す証拠はふんだんにある」と、一八九三年、マチルダ・ジョスリン・ゲージはすでに書いている[84]。悪魔の仲間とみなされたことは、魔女が自分たちの領域の境界を超え、男性の特権である領域に侵入していたことを意味した。「拷問による死は、女性の知識人を抑圧するための教会側の手段だった。魔女が手にしていた知識は不吉だと考えられたからだ」[85]。

「ヒステリックな主婦」の反乱

今日、ルネサンス期に制定された象徴的な秩序に対する異議申立ては、当然、医療の範疇にとどまらない。感情を排除して、軽蔑的にもっぱら女性特有のものとする発想がその例だ。こうしたロジックは、医師たちのあいだでとくに顕著だが、社会全体にも浸透している。一九八五年、アフリカ系アメリカ人のコーラ・タッカーは、地元のバージニア州ハリファックス郡（貧しく、黒人が多い）にある放射性廃棄物埋立て地建設をめぐる闘争で先頭に立って闘った。この反対運動のリーダーは、当初、主として白人男性からなる当局から「ヒステリックな主婦」扱いされ、いかに傷ついたかを語っている。その後、タッカーはよく考えたのち、次のミーティングでふたたび嘲笑された際にこう反論する――「あなた方のおっしゃるとおりです。わたしたちはヒステリックですし、生きるか死ぬかの瀬戸際で、とくにわたしの命がかかっている場合、ヒステリックにならざるをえません。むしろ、男性のみなさんがヒステリックにならないのは、どこかつじつまが合わないと考えます」[86]。つまり、感情はわたしたちのあいだで、常に同等の重みをもっているわけではないというとだ。ときには、ほかの意見に耳を傾けることで救われるケースもある。放射能関連施設の近くで生活を余儀なくされる場合だけではなく、先にみたようなハラスメントや虐待を受けた場合などが挙げられる。体と精神の両方から湧き上がる警告サインに、嫌悪感、怒り、拒絶、反抗を感じとった犠牲者たちは、自分たちの身を護る力を見出す。理性の声と称するものの裏には、現実には人を麻痺させる威嚇的な権威の声が隠れているのだ。

もちろん、ときには感情によって盲目になり、思うように動かされてしまう場合もないわけではない。しかし、それを無視して、リスクから身を護ることは不可能である。いずれにしても、感情は常にそこにあるからだ。スーザン・グリフィンは、自著の冒頭で、深い考察に貢献を果たしてきた人びとに感謝するなかで、「『熟考』とは、中国の書で表現されているように、『脳』と『心』がひとつになったものだと理解している」と明言している。[87] 他方、哲学者ミシェル・ユランは、「いかなる感情も排し、純粋に理性的だと主張するのは幻想にすぎない。強調しておかなければならないのは、最も几帳面で、最も厳格な科目でさえ、あらゆる知的教養は根幹では感情を志向している。たとえ、それによってわたしたちが、理路整然としたカオス、あいまいな明晰さ、不完全な完成型、矛盾に満ちた一貫性を求める結果になったとしてもだ」。「さらに深いところで、理解するという行為の中核には、依然として不公平な側面のある情緒が存在する。いかなる価値の斟酌も許さない完全にニュートラルな意識は、ものごとを今ある場所からそのままの状態でとどめおくことしかできないという意味でそうなのだ」。最後に、ユランはこう結論する――「知識のあらゆる領域でこれまで築かれてきた理論という建築物は、感情という少しもじっとしていない地面の上に構築されている[88]」。

これについてよく考えてみると、非物質的かつ無色透明で、純粋かつ客観的という、とうていありえない理性を主張すること自体がどこか子どもじみており、いかにも幼く、何かに怯えているようにも感じられる。博識で人より優れていると自負し、自分に自信があり、疑いを受け入れられない人が（医師、学者、知識人、バーの常連……）、根底に不安を隠しもっていると想像するのは難しい。しかし、これは検討に十分値する仮定だ。小説『女性とドクター・ドルーフ』で、科学の偉人の陰に隠れている、怯えた小さな男の子の姿をマーレ・カンドレがこっそり暴いてみせたように。そもそも、世界に対するデカルト的ポジションは、途方もない不安を払いのけようとすることから始まった。コペルニクスは、地球が太陽の周りを公転していることを示し、当時の宇宙論をひっくり返す。ここから生じた動揺は、ドミニコ修道会士ジョルダーノ・ブルーノ（一五四八―一六〇〇）が宇宙は無限だという立場で、「中世の想像力が生んだ、快適で閉ざされた宇宙」（スーザン・ボルドー）にけりをつけたことでさらに増幅される。同時期、世界最初の望遠鏡が発明され、深淵なる天空を観察する人を吹き飛ばす。以降、「無限がその大きな口を開ける」のだ。デカルトの役割は、この爆発的状況から生まれた不安に応え、「懐疑と絶望から確実性と希望へ」移行することにあった。いわば恨みと自己防衛による反応で、広大で空っぽで冷酷で無関心とみなされるようになった宇宙に対し、できるだけ超然とした態度で武装し臨んだのだ。デカルトの功績は、「失われて遠のいてゆく」経験を、知識と人類の進歩を推進する原動力に変えたことにある。このような操作を経て、「無限の宇宙という悪夢のような風景は、科学と哲学に煌々と照らされた実験室になった(89)」。

今日、こうした実験室で生きてゆくことに不都合を感じている人は、男性／女性を問わず、同時代の人から理解されず、認めてももらえない。この社会に依存し、その快適な生活には満足しているのに、技術的に進化した社会に異議を唱えていると非難されるのだ（たとえ、環境問題が及ぼす直接的な影響が明白になるにつれて、もはやそれが通用しなくなったとしても）。こうした論理は、患者の健康と生命は医療システム次第だといって、批判する患者の口を封じようとする試みを彷彿させる。わたしたちに罪悪感を抱かせ、服従と諦念を強いるのだ。この社会に生まれ、その関係性のなかでわたしたちができることはごく限られているのに、その責任を負わされるのはわたしたちなのか？　社会批判を封じるためにこうした論理をもち出せば、結果的に、大惨事に直面した際、わたしたちの自由と思考を奪うばかりか、想像力と欲求、事物は変えられるとして決してあきらめない能力をも封じることになる。

歴史は変わっていただろうとか、今日の進歩は異なる様相をしていただろうとか、わたしたちはとくに問題もなく進歩の恩恵をこうむることができただろう（または、できるだろう）とかについて、多くの人が考えようともしないことには驚かざるをえない。それこそ、「原子力か石器時代か」と問う二者択一の質問または単なる脅迫に（いずれにしても、わたしたちはその両者の結果を引き受けざるえない）帰する態度ではないか。こうして、ヨーロッパの魔女狩りの歴史について、その恐怖と実態を包み隠さず明らかにし、文化的影響を細かに議論したうえで、ギィ・ベシュテルは以下の驚くべき結論に至る――卵を割らなければ、オムレツは食べられない。ベシュテルによれば、このことわざはひとつの「革命」の枠組みのなかで生まれたという。「一般に、革命は敵対する陣営とそれを支持する人（または、支持しているといわれている人）を全滅させない限り達成されない」。「もちろん、はっきりと意識されていたわけではなかったが、魔女を殺そうとした運動は、その後、モンテスキュー、ヴォルテール、カントに連なる系譜に引き継がれる」。すなわち、「古くからの女性を殺し、新しい人間を誕生させよ」と、ベシュテル自身が要約したロジックにもろ手を挙げて賛同しているのだ[90]。この事実は、魔女狩りを論じる歴史家は魔女狩りを産んだ世界から生まれ、魔女狩りがつくりあげた考え方の枠組みに囚われていることをあらためて示している。これとは異なる、バーバラ・エーレンライクとディアドリー・イングリッシュによるもうひとつの視点を対比させてみよう。ふたりは、個人的な悲劇――抑圧された願い、犠牲者の打ち砕かれた躍動する生命――を取り上げるだけでなく、魔女を排除することで社会が禁じたあらゆること、発展させ伝えてゆくことがかなわなかったあらゆることにも想いを馳せている。ここで指摘されているのは「途方もない才能と知識の無駄づかい」で、「失われたものを取りもどそう、少なくとも追求しよう」と呼びかけている……[91]。

自分が再現した恐ろしい歴史を、進歩の達成を示す高潔な物語になんとしても組み入れなければならないと考えたベシュテルは、無理やりこじつけた仮定を立てる。すなわち、「魔女の虐殺を正当化することはできないが、最終的に少なくともその一部は、メンタリティの変化（理性、正義、防衛の権利の強化、人権意識を志向する変化）に貢献することになった」という発想である。同じ仮定のなかで「正当化できない」とした虐殺を、いったいどうしたら正当化できるのか……。以下のマチルダ・ジョスリン・ゲージの分析のほうが、明らかにもっともらしい（考えてみれば、これが書かれたのは一八九三年にさかのぼる）。「この時代、人びとの精神はただひとつの方向に向かっていた。教会で説かれたおもな教訓によれば、みずからの救済を確実にするには、友人を裏切らなければならなかった。心のうちにエゴイズムを誕生させなければならなかった。人間的なすべての感情は、たとえ血の絆と愛情によって結ばれている家族であっても、他人を犠牲にして自身の安全を保証しようとする一人ひとりの努力のうちに失われてしまった。同情、やさしさ、共感の感情は根こそぎにされた。キリスト教国に誠実さはもはやなかった。恐怖、悲しみ、残酷さはそのまま残った。（…）女性に対する軽蔑と憎悪が集中して叩きこまれた。教会が説く利己的な教訓では、権力愛と裏切りが語られた。高齢者に対する尊敬の念は失われた。長生きによる悲しみと苦しみが、心に共感を呼び覚ますこともなくなった[92]」。人道主義者たちの危険な高揚をいっきに冷ます、一幅の絵のようではないか。

ふたつの解放を同時にめざす

無関心と客観性を偶像視する象徴的な秩序は、おおむね女性とそれにかかわるあらゆるものに敵対して形成されたとはいえ、当然ながら、のちに――誕生から五世紀後の今日においても――ジェンダーのロジックに囚われることはなかった。知的生活でも日常の相互作用でも、偶然または意図的であるにしろ、この秩序は繰り返し問い直されてきたが、その大半はジェンダーのロジックの埒外でおこなわれてきた。男性も女性も（例えば、わたし自身）、各自の対極に対して（つまり、相互に）、実証主義的な男性らしさ、情緒的な女性らしさのカリカチュアを体現しているが、このシステムを多くの男性は批判し、多くの女性は受け入れている。しかし、これにフェミニスト的観点から異議を唱えることは可能だ。魔女と呼ばれた多くの人が、自分たちを踏み潰した人びとが支持する世界のビジョンに、明晰で断固とした反対意見を表明している。「彼女はわたしに教えてくれた。あらゆるものは生きていて、魂があり、ひらめきがある。あらゆるものは敬われなくてはならない。人間は自分の王国を馬で駆ける主人ではない」――マリーズ・コンデのティチューバに、知識を授けてくれた年老いた女奴隷が語った言葉だ[93]。

思想家のなかには、過去の哲学者による女性と自然の結合を取り入れ、女性は男性よりも「自然」で、野生の世界ととくに通じ合うものがあるという考えを認め、批判を展開している女性がいる。この説を擁護する最も有名な思想家は、近代科学教育にかかわっておらず、厳密にいえばエコフェミニストとは呼べないものの、ベストセラー『狼と駈ける女たち――「野性の女」元型の神話と物語』の著者クラリッサ・ピンコラ・エステスであることはまちがいない[94]。ここでふたたび、エコフェミニズム運動内に――またはエコフェミニズム運動をめぐって――激しい論争を巻き起こした本質主義が登場する。フェミニズムの一部の潮流は、本質主義的ビジョンが認められるという理由で批判の対象になっている。一九八〇年代、アングロ・サクソン諸国で誕生したエコフェミニズムは、自然資源の搾取と女性がこうむっている支配を結びつけて考えた。しかし、この本質主義は、例えば環境社会主義の理論家マレイ・ブクチンに近かったジャネット・ビール[95]のように、それを拒めばすむ問題だろうか。哲学者カトリーヌ・ラレールは、「上に重くのしかかる支配から女性を解放するには、帰化した女性を無効にして、男性の側（文化の側）に送還するだけでは足りない。それだけでは中途半端な仕事に終わって、そのままの自然が残るだけで、自然の立場も女性の立場も等しくそこで失われてしまうだろう[96]」と語る。哲学者のエミリー・アッシュによると、エコフェミニストが望んでいるのは、これまで何世紀にもわたって悪魔扱いされ（まさにそのとおり）、損なわれ、嘲弄されてきた体を取りもどし、力を注ぎ、祝福することができるようにすることだという。また、それと並行して発展してきた自然との敵対関係を問い直したいとも考えている。エコフェミニズムが抱える問題は、以下のようにまとめられる――「否定的な力とみなされ、わたしたちが追われた自然、あるいはみずから立ち退いた自然と、どのようにしてふたたび関係を結べばいいのだろうか[97]」。

同時に、エコフェミニストたちは、自然を口実として、宿命、母性や異性愛などの規範化された行動を押しつけられることを拒否する。あまり知られていないことだが、一九七〇年代、米国オレゴン州のレズビアン分離派のコミュニティでおこなわれた「大地に帰る」試み[98]は、こうした姿勢をよくあらわしている（フランスでは、女性、または人種差別の犠牲者が二時間の非混合ノン・ミクシテ［差別被害者の活動］の集会を開くというだけで逆上する人びとをピリピリさせている）。カトリーヌ・ラレールは、「なぜ、異性愛者だけを〝自然な性〟とみなすのか。なぜ、クィアの運動は自然から遠く離れ、自然に敵対する都市部でしか発展しないのか」と問いかける。ラレールには、「自然を否定して、そのうえにフェミニズムを築こうとする理由」がわからないという。[99]自然との関係性をあらたに結ぶのに、なぜ、望みもしない母性を女性に押しつけ、自分の体に対する女性の主体性を踏みにじらなければならないのかがわからないのと同じように。すでにみてきたように、そもそも自然に対する闘いは、歴史的に、出産能力を自分でコントロールしようとする女性に対する闘いと足並みをそろえるかたちで展開されてきた。このことは、今日、「インテグラル・エコロジー」と称し、反中絶のための十字軍を結成して、フランスのリーダー、ウジェニー・バスティエの嘆かわしい言葉を借りれば「ペンギンと胎児を同時に護ろう」[100]とする反動的なカトリックの愚かさをよく示している。エコロジーは絶好のカモというわけだ……。

エミリー・アッシュは、それに対し狼狽を隠せない。エコフェミニストの何人かが女神にならい、女性の体を祝福したことで「憤慨の嵐を巻き起こし」、本質主義だとの批判の矢面になるのはもうたくさんだ。「体にかかわるあらゆるもの、すなわち女性の体にかかわるすべてがありえないとは、いったい何が起こったのか」と問いかける。女性蔑視のあまたの手練手管、その根深さと執拗さのあらわれだろうか。アッシュ自身は、精神をもっと大きく開くことを提案する。「本質を主張し、父権論を繰り返す代わりに、(エコフェミニズムのテキストから) 癒しと解放の行動 (エンパワーメント) と、女性が大地／自然とふたたびつながることに対する数世紀にわたる中傷を経て、文化的修復の実践が試みられたことを読みとる必要がある」[101]。アッシュは、本質主義の亡霊によってかきたてられ、膨れあがった不安のために、思考や行動が抑止されてしまうのはきわめて残念だと考える。しかし、ここで明らかにされているのは批判の激烈さだ (アッシュはこれを、エコフェミニズム運動をその大胆さがゆえに罰しようとしていることのあらわれとみている)。なぜなら、運動の大胆さについては異論の余地がない。人の運命だけでなく、それが書きこまれている制度全体を問い直すのに必要だからだ。わたしには、こうした大胆さが、数年前から、性的暴行または医療現場での虐待に関して認められるものと同じロジックに基づいているように思われる。事実、それは広がっている。どちらも、ものごとに対する見方、語られる物語に耳を傾けるよう世界に求め、うわべの陰に隠れているものを暴き、おおやけの場に引きずり出すことにほかならない。

この星は、わたしの星じゃない

その点、二〇一八年冬に起きたワインスタインのセクハラ事件は典型的だ。長く待たれていた女優ユマ・サーマンによる証言[102]には、クエンティン・タランティーノが監督を務め、ハーヴェイ・ワインスタインと彼によって設立されたミラマックス社がプロデュースする『キル・ビル』（二〇〇三―二〇〇四）というポップ・カルチャーを象徴する映画の評判を木っ端みじんにする破壊力があった。ハリウッドを代表する女優が強くてセクシーな敏腕で無敵のヒロインを演じ、不滅の共犯関係で結ばれた演出家が協力するこの映画は、それまでむしろフェミニスト的だと評されてきた。しかし、ユマ・サーマンの証言を聞いた今となっては、数十人にのぼる同業者と並んで、すでに一六歳のときからプロデューサーからレイプされ、性的暴行の被害者だったこの女優にまつわる恐ろしい物語としか思えない。また、タランティーノ監督は、映画の撮影中、およそ健康的とはいいがたい関係を長らく続けた末、ユマ・サーマンにスタントとして車を運転することを強制し、もう少しで彼女を殺すところだったという（車は木に正面衝突した）。ユマ・サーマンはこの事故の映像を数年にわたってプロデューサーに要求し、インスタグラムで辛辣な証拠として公開した。スクリーン上で彼女が演じていた戦闘的な輝く女性、ピラティスや雑誌で宣伝される美容法を駆使して輝くばかりに美しい、軽やかで官能的なスターのイメージからはほど遠く、会場にあらわれたサーマンは、後遺症が残ると診断された首と膝の負傷が痛々しい、試練にさらされたひとりの女性だった。『ニューヨーク・タイムズ』紙はインタビューとあわせて写真を掲載しているが、そこに写っているのは四〇歳代のひとりの女性。裕福で特権に恵まれていることはひとめでわかるものの、いくらか疲れたようすのごく普通の人のようで、お決まりのフォトショップで加工した、しわひとつない非現実的なイメージと鋭い対比をなしていた。語られる言葉は、ほかの幾千もの言葉と響きあい、突如として、女性が見ているこの世界が、日々売りものとして宣伝されている世界といかにかけ離れているかを思い知らされる。「解き放たれた言葉」というもっともらしい言葉が示しているものには、波乱の嵐を呼び、慣れ親しんだこの世界にカオスの種を蒔く、ほとんど呪文か魔術のような効果があり、文化という偉大なる神話がドミノのように倒れてゆく。この急激な変化を引き継いでゆこうとするわたしたちの行動を、SNS上であからさまに検閲しようとする人たちは、おそらく足元から地面が崩れてゆくような恐怖を味わっているだろう。わたし自身は、それまでこの文化という神話とともに成長し、全面的にかかわってきた。ウディ・アレンのジョークを思わず引用したくなるときもあるし、同じように動揺したが、彼らと違い、わたしにとってこの価値観の崩壊は、解放、決定的な突破口、社会の変貌を意味した。未来に向けて闘う、新しい世界のイメージを見たように感じたのだ。

この星は、私の星じゃない。スターホークや他の魔女たちが女神を信奉する行為は、一見、きまぐれなニューエイジ系にみえるかもしれない。しかし、ある意味で、信仰を確認し、そこから癒しを得る最も根源的な方法ではないだろうか。わたしたちは十分に安全を確保された社会に生き、多くの女性と男性はもはや神を信じていないにもかかわらず、父権制という宗教がいまだにわたしたちの文化、価値観、表象をつくりつづけ、そこから派生する男性的権威のモデルに縛られたままでいることを、エコフェミニストの作家キャロル・P・クライストはこう説明する――「実際、宗教的シンボルが存続しつづけている理由に、精神は無を恐れるという事実が挙げられる。象徴のシステムを単純に排斥することは不可能で、何かと置き換える必要がある」[103]。たしかに、女性にとって、女神を信奉し、そこからイメージを汲みとることは、別の表象で置き換える行為に相当する。合法化された神の摂理による男性的イメージに身をゆだねつづける代わりに、軸をもどし、みずから救済の源になり、自分のなかから資源を引き出すのだ。ある友人は、復興異教主義的な女神信仰について聞いたことは一度もなかったが、なんでも、体にパワーを感じたいと思ったときは、宮崎駿のアニメ映画『崖の上のポニョ』（二〇〇八年）に登場するグランマンマーレになった自分を想像するのだそうだ。やさしさと力を兼ね備えた、この海なる母（実は、ポニョの母親でもある）は、ほんとうに彼女にぴったりだった。母性は、彼女の人生のなかでとても大きな位置を占めていたのだから。

二〇一七年、米国の黒人アーティスト、ハルモニア・ロサレスはヴァチカンのシスティーナ礼拝堂の天井に描かれた、ミケランジェロの『アダムの創造』の再解釈を試みた。いずれも白人男性として表象されているアダムと神を、ふたりの黒人女性の姿で描いたのだ。ロサレスはこの作品を『神の創造』と名づけている。王さまは裸だと大声で叫ぶ手法だ。この絵を観ると、めまいを禁じえない。作品を通じて、ふだん身近に接している自分たちの表象がいかに恣意的で、相対的で、疑わしいものであるかが意識されるようになる。スーザン・グリフィンの著作『女性と自然』にも、同様の効果がある。男性、女性、自然、知識、宇宙等々に関して、長年こうであるとされてきた大いなる真実をリストアップして批判することで、グリフィンはそれをあらたな目で見直し、自分たちの精神に巣食っていた偏見を洗い出すよう求めているのだ[104]。自由で創造的な思索へとわたしたちを誘う、驚くほど刺激的な試み——刺激的だが必要なことでもある。今日、わたしたちが受け継いできたシステムは崩壊寸前なのだから。

一九八〇年、キャロリン・マーチャントは、著書『自然の死』の最後で、次のような判断を下している——「世界は、ふたたび大混乱に陥らなくてはならない[105]」。マーチャントがこう書いたのは、一九七九年三月、米国ペンシルベニア州スリーマイル島原子力発電所で事故が起きた翌日だった。今日、このマーチャンの結論を正当化しようとすれば困惑を招くことだろう。「世界をふたたび大混乱に陥れる」のは、容易なことではないからだ。同時に、そこにはとてつもない喜びがあるかもしれない——大胆に、厚かましく、生命を肯定し、権威に挑戦をいどむ喜びだ。わたしたちの思考と想像力を、魔女たちのささやき交わす声のする方へと誘われるがままに解き放つ。自然と和合することで、割にあわない勝利の代わりに、人類の幸福をしっかりと保証する明確な世界の姿を想い描く。わたしたちの体と精神が思うままに歓喜するその世界は、もしかしたら地獄のサバトに似ているかもしれない。

訳者あとがき

本書は、*Mona Chollet, SORCIÈRES: La puissance invaincue des femmes, 2018, Editions La Découverte, collection « Zones »* の全訳である。現在、フランスのフェミニズムをけん引するモナ・ショレの著作を、このたび日本で初めて紹介する機会を得たことは、訳者としてこのうえない喜びだ。

「慄くがいい、魔女たちの復活だ！」（一九七〇年代フェミニスト運動のスローガン）。モナ・ショレは言う――「魔女といえば、ルネサンス期の魔女狩り（裁判や火あぶり）の系譜に連なる、ほこりを被った女性蔑視のイメージがあるが、現代女性にとっては、あらゆる支配を逃れたポジティブなパワーを象徴している」。

魔女の体を焼いた炎のごとく熱い本だ。

フランスでは学歴の高い中産階級の女性を中心に広く読まれ、二〇二一年一一月時点で、一五か国語に訳され、世界じゅうで二七万部を売り上げている。これに対し、二〇二二年一月に、フランスの歴史人口学者エマニュエル・トッドは、新著 *Où en sont-elles ? Une esquissé de l'histoire des femmes*（未邦訳：彼女たちはどこから来て、今どこにいるのか？——女性史の素描、スイユ社）のなかで、第三波フェミニズムと呼ばれる一連の動きに疑問を投げかけた。とりわけ本書については、同年一月一九日付『フィガロ』紙のインタビューで、現代に生きる女性たちが、一六世紀から一七世紀の西欧で怒れる男性たちによって虐殺された四万人の女性の運命に、どうして自分を重ね合わせるのかがわからないと批判している。

一方、日本ではSNS上でフェミニスト／アンチフェミニスト間で激しい論争が引きも切らず、ツイッターでは炎上案件が相次いでいる。世界的には、大きな潮流となった一九六〇年代以降の第二期フェミニズムがあらたな局面を迎え、本書でも述べられている #MeToo 運動が記憶に生々しいが、わが国ではそれに加えて、同じ女性が性暴力被害者の女性に共感を寄せるのではなく、誹謗中傷するという特殊な状況にある。

女性解放運動の萌芽は一九世紀末にさかのぼる。しかし、それから約一世紀半を経た今日なお、男性／女性間の対話はまだ始まったばかりで、残念ながらその道のりは多難といわざるをえない。このように、フェミニズムをめぐる白熱化した状況下で本書は書かれ、読まれた。

本書が熱い理由は、周囲の状況によるものばかりではない。その根底には、なによりもモナ・ショレの内側から湧きあがる熱い想いがある。二〇一五年にグロリア・スタイネムが自伝 *My Life*

on the Road（未邦訳：路上の人生、ランダムハウス社）を上梓したように、フェミニストたちはみずからの内面をみつめ、それを自分が生きている世界との関係に結びつけ、持論を展開する。
本書でも、著者がこれまでにたどってきた人生の軌跡が各章から鮮明に浮かび上がる。児童文学に親しんだ幼少時代、理系科目に対するコンプレックスに悩んだ高校時代、ジャーナリズムを学び、晴れてその道に進むことができたにもかかわらず、職場で直面せざるをえなかった高い壁……。告白の率直さには、強く心を揺さぶられる。借りものではなく、みずからの身に起こった直接の経験に基づいて展開される主張は、鋼のように勁いからだ。女性としてのコンプレックス、フェミニストとしての自身の歩みとともに語られるモナ・ショレの主張は、本書の独自性をなしている。

本書を日本語に訳すことで、果たしてなにができるのだろうか――翻訳中、この問いが訳者の脳裏を離れることはなかった。この本が内包する熱い想いをそのままに訳そうにも、周囲を賑わすさまざまな言説が繰り返し問い直しを突きつけてきて、主としてコロナ下の、かつて経験したことのない状況のなかで進行した翻訳の過程は決しておだやかなものではなく、困難な仕事だったことを打ち明けざるをえない。
フェミニズムは深くかつ広い。不勉強ながらも、これを機にわが国のフェミニズムの流れをたどってみれば、少なくとも女性の声が必ずしも男性にきちんと届いていないこと、さらに、当事者である女性の声も一定の側面に限定されてきたことは否定できない。

本書は一九七〇年代米国の女性運動に始まり、以降のフェミニズム全般について触れており、フェミニズムの総合的な流れを理解するためのレファレンスになる。とりわけ、日本では比較的なじみの薄いエコロジカル・フェミニズムに多くのページを割き、女性と自然のために闘うことは二重に呪われているが、いまこそ立ち上がるときが来たと呼びかける。本書を読むことで、訳者自身が学んだように、日本の女性も広く世界の潮流に目を向けることができるのではないか。

今日、実在する男女間の社会的対立から目を背けるわけにはいかない以上、対話と交渉を重ねて妥協点を求めるなかで、改善の道を探るほかない。そのためにも、まずはお互いの意見に耳を傾けることが相互理解に向けた第一歩につながる。

本書を日本語に訳すことで、果たしてなにができるだろうか——この問いをあらためて繰り返すならば、まったく言わずもがなではあるが、著者モナ・ショレが書いていることをできる限り精確に日本の読者に伝えることに尽きる。気鋭のジャーナリストならではの切っ先の鋭い文章で日本のフェミニズム界に一石を投じ、そこからなんらかのムーブメントが生じることを期待したい。その点からいって訳文のすべての責任は訳者にあり、翻訳および理解の至らぬ点についてはご教示のほどをお願いする次第である。

女性をめぐる環境は日仏間で同じではない。

わたくしごとになるが、三〇歳を前にフランスへ一種の留学をしたとき、あこがれの国に対してナイーブな夢を抱いていたわたしの目に、現実は（少なくとも女性解放に関していえば）期待を裏切るものだった。たしかに、おもて向きには女性に対する男性側の親切な態度は顕著だったが（街なかでのレディファースト、往生していればすかさず手を貸してくれる等々）、一年間ホームステイをした共働き家庭のマダムが家事の大半を背負い、退職後は夫に縛られることなくひとりで生活することをこのうえなく楽しみにしていると語るのを聞き、とても驚いたことが思い出される。さらに、フランスでは女性が夫や恋人などに殺される"Féminicide（女性殺人）が約二日に一人の割合で起きており、こうした実態については本書で具体的に論じられているとおりだ。

とはいえ、家事の負担が女性に重くのしかかる現実は本邦でもなんら変わることはなく、個人より家族が優先されることの多いこの国ではさらに輪をかけて厳しい状況にある。それ以外にも、女性と男性の賃金格差や経営管理職、専門職、国会議員数をみると、欧米と比較して日本女性はきわめて弱い立場にあることが客観的に裏づけられる。本書を通じて、このように閉塞した状況を打ち破るよう日本の女性が励まされるだろうことは疑いえず、これも本書を訳す意義のひとつだ。

「目につく女性」が迫害される事実がこれまで隠蔽されてきたのは、現存する社会の構築に魔女狩りが寄与したからにほかならない。状況はいまも変わらず、女性に限らず、社会的マイノリティが検閲や排除、憎悪や敵意の標的になっている。モナ・ショレはこれまで言葉にされてこなかったものを名指し、「女性蔑視」という現代社会の根底に横たわる災厄に抗議の声を挙げる。女性という弱者が社会的につくられたとする本書の主張は、「フェミニズム」という枠組みにとどまらず、民族や性別（ＬＧＢＴＱを含む）を超えた共生の可能性を示す。フェミニズム運動に魔女狩りの視点を導入することは、女性だけでなく、他のマイノリティに対する現代社会の敵意や憎悪を解明する道にもつながるのではないだろうか。

無意識のうちに女性に押しつけられてきたものの実体を暴き、抹殺された過去の歴史を掘り起こすことは、根源的に男性中心である現代社会とそのシステムを理解することに通じる。歴史の主流派である男性が独占し、教えこまれてきたことを拒否するとき、これは政治参加なのだという連帯が生まれる。男性による男性のための社会は、果たして変わりうるのか。

本書は、二〇一九年六月、スイスの『ル・タン』紙で、ヴァージニア・ウルフ『自分だけの部屋』、シモーヌ・ド・ボーヴォワール『第二の性』、マーガレット・アトウッド『侍女の物語』、イヴ・エンスラー『ヴァギナ・モノローグス』等と並び、「いま読むべきフェミニストの本二五冊」に選出された。またフランスでは、大型書店が主宰する二〇一九年フナック賞心理学部門を受賞している。

これまでに刊行されたモナ・ショレのおもな著作を以下に挙げておく。

・*Marchands et citoyens, la guerre de l'internet*, L'Atalante, 2001
・*La Tyrannie de la réalité*, Calmann-Lévy, 2004
・*Rêves de droite : Défaire l'imaginaire sarkozyste*, La Découverte , collection « Zones », 2008
・*Beauté fatale : Les nouveaux visages d'une aliénation féminine*, La Découverte , collection « Zones », 2015
・*Chez soi : Une odyssée de l'espace domestique*, La Découverte , collection « Zones », 2015
・*Réinventer l'amour : Comment le patriarcat sabote les relations hétérosexuelles*, La Découverte, collection « Zones », 2021

本をつくる仕事は共同作業だ。本書も、多くの方がたの協力を得て出版に至った。この場を借りて、心よりお礼を申し上げる。最後に、未来に向かって開かれた、なんともパワフルな本書の翻訳をご提案くださり、その後、遅々として仕事の進まない訳者を辛抱強く見守ってくださった国書刊行会編集部の中川原徹さん、ほんとうにありがとうございました。

二〇二二年十月吉日

いぶきけい

＊本文中、以下の作品から、一部引用／参照させていただきました。

・マリア・グリーペ『忘れ川をこえた子どもたち』大久保貞子訳、冨山房、1979年
・シェイクスピア『テンペスト』松岡和子訳、シェイクスピア全集8（ちくま文庫)、2000年
・エリカ・ジョング『飛ぶのが怖い』柳瀬尚紀訳、河出文庫、2005年
・ルイザ・メイ・オルコット『若草物語』海都洋子訳、岩波少年文庫、2013年
・マリーズ・コンデ『わたしはティチューバ』風呂本惇子，西井のぶ子訳、新水社 、1998年
・ジュール・ミシュレ『魔女』篠田浩一郎訳、岩波文庫、1983年
・アレクサンドロス・パパディアマンディス『女殺人者』横山潤訳、近代文藝社、2010年
・グロリア・スタイネム『ほんとうの自分を求めて—自尊心と愛の革命』道下匡子訳、中央公論社、1994年
・ボードレール『悪の花』安藤元雄訳、集英社、1983年
・エラスムス『痴愚神礼讃』渡辺一夫訳、岩波文庫、1954年
・コレット『シェリの最後』工藤庸子訳、岩波文庫、1994年
・モリエール『女学者・気で病む男』内藤濯訳　新潮文庫、1952年
・レベッカ・ソルニット『説教したがる男たち』ハーン小路恭子、左右社、2018年
・デカルト『省察　情念論』井上庄七／森啓／野田又夫訳、中央クラシックス、2002年
・オルナ・ドーナト『母親になって後悔してる』鹿田正美訳、新潮社、2022年

訳者

85. 前掲書
86. Celene Krauss, «Des bonnes femmes hystériques : mobilisations environnementales populaires féminines», in Reclaim, op. cit からの引用。
87. Susan Griffin, Woman and Nature, op. cit.
88. Michel Hulin, La Mystique sauvage, PUF, Paris, 1993.
89. Susan Bordo, The Flight to Objectivity, op. cit.
90. Guy Bechtel, La Sorcière et l'Occident, op. cit.
91. Barbara Ehrenreich et Deirdre English, Sorcières, sages-femmes et infirmières, op. cit.
92. Matilda Joslyn Gage, Woman, Church and State, op. cit.
93. Maryse Condé, Moi, Tituba, sorcière..., op. cit.
94. Clarissa Pinkola-Estés, Femmes qui courent avec les loups. Histoires et mythes de l'archétype de la femme sauvage [1992], Le Livre de poche, Paris, 2017.
95. Janet Biehl, «Féminisme et écologie, un lien "naturel" ?», Le Monde diplomatique, mai 2011.
96. Catherine Larrère, «L'écoféminisme ou comment faire de la politique autrement», in Reclaim, op. cit.
97. Emilie Hache, «Reclaim ecofeminism !», in Reclaim, op. cit.
98. Catriona Sandilands, «Womyn's Land : communautés séparatistes lesbiennes rurales en Oregon», in Reclaim, op. cit.
99. Catherine Larrère, «L'écoféminisme ou comment faire de la politique autrement», in Reclaim, op. cit.
100. Alexandra Jousset & Andrea Rawlins-Gaston, Avortement, les croisés contre-attaquent, Arte, 6 mars 2018.
101. Emilie Hache, «Reclaim ecofeminism !», in Reclaim, op. cit.
102. Maureen Dowd, «This is why Uma Thurman is angry», The New York Times, 3 février 2018.
103. Carol P. Christ, «Pourquoi les femmes ont besoin de la déesse : réflexions phénoménologiques, psychologiques et politiques», in Reclaim, op. cit.
104. Susan Griffin, Woman and Nature, op. cit.
105. Carolyn Merchant, The Death of Nature. Women, Ecology, and the Scientific Revolution, op. cit.

61. Martin Winckler, Les Brutes en blanc, op. cit.
62. フェミニズム運動は、できるだけこの依存を減らすことが必要だと強調した。Cf. Rina Nissim, Une sorcière des temps modernes. Le self-help et le mouvement Femmes et santé, Editions Mamamélis, Genève, 2014, et la réédition en français du livre collectif Notre corps, nous-mêmes, en cours aux éditions Hors d'atteinte (à paraître).
63. Barbara Ehrenreich et Deirdre English, Sorcières, sages-femmes et infirmières, op. cit.
64. Martin Winckler, Les Brutes en blanc, op. cit.
65. Barbara Ehrenreich et Deirdre English, Sorcières, sages-femmes et infirmières, op. cit.
66. Maryse Condé, Moi, Tituba, sorcière..., op. cit.
67. Silvia Federici, Caliban et la sorcière, op. cit.
68. Jules Michelet, La Sorcière, op. cit.
69. Martin Winckler, Les Brutes en blanc, op. cit.
70. Carolyn Merchant, The Death of Nature, op. cit.
71. Sarah Barmak, Closer. Notes from the Orgasmic Frontier of Female Sexuality, Coach House Books, Toronto, 2016. Cf. Thomas Belleaud, «Le spéculum, inventé par un misogyne et testé sur des esclaves», Terrafemina.com, 30 juillet 2015.
72. Barbara Ehrenreich et Deirdre English, Sorcières, sages-femmes et infirmières, op. cit.
73. Carolyn Merchant, The Death of Nature, op. cit.
74. Adrienne Rich, Naître d'une femme, op. cit.
75. 前掲書
76. Cf. Marion Leclair, «Une aurore du féminisme», Le Monde diplomatique, mars 2018.
77. Adrienne Rich, Naître d'une femme, op. cit.
78. Adrienne Rich, Naître d'une femme, op. cit からの引用。
79. Marie-Hélène Lahaye, Accouchement : les femmes méritent mieux, op. cit. 別途記載がある場合を除き、以下同様。
80. «Marie-Hélène Lahaye : "On impose aux femmes un accouchement 'fordiste', au détriment de l'accompagnement"», L'Humanité, 13 février 2018.
81. Adrienne Rich, Naître d'une femme, op. cit.
82. Jules Michelet, La Sorcière, op. cit.
83. Barbara Ehrenreich et Deirdre English, Sorcières, sages-femmes et infirmières, op. cit.
84. Matilda Joslyn Gage, Woman, Church and State, op. cit.

42. Lynda Zerouk, «Durant 50 ans, 84 % des lobotomies furent réalisées sur des femmes, en France, Belgique et Suisse», Terriennes, TV5 Monde, 5 décembre 2017, http://information.tv5monde.com/terriennes.
43. Cf. Mélanie Déchalotte, Le Livre noir de la gynécologie, Editions First, Paris, 2017 ; «Un podcast à soi (n° 6) : le gynécologue et la sorcière», 7 mars 2018, www.arteradio.com.
44. «Pilules contraceptives : "accident médical" reconnu pour la Bordelaise Marion Larat après un AVC», France Info, 13 février 2018.
45. Nolwenn Le Blevennec, «Prothèse vaginale : Cathy, 59 ans, transformée par la douleur», Rue89, 28 octobre 2017.
46. «Handicapé, un petit-fils "Distilbène" obtient réparation», Elle.fr, 9 juin 2011.
47. «Née sans bras ni jambes, elle obtient des millions de dollars», Elle.fr, 18 juillet 2012.
48. Marie Campistron, «"Les stéréotypes de genre jouent sur l'attitude des médecins comme des patients"», L'Obs, 13 janvier 2018.
49. Chrysoula Zacharopoulou, «Endométriose : enfin, cette maladie gynécologique sort de l'ombre», Le Plus, 22 mars 2016, http://leplus.nouvelobs.com.
50. Martin Winckler, Les Brutes en blanc, op. cit.
51. Barbara Ehrenreich et Deirdre English, Fragiles ou contagieuses, op. cit.
52. Annaliese Griffin, «Women are flocking to wellness because modern medicine still doesn't take them seriously», Quartz, 15 juin 2017, https://qz.com.
53. Taffy Brodesser-Akner, «We have found the cure ! (Sort of...) », Outside online, 11 avril 2017.
54. «(Don't fear) the reaper», Grey's Anatomy, saison 14, épisode 11, ABC, 1er février 2018.
55. Taylor Maple, «Miranda Bailey's heart attack storyline on Grey's Anatomy was inspired by a show writer's own experience», Bustle.com, 4 février 2018.
56. Frantz Vaillant, «Etats-Unis : pourquoi cette mortalité record pour les femmes noires dans les maternités ?», Terriennes, TV5 Monde, 7 février 2018, http://information.tv5monde.com.
57. «Le calvaire de la petite Noélanie, mal prise en charge par le SAMU», Marie-Claire.fr, 9 mai 2018.
58. http://jenaipasconsenti.tumblr.com.
59. Cf. Marie-Hélène Lahaye, «L'été historique où les violences obstétricales se sont imposées dans les médias», Marie accouche là, 18 août 2017, http://marieaccouchela.blog.lemonde.fr.
60. Marie-Hélène Lahaye, Accouchement : les femmes méritent mieux, op. cit.

19. Silvia Federici, Caliban et la sorcière, op. cit.
20. スーザン・ボルドーは、このほか、現代西洋文化にみられる体との関係性と痩せた体に対する強迫観念に関する著作があり、『致命的な美（Beauté fatale)』でも多数引用させていただいた。Susan Bordo, Unbearable Weight. Feminism, Western Culture, and the Body [1993], University of California Press, Berkeley, 2003.
21. Carolyn Merchant, The Death of Nature, op. cit.
22. Carolyn Merchant, The Death of Nature, op. cit からの引用。
23. Carolyn Merchant, The Death of Nature, op. cit.
24. Pascale d'Erm, Soeurs en écologie. Des femmes, de la nature et du réenchantement du monde, La Mer salée, Nantes, 2017 からの引用。
25. Mare Kandre, La Femme et le Docteur Dreuf, op. cit.
26. Barbara Ehrenreich et Deirdre English, Sorcières, sages-femmes et infirmières, op. cit.
27. Dominique Brancher, Equivoques de la pudeur. Fabrique d'une passion à la Renaissance, Droz, Genève, 2015.
28. Barbara Ehrenreich et Deirdre English, Sorcières, sages-femmes et infirmières, op. cit.
29. «Harcèlement sexuel à l'hôpital : "Franchement, il y a des fois où on met des mains au cul"», Europe 1, 25 octobre 2017.
30. Aude Lorriaux, «Comment le sexisme s'est solidement ancré dans la médicine française», Slate.fr, 5 février 2015. Cf. le Tumblr Paye ta blouse, www.payetablouse.fr.
31. Soazig Le Nevé, «Des internes du CHU de Toulouse obtiennent le retrait d'une fresque jugée sexiste», Le Monde, 19 mars 2018.
32. Martin Winckler, Les Brutes en blanc, op. cit からの引用。
33. 前掲書
34. «Un chirurgien jugé pour avoir gravé ses initiales... sur le foie de ses patients», L'Express.fr, 14 décembre 2017.
35. Florence Montreynaud, Appeler une chatte... Mots et plaisirs du sexe, Calmann-Lévy, Paris, 2004.
36. Martin Winckler, Les Brutes en blanc, op. cit.
37. Mary Daly, Gyn/Ecology, op. cit.
38. Marie-Hélène Lahaye, Accouchement : les femmes méritent mieux, Michalon, Paris, 2018.
39. 前掲書
40. Mary Daly, Gyn/Ecology, op. cit.
41. Barbara Ehrenreich et Deirdre English, Fragiles ou contagieuses, op. cit.

versive. Entretien avec Thérèse Clerc», Mouvements, n° 59, dossier «La tyrannie de l'âge», 2009.
96. ある面、フェミニスト的なところが認められるものの、ライバルの典型ともいえる描き方をみても、従来の枠組みを超える映画ではない。
97. Colette, La Fin de Chéri [1926], GF-Flammarion, Paris, 1983.
98. Claude Benoit, «L'art de "bien vieillir" chez deux grandes femmes de lettres : George Sand et Colette», Gérontologie et société, vol. 28, n° 114, 2005.
99. «Les inégalités face aux retraites», Inegalites.fr, 5 septembre 2013.

第4章

1. «Cynthia's introduction», in Barbara Macdonald（Cynthia Rich と共著）, Look Me in the Eye, op. cit.
2. Susan Griffin, Woman and Nature. The Roaring Inside Her [1978], The Women's Press Ltd, Londres, 1984.
3. Marine Le Breton, «Une pub de Cdiscount pour les soldes accusée de véhiculer un cliché sur les femmes et les sciences», HuffPost, 10 janvier 2018.
4. Rebecca Solnit, Ces hommes qui m'expliquent la vie [2014]. 英語（米国）からの翻訳：Céline Leroy, L'Olivier, «Les feux», Paris, 2018.
5. «Les hommes et les femmes sont-ils égaux face aux mathématiques ?», FranceTVInfo.fr, 29 novembre 2013.
6. Mary Daly, Gyn/Ecology, op. cit.
7. Gloria Steinem, Revolution from Within, op. cit.
8. Cf. Mona Chollet, «A l'assaut du réel», La Tyrannie de la réalité, op. cit.
9. Cf. Augustin Berque, Ecoumène. Introduction à l'étude des milieux humains [2000], Belin, «Alpha», Paris, 2016.
10. Jean-François Billeter, Chine trois fois muette, Allia, Paris, 2000.
11. Michael Löwy et Robert Sayre, Révolte et mélancolie. Le romantisme à contre-courant de la modernité [1992], Payot, Paris, 2005.
12. 谷崎純一郎『陰翳礼讃』（1933年）。日本語からの翻訳：René Sieffert, Verdier, Paris, 2011.
13. Carolyn Merchant, The Death of Nature. Women, Ecology, and the Scientific Revolution [1980], HarperOne, San Francisco, 1990.
14. 前掲書
15. 前掲書
16. Susan Bordo, The Flight to Objectivity. Essays on Cartesianism and Culture, State University of New York Press, Albany, 1987.
17. Guy Bechtel, La Sorcière et l'Occident, op. cit.
18. Susan Bordo, The Flight to Objectivity, op. cit.

69. Sylvie Brunel, Manuel de guérilla à l'usage des femmes, op. cit.
70. Olivia de Lamberterie, «Immortel Frédéric Beigbeder», Elle, 29 décembre 2017.
71. Virginie Despentes, King Kong Théorie, Grasset, Paris, 2006.
72. Jean Delumeau, La Peur en Occident, op. cit.
73. David Le Breton, «Le genre de la laideur», préface à Claudine Sagaert, Histoire de la laideur féminine, op. cit.
74. Jean Delumeau, La Peur en Occident, op. cit.
75. Claudine Sagaert, Histoire de la laideur féminine, op. cit からの引用。
76. 前掲書
77. Sarah H. Matthews, The Social World of Old Women, Sage Publications, Beverly Hills, 1979. Cynthia Rich, «Aging, ageism and feminist avoidance», in Barbara Macdonald（Cynthia Rich と共著）, Look Me in the Eye, op. cit からの引用。
78. Cynthia Rich, «The women in the tower», in Barbara Macdonald（Cynthia Rich と共著）, Look Me in the Eye, op. cit.
79. «Sophie Fontanel, une beauté jaillissante», MaiHua.fr, décembre 2015.
80. Sophie Fontanel, Une apparition, op. cit.
81. 前掲書
82. Jean Delumeau, La Peur en Occident, op. cit.
83. Guy Bechtel, La Sorcière et l'Occident, op. cit.
84. Lynn Botelho, «Les Trois Ages et la Mort du peintre Hans Baldung（xvie siècle）», art, cit.
85. Anne L. Barstow, Witchcraze, op. cit.
86. Sophie Fontanel, Une apparition, op. cit.
87. Gabrielle Lafarge, «Alors, heureuse ?», Grazia, 17 novembre 2017.
88. Valentine Pétry, «La couleur de l'argent...», L'Express Styles, 19 mars 2014.
89. Judika Illes, The Weiser Field Guide to Witches, op. cit.
90. Sheila, «Patti Smith forced to explain her hair to NYT», Gawker.com, 11 juillet 2008.
91. Claudine Sagaert, Histoire de la laideur féminine, op. cit からの引用。
92. Dany Jucaud, «Monica Bellucci : "Quelque chose d'érotique chez les hommes d'expérience"», Paris-Match, 7 septembre 2016.
93. Susan Sontag, «The double standard of aging», art. cit.
94. Sylvie Braibant, «Quand la justice européenne doit réaffirmer le droit des femmes de plus de cinquante ans à une sexualité épanouie», Terriennes, TV5 Monde, 10 août 2017, http://information.tv5monde.com.
95. Catherine Achin et Juliette Rennes, «La vieillesse : une identité politique sub-

Allure.com, 14 août 2017.
44. Christine Talos, «Elle ne supportait pas de vieillir, Exit l'a aidée à partir», La Tribune de Genève, 6 octobre 2016.
45. Sophie Fontanel, Une apparition, op. cit.
46. Juliette Rennes, «Vieillir au féminin», art. cit からの引用。
47. Sophie Fontanel, Une apparition, op. cit.
48. «Sarah Harris : "I've had grey hair since I was 16"», The Telegraph, 16 septembre 2016.
49. Anne Kreamer, Going Gray. What I Learned about Beauty, Sex, Work, Motherhood, Authenticity, and Everything Else that Really Matters, Little, Brown and Company, New York, 2007.
50. «Dans le genre de... Sophie Fontanel», entretien avec Géraldine Serratia, Radio Nova, 14 mai 2017.
51. Susan Sontag, «The double standard of aging», art. cit.
52. Anne Kreamer, Going Gray, op. cit.
53. Time Magagine, 24 juin 2001.
54. Cf. マンガ Liv Strömquist, Les Sentiments du prince Charles [2010], Rackham, Paris, 2016.
55. Irène Jonas, Moi Tarzan, toi Jane, op. cit からの引用。
56. 前掲書
57. Michael Gross, Top model. Les secrets d'un sale business, A Contrario, Paris, 1995 からの引用。
58. Mona Chollet, Beauté fatale, op. cit.
59. Cloclo, 40 ans, ultimes révélations, TMC, 31 janvier 2018.
60. Anne L. Barstow, Witchcraze, op. cit.
61. Anne L. Barstow, Witchcraze, op. cit からの引用。
62. Guy Bechtel, La Sorcière et l'Occident, op. cit.
63. Kristen J. Sollee, Witches, Sluts, Feminists, op. cit.
64. Bruno Jeudy, «Laurent Wauquiez : l'horizon se dégage», Paris-Match, 11 octobre 2017.
65. Starhawk, The Spiral Dance. A Rebirth of the Ancient Religion of the Great Goddess. 20th Anniversary Edition, HarperCollins, New York, 1999.
66. Lynn Botelho, «Les Trois Ages et la Mort du peintre Hans Baldung（xvie siècle）», Clio, n° 42, dossier «Age et sexualité», 2015.
67. Audre Lorde, Journal du cancer [1980]. 英語（米国）からの翻訳：Frédérique Pressmann, Editions Mamamélis/Editions Trois, Genève/Laval, 1998.
68. Gloria Steinem, Revolution from Within, op. cit.

22. 前掲書
23. 前掲書
24. «Breaking news : les femmes de 42 ans sont belles», Meufs, 11 juillet 2014, http://m-e-u-f-s.tumblr.com.
25. Sharon Waxman, «Maggie Gyllenhaal on Hollywood ageism : I was told 37 is "too old" for a 55-year-old love interest», TheWrap.com, 21 mai 2015.
26. Cf. Kyle Buchanan, «Leading men age, but their love interests don't», Vulture.com, 18 avril 2013 ; Christopher Ingraham, «The most unrealistic thing about Hollywood romance, visualized», Wonkblog, 18 août 2015, www.washington-post.com.
27. «Et dans le cinéma français, les hommes tombent-ils amoureux de femmes de leur âge ?», HuffPost, 22 mai 2015.
28. Clément Boutin, «Les hommes sont-ils eux aussi victimes d'"age-shaming"?», LesInrocks.com, 17 juin 2017.
29. Camille Laurens, Celle que vous croyez, Gallimard, «Blanche», Paris, 2016.
30. Sylvie Brunel, Manuel de guérilla à l'usage des femmes, Grasset, Paris, 2009.
31. «Famille monoparentale rime souvent avec pauvreté», Inegalites.fr, 30 novembre 2017.
32. Cf. Irène Jonas, Moi Tarzan, toi Jane. Critique de la réhabilitation scientifique de la différence hommes/femmes, Syllepse, Paris, 2011.
33. Michel Bozon et Juliette Rennes, «Histoire des normes sexuelles : l'emprise de l' âge et du genre», Clio, n° 42, dossier «Age et sexualité», 2015.
34. Clément Boutin, «Les hommes sont-ils eux aussi victimes d'"age-shaming"?», art. Cit からの引用。
35. Marie Bergström, «L'âge et ses usages sexués sur les sites de rencontres en France（anées 2000） », Clio, n° 42, dossier «Age et sexualité», 2015.
36. David Le Breton, «Le genre de la laideur», préface à Claudine Sagaert, Histoire de la laideur féminine, op. cit.
37. Mary Daly, Gyn/Ecology, op. cit.
38. Cynthia Rich, «The women in the tower», in Barbara Macdonald（Cynthia Rich と共著）, Look Me in the Eye, op. cit.
39. Time Magazine, 24 juin 2001.
40. «Witches», Broad City, saison 4, épisode 6, Comedy Central, 25 octobre 2017.
41. Sophie Fontanel, «Les super-models défilent pour Versace : l'image la plus virale de la mode», L'Obs, 25 septembre 2017.
42. Isabel Flower, «Looking at Nicholas Nixon's forty-third portrait of the Brown sisters», The New Yorker, 12 décembre 2017.
43. Michelle Lee, «Allure magazine will no longer use the term "anti-aging"»,

4. Barbara Macdonald, «Do you remember me ?», in Barbara Macdonald（Cynthia Rich と共著）, Look Me in the Eye, op. cit.
5. 前掲書
6. 前掲書
7. Vanity Fair, 3 février 2017.
8. «Cynthia's afterword», in Barbara Macdonald（Cynthia Rich と共著）, Look Me in the Eye, op. cit.
9. Susan Sontag, «The double standard of aging», The Saturday Review, 23 septembre 1972.
10. Cf. Juliette Rennes, « Vieillir au féminin », Le Monde diplomatique, décembre 2016.
11. Klhoé Dominguez, «Penélope Cruz agacée par l'obsession pour l'âge de Hollywood», Paris-Match, 9 octobre 2017.
12. Jean Swallow, «Both feet in life : interviews with Barbara Macdonald and Cynthia Rich», in Collectif, Women and Aging. An Anthology by Women, Calyx Books, Corvallis, 1986.
13. Martin Winckler, Les Brutes en blanc, op. cit.
14. Daphnée Leportois, «L'anormal silence autour de l'âge des pères», Slate.fr, 2 mars 2017.
15. «A 73 ans, Mick Jagger est papa pour la huitième fois mais séparé de la maman», Gala.fr, 8 décembre 2016.
16. Irene E. De Pater, Timothy A. Judge et Brent A. Scott, «Age, gender, and compensation : a study of Hollywood movie stars», Journal of Management Inquiry, 1er octobre 2014.
17. Lauren Said-Moorhouse, «Carrie Fisher shuts down body-shamers over Star Wars : The Force Awakens appearance», CNN.com, 30 décembre 2015.
この映画に出演するため、プロダクションはキャリー・フィッシャーに15 kg 痩せるように依頼していた。このことは、2016年12月27日、当時60歳のフィッシャーが心臓発作で亡くなる理由にもなったという。Joanne Eglash, «Carrie Fisher autopsy : did Star Wars weight loss, drugs, bipolar disorder contribute to death at 60 ?», Inquisitr.com, 2 janvier 2017.
18. Guillemette Faure, «Teinture pour hommes, l'impossible camouflage ?», M le Mag, 29 décembre 2017.
19. Susan Sontag, «The double standard of aging», art. cit.
20. Fabienne Daguet, «De plus en plus de couples dans lesquels l'homme est plus jeune que la femme», Insee Première, n° 1613, 1er septembre 2016.
21. Vincent Cocquebert, «L'irrésistible attrait pour la jeunesse», Marie Claire, septembre 2016.

74. Chantal Thomas, Comment supporter sa liberté, op. cit.
75. ウディ・アレンが、レイプで訴えられたことはいうまでもない。Cf. Alain Brassart, «Les femmes vues par Woody Allen», Le Monde diplomatique, mai 2000.
76. Geneviève Serre, «Les femmes sans ombre ou la dette impossible», art. cit.
77. La légalisation de la stérilisation volontaire, en 2001.
78. J'ai décidé d'être stérile, webdocumentaire de Héléne Rocco, Sidonie Hadoux, Alice Deroide et Fanny Marlier, www.lesinrocks.com, 2015.
79. Lucie Joubert, L'Envers du landau, op. cit.
80. Charlotte Debest, Le Choix d'une vie sans enfant, op. cit.
81. Corinne Maier, No Kid, op. cit.
82. Michèle Fitoussi, «Le pire de Maier», art. cit.
83. Nolwenn Le Blevennec, «Etre mère et le regretter : "Je me suis fait un enfant dans le dos"», Rue89, 28 juin 2016.
84. 前掲書
85. Orna Donath, Regretting Motherhood, op. cit. 別途記載がある場合を除き、以下同様。
86. «Regretter d'être mère ? "L'amour n'est jamais à débattre"», Rue89, 1er juillet 2016.
87. Danielle Henderson, «Save yourself», in Meghan Daum（dir.）, Selfish, Shallow, and Self-Absorbed, op. cit.
88. Michelle Huneven, «Amateurs», in Meghan Daum（dir.）, Selfish, Shallow, and Self-Absorbed, op. cit.
89. Adrienne Rich, Naître d'une femme, op. cit.
90. Nolwenn Le Blevennec, «Etre mère et le regretter : "Je me suis fait un enfant dans le dos"», art. cit.
91. Charlotte Debest, Le Choix d'une vie sans enfant, op. cit.
92. Danielle Henderson, «Save yourself», in Meghan Daum（dir.）, Selfish, Shallow, and Self-Absorbed, op. cit.
93. Adrienne Rich, Naître d'une femme, op. cit.

第３章

1. Cynthia Rich, «Ageism and the politics of beauty», in Barbara Macdonald（Cynthia Rich と共著）, Look Me in the Eye. Old Women, Aging and Ageism, Spinsters Ink., San Francisco, 1983.
2. «The Crone issue», Sabat, printemps-été 2017, www.sabatmagazine.com.
3. «Barbara's introduction», in Barbara Macdonald（Cynthia Rich と共著）, Look Me in the Eye, op. cit.

49. Geneviève Serre, «Les femmes sans ombre ou la dette impossible. Le choix de ne pas être mère», L'Autre, vol. 3, n° 2, 2002.
50. Charlotte Debest, Le Choix d'une vie sans enfant, op. cit.
51. Geneviève Serre, «Les femmes sans ombre ou la dette impossible», art. cit.
52. Lucie Joubert, L'Envers du landau, op. cit.
53. Véronique Cazot et Madeleine Martin, Et toi, quand est-ce que tu t'y mets ?, vol. 1, Celle qui ne voulait pas d'enfant, Fluide.G, Paris, 2011.
54. «What Elizabeth Gilbert wants people to know about her choice not to have children», HuffPost, 10 octobre 2014.
55. Cosmopolitan, septembre 2006.
56. Henriette Mantel, No Kidding, op. cit からの引用。
57. Chantal Thomas, Comment supporter sa liberté, Payot & Rivages, «Manuels», Paris, 1998.
58. Simone de Beauvoir, La Force de l'âge (1960), Gallimard, «Folio», Paris, 1986.
59. Gloria Steinem, My Life on the Road, op. cit.
60. 前掲書。Cf. «Ruth's song (because she could not sing it)», in Gloria Steinem, Outrageous Acts and Everyday Rebellions, Holt, Rinehart and Winston, New York, 1983.
61. Lucie Joubert, L'Envers du landau, op. cit.
62. Laurie Lisle, Without Child, op. cit.
63. Charlotte Debest, Le Choix d'une vie sans enfant, op. cit.
64. Rebecca Solnit, «The mother of all questions», art. cit.
65. «Virginia Woolf (4/0). Un lieu pour les femmes», La Compagnie des auteurs, France Culture, 28 janvier 2016.
66. Pam Grossman, «Avant-propos», in Taisia Kitaiskaia et Katy Horan, Literary Witches, op. cit.
67. Susan Faludi, Backlash, op. cit.
68. Ann Snitow, «Motherhood : reclaiming the demon texts», in Irene Reti (dir.), Childless by Choice. A Feminist Anthology, HerBooks, Santa Cruz, 1992.
69. Laurie Lisle, Without Child, op. cit.
70. Christine Delphy, «La maternité occidentale contemporaine : le cadre du désir d'enfant», in Francine Descarries et Christine Corbeil, Espaces et temps de la maternité, Editions du Remue-Ménage, Montreal, 2002.
71. Charlotte Debest, Le Choix d'une vie sans enfant, op. cit.
72. Jeanne Safer, «Beyond Beyond Motherhood», in Meghan Daum (dir.), Selfish, Shallow, and Self-Absorbed, op. cit.
73. Charlotte Debest, Le Choix d'une vie sans enfant, op. cit.

janvier 2018.
26. Dossier «The childfree life», Time Magazine, 12 août 2013.
27. Laura Kipnis, «Maternal instincts», in Meghan Daum（dir.）, Selfish, Shallow, and Self-Absorbed, op. cit.
28. Eva Beaujouan et al., «La proportion de femmes sans enfant a-t-elle atteint un pic en Europe ?», Population & Sociétés, n° 540, janvier 2017.
29. Charlotte Debest, Le Choix d'une vie sans enfant, op. cit.
30. Laurie Lisle, Without Child, op. cit.
31. Jeanne Safer, «Beyond Beyond Motherhood», in Meghan Daum（dir.）, Selfish, Shallow, and Self-Absorbed, op. cit.
32. Pam Houston, «The trouble with having it all», in Meghan Daum（dir.）, Selfish, Shallow, and Self-Absorbed, op. cit.
33. Anne Gotman, «Victimisation et exigences de validation», Pas d'enfant. La volonté de ne pas engendrer, Editions de la MSH, Paris, 2017.
34. Betsy Salkind, «Why I didn't have any children this summer», in Henriette Mantel（dir.）, No Kidding. Women Writers on Bypassing Parenthood, Seal Press, Berkeley, 2013.
35. Rebecca Solnit, «The mother of all questions», Harper's Magazine, octobre 2015.
36. Michèle Fitoussi, «Le pire de Maier», Elle, 25 juin 2007.
37. Laura Carroll, Families of Two. Interviews With Happily Married Couples Without Children by Choice, Xlibris, Bloomington, 2000.
38. 前掲書
39. Muriel Salle et Catherine Vidal, Femmes et santé, encore une affaire d'hommes ?, Belin, «Egale à égal», Paris, 2017 からの引用。
40. 前掲書
41. 前掲書
42. Moira Weigel, «The foul reign of the biological clock», The Guardian, 10 mai 2016.
43. Laurie Lisle, Without Child, op. cit.
44. David Le Breton, «Le genre de la laideur», préface à Claudine Sagaert, Histoire de la laideur féminine, Imago, Paris, 2015.
45. Martin Winckler, Les Brutes en blanc. La maltraitance médicale en France, Flammarion, Paris, 2016.
46. 前掲書
47. Mare Kandre, La Femme et le Docteur Dreuf [1994]. スウェーデン語からの翻訳：Marc de Gouvenain et Lena Grumbach, Actes Sud, Arles, 1996.
48. Erica Jong, La Peur de l'âge, op. cit.

2. Adrienne Rich, Naître d'une femme, op. cit.
3. Corinne Maier, No Kid, op. cit.
4. Rebecca Traister, All the Single Ladies, op. cit からの引用。
5. 19世紀末の米国では、避妊と中絶が禁じられていた。避妊が認められたのは1965年、中絶は1973年。
6. Maryse Condé, Moi, Tituba, sorcière... [1986], Gallimard, «Folio», Paris, 1998.
7. «Mère infanticide en Gironde : l'accusée évoque un "enfermêment" et un "déni total"», Paris-Match.com, 21 mars 2018.
8. Adrienne Rich, Naître d'une femme, op. cit.
9. Collectif, Réflexions autour d'un tabou : l'infanticide, Cambourakis, «Sorcières», Paris, 2015. この結論に全面的に同意はできなくても、これまで一度も問題にされたことのなかったテーマに関して、この本が検討を促す役割を果たしたことは特筆に値する。
10. Jules Michelet, La Sorcière [1862], Flammarion, Paris, 1966.
11. Alexandre Papadiamantis, Les Petites Filles et la Mort [1903]. ギリシャ語からの翻訳：Michel Saunier, Actes Sud, Arles, 1995.
12. Guy Bechtel, La Sorcière et l'Occident, op. cit.
13. Collectif, Réflexions autour d'un tabou : l'infanticide, op. cit.
14. Anne L. Barstow, Witchcraze, op. cit.
15. Source : www.gunviolencearchive.org.
16. «En 2015, un décès sur six dans le monde était lié à la pollution», HuffPost, 20 octobre 2017.
17. Francoise Vergès, Le Ventre des femmes. Capitalisme, racialisation, féminisme, Albin Michel, «Bibliothèque Idées», Paris, 2017.
18. Laurie Lisle, Without Child, op. cit.
19. Carolyn M. Morell, Unwomanly Conduct. The Challenges of Intentional Childlessness, Routledge, New York, 1994.
20. Corinne Maier, No Kid, op. cit.
21. Camille Ducellier, Sorcières, mes sœurs, Larsens Production, 2010, www.camilleducellier.com.
22. Chloé Delaume, Une femme avec personne dedans, Seuil, «Fiction & Cie», Paris, 2012. また、同コレクションより：Les Sorcières de la République (roman), 2016.
23. Charlotte Debest, Magali Mazuy et équipe de l'enquête Fecond, «Rester sans enfant : un choix de vie à contre-courant», Population & Sociétés, n° 508, février 2014.
24. Charlotte Debest, Le Choix d'une vie sans enfant, op. cit.
25. Gaëlle Dupont, «Natalité : vers la fin de l'exception française», Le Monde, 16

74. Cf. Nathalie Bajos et Michèle Ferrand, «La contraception, levier réel ou symbolique de la domination masculine», Sciences sociales et santé, vol. 22, n° 3, 2004.
75. もちろん、矛盾した命令の原則はここでも適用される。2010年、フランスのロット県で、オディール・トリヴィスは、「子どもとの距離が近すぎる」との理由で、それまでひとりで育ててきた3歳になる息子から引き離される。その理由がいかなるものであろうと（妊娠中、オディールは子どもの父親と別れただけではなく、癌とも闘わなければならなかった）、考慮されることはなかった。このことから、配偶者にとってプラスにならない場合、母親の役割に過度に傾注することは、とがめるべき行為になると結論づけるべきだろうか？ Antoine Perrin, «Une mère séparée de son fils car elle l'aime trop», BFMTV.com, 28 décembre 2010.
76. Adrienne Rich, Naître d'une femme, op. cit.
77. Sylvie Chaperon, «Haro sur Le Deuxième Sexe», in Christine Bard（dir.）, Un siècle d'antiféminisme, op. cit からの引用。
78. Erika Flahault, Une vie à soi, op. cit からの引用。
79. Jancee Dunn, «Women are supposed to give until they die», Lennyletter.com, 28 novembre 2017.
80. Les Chimères, maternité esclave, 10/18, Paris, 1975.
81. Mardy S. Ireland, Reconceiving Women. Separating Motherhood from Female Identity, Guilford Press, New York, 1993 からの引用。
82. Les Chimères, maternité esclave, op. cit.
83. Rebecca Traister, All the Single Ladies, op. cit.
84. Lucie Joubert, L'Envers du landau. Regard extérieur sur la maternité et ses débordements, Triptyque, Montréal, 2010 からの引用。
85. Nathalie Loiseau, Choisissez tout, Jean-Claude Lattès, Paris, 2014 ; Amy Richards, Opting In. Having a Child Without Losing Yourself, Farrar, Straus and Giroux, New York, 2008.
86. 現時点では、ホモセクシュアルのカップル内での分業について実施された調査はない。
87. Nathacha Appanah, «La petite vie secrète des femmes», La Croix, 18 mai 2017.
88. Erica Jong, La Peur de l'âge. Ne craignons pas nos cinquante ans [1994]. 英語（米国）からの翻訳：Dominique Rinaudo, Grasset & Fasquelle, Paris, 1996.
89. インタビュー：The Paris Review, n° 145, hiver 1997.

第2章

1. Les Chimères, maternité esclave, op. cit.

54. Armelle Le Bras-Chopard, Les Putains du Diable, op. cit.
55. Pam Grossman, «Avant-propos», in Taisia Kitaiskaia et Katy Horan, Literary Witches. A Celebration of Magical Women Writers, Seal Press, Berkeley, 2017.
56. ロビン・モーガンは、1969年当時を振り返って、証券取引所前でおこなったデモと同様にこのアクションを厳しく批判している。「会場に来ていた母娘がネズミに怯えて屈辱を感じただけでなく、ネズミもまた怯えて屈辱を覚えた」というのがその理由である。Robin Morgan, «Three articles on WITCH», Going Too Far, op. cit.
57. Colette Cosnier, «Maréchal, nous voilà ! ou Brigitte de Berthe Bernage», in Christine Bard（dir.）, Un siècle d'antiféminisme, op. cit.
58. Orna Donath, Regretting Motherhood. A Study, North Atlantic Books, Berkeley, 2017.
59. Titiou Lecoq, Libérées. Le combat féministe se gagne devant le panier de linge sale, Fayard, Paris, 2017.
60. Adrienne Rich, Naître d'une femme. La maternité en tant qu'expérience et institution. 英語（米国）からの翻訳：Jeanne Faure-Cousin, Denoël/Gonthier, «Femme», Paris, 1980.
61. Eliette Abécassis, Un heureux événement, Albin Michel, Paris, 2005.
62. Barbara Ehrenreich et Deirdre English, Fragiles ou contagieuses. Le pouvoir médical et le corps des femmes [1973]. 英語（米国）からの翻訳：Marie Valera, Cambourakis, «Sorcières», Paris, 2016.
63. Adrienne Rich, Naître d'une femme, op. cit.
64. Corinne Maier, No Kid. Quarante raisons de ne pas avoir d'enfant, Michalon, Paris, 2007.
65. Titiou Lecoq, Libérées, op. cit.
66. Barbara Ehrenreich et Deirdre English, Sorcières, sages-femmes et infirmières, op. cit.
67. Julia Blancheton, «Un tiers des femmes travaillent à temps partiel», Le Figaro, 8 juillet 2016.
68.「職種別男女の割合：雇用省調査統計局による調査」男女平等担当副大臣、2013年12月13日（www.egalite-femmes-hommes.gouv.fr.）
69. Silvia Federici, Caliban et la sorcière, op. cit.
70. Rachida El Azzouzi, «Marie Pezé : "Les violences sexuelles et sexistes sont dans le socle de notre société"», Mediapart.fr, 12 mai 2016.
71. Nancy Huston, Journal de la création, Actes Sud, Arles, 1990 からの引用。
72. Erica Jong, Le Complexe d'Icare, op. cit.
73. Pam Houston, «The trouble with having it all», in Meghan Daum（dir.）, Selfish, Shallow, and Self-Absorbed, op. cit からの引用。

Granger, from Salem to the Land of Oz, Red Wheel/Weiser, Newburyport, 2010.
31. Matilda Joslyn Gage, Woman, Church and State, op. cit.
32. Susan Faludi, Backlash. La guerre froide contre les femmes [1991]. 英語（米国）からの翻訳：Lise-Eliane Pomier, Evelyne Chatelain et Thérèse Réveillé, Editions des femmes/Antoinette Fouque, Paris, 1993.
33. 前掲書
34. 前掲書
35. Erika Flahault, «La triste image de la femme seule», in Christine Bard (dir.), Un siècle d'antiféminisme, Fayard, Paris, 1999 からの引用。
36. Susan Faludi, Backlash, op. cit.
37. Erika Flahault, Une vie à soi, op. cit.
38. なかでも、ほうれい線は美容外科の格好のターゲットだ。
39. Tracy McMillan, «Why you're not married», HuffPost, 13 février 2011.
40. Cf. Mona Chollet, «L'hypnose du bonheur familial», Chez soi, op. cit., chapitre 6.
41. Bruce Fretts, «Fatal Attraction oral history : rejected stars and a foul rabbit», The New York Times, 14 septembre 2017.
42. Susan Faludi, Backlash, op. cit.
43. Bruce Fretts, «Fatal Attraction oral history : rejected stars and a foul rabbit», art. cit.
44. Susan Faludi, Backlash, op. cit.
45. 前掲書
46. «Les sorcières», Hors-Serie.net, 20 février 2015.
47. «Au Ghana, des camps pour "sorcières"», Terriennes, TV5 Monde, 11 août 2014, http://information.tv5monde.com/terriennes.
48. Sylvie Braibant, «La Nuit des béguines, une histoire de femmes puissantes et émancipées au Moyen Age, racontée dans un livre», Terriennes, TV5 Monde, 13 octobre 2017, http://information.tv5monde.com/terriennes.
49. Guy Bechtel, Les Quatre Femmes de Dieu, op. cit からの引用。
50. Aline Kiner, La Nuit des béguines, Liana Levi, Paris, 2017.
51. Cf. Titiou Lecoq, «"Elle s'appelait Lauren, elle avait 24 ans" : une année de meurtres conjugaux», Libération, 30 juin 2017.
52. Cf. le Tumblr Les mots tuent, https://lesmotstuent.tumblr.com.
53. 一見すると、テレビドラマ版『奥さまは魔女』も似たようなシナリオだと思われるかもしれない。しかし、少なくともテレビでは、娘の従順さと娘婿のおめでたさに困惑するサマンサの母親エンドラの姿が副次的に描かれている。

9. Ariel Gore, We Were Witches, Feminist Press, New York, 2017.
10. Mike Martindale, «Michigan rapist gets joint custody», The Detroit News, 6 octobre 2017.
11. Cf. Loïc Wacquant, «Quand le président Clinton “réforme” la pauvreté», Le Monde diplomatique, septembre 1996.
12. Rebecca Traister, All the Single Ladies, op. cit.
13. このエピソードは、ピーター・クンハートのドキュメンタリーでも取り上げられている。Gloria. In Her Own Words, op. cit.
14. Eve Kay, «Call me Ms», The Guardian, Londres, 29 juin 2007.
15. Alix Girod de l'Ain, «Après vous Mademoiselle ?», Elle, 19 octobre 2011.
16. Claire Schneider, «N'appelez plus les féministes “Mademoiselle” !», Marie-claire.fr, 27 septembre 2011.
17. Heather Havrilesky, «“Tell me not to get married !”», Ask Polly, TheCut.com, 27 septembre 2017.
18. Charlotte Debest, Le Choix d'une vie sans enfant, PUR, «Le sens social», Rennes, 2014 からの引用。
19. Gloria Steinem, Revolution from Within. A Book of Self-Esteem, Little, Brown and Company, New York, 1992.
20. 1920年、ミス・フランスの前身である「フランス一の美女」コンクールを創設した。
21. André Soubiran, Lettre ouverte à une femme d'aujourd'hui, Rombaldi, Paris, 1973. Erika Flahault, Une vie à soi. Nouvelles formes de solitude au féminin, PUR, «Le sens social», Rennes, 2009 からの引用。
22. オーストラリアのフェミニズムの先駆者、マイルズ・フランクリン（1879－1954）のデビュー作を映画化したもの。
23. Laurie Lisle, Without Child. Challenging the Stigma of Childlessness, Ballantine Books, New York, 1996 からの引用。
24. Erica Jong, Le Complexe d'Icare [1973]. 英語（米国）からの翻訳：Georges Belmont, Robert Laffont, «Pavillons», Paris, 1976.
25. Gloria Steinem, My Life on the Road, Random House, New York, 2015.
26. Leah Fessler, «Gloria Steinem says Black women have always been more feminist than White women», Quartz, 8 décembre 2017.
27. Erika Flahault, Une vie à soi, op. cit.
28. Nadia Daam, «A quel moment les femmes célibataires sont-elles devenues des “femmes à chat” ?», Slate.fr, 16 janvier 2017.
29. Nadia Daam, Comment ne pas devenir une fille à chat. L'art d'être célibataire sans sentir la croquette, Mazarine, Paris, 2018.
30. Judika Illes, The Weiser Field Guide to Witches. From Hexes to Hermione

61. Armelle Le Bras-Chopard, Les Putains du Diable, op. cit.
62. Anne L. Barstow, Witchcraze, op. cit.
63. Armelle Le Bras-Chopard, Les Putains du Diable, op. cit.
64. Silvia Federici, Caliban et la sorcière, op. cit.
65. Guy Bechtel, La Sorcière et l'Occident, op. cit.
66. Matilda Joslyn Gage, Woman, Church and State, op. cit.
67. 彼らは、とくにホラティウスやオウィディウス（年老いた女性の体に対してひどい書き方をしている）に代表される古代の伝統を活性化した。
68. Silvia Federici, Caliban et la sorcière, op. cit.
69. 前掲書
70. Mona Chollet, Chez soi, op. cit.
71. Diane Wulwek, «Les cheveux gris ne se cachent plus», Le Monde 2, 24 février 2007.
72. Sophie Fontanel, Une apparition, Robert Laffont, Paris, 2017. Cf. Mona Chollet, «La revanche d'une blande», La Méridienne.info, 24 juin 2017.
73. Rebecca Traister, All the Single Ladies. Unmarried Women and the Rise of an Independent Nation, Simon & Schuster, New York, 2016 からの引用。
74. 子宮の中に留置して用いる避妊器具。 «stérilet» と呼ばれている。
75. Pam Houston, «The trouble with having it all», in Meghan Daum（dir.）, Selfish, Shallow, and Self-Absorbed. Sixteen Writers on the Decision Not to Have Kids, Picador, New York, 2015.
76. Sophie Fontanel, Une apparition, op. cit.
77. The Mindscape of Alan Moore, documentaire réalisé par DeZ Vylenz, 2003.

第１章
1. このエピソードは、ピーター・クンハートのドキュメンタリーでも取り上げられている。Gloria. In Her Own Words, HBO, 2011.
2. Rebecca Traister, All the Single Ladies, op. cit.
3. 当然、以前に結婚が批判されたことはなかったという意味ではない。
Cf. Voltairine de Cleyre, Le mariage est une mauvaise action [1907], Editions du Sextant, Paris, 2009.
4. Rebecca Traister, All the Single Ladies, op. cit.
5. Stephanie Cootz, A Strange Stirring. «The Feminine Mystique» and American Women at the Dawn of the 1960s, Basic Books, New York, 2011.
6. Cf. Kaitlyn Greenidge, «Secrets of the South», Lennyletter.com, 6 octobre 2017.
7. Rebecca Traister, All the Single Ladies, op. cit からの引用。
8. Cf. Serge Halimi, Le Grand Bond en arrière [2004], Fayard, Paris, 2006.

Télérama, 8 avril 2015.

42. キャンペーンの首謀者は、ハロウィーンが近かったからという情けない理由で、それを正当化した。こうして、ヒラリー・クリントンに対する聞くに堪えない批判の論拠（ただし、それ自体はほんとうだった）は聞かれなくなった（すなわち、国務長官として長年、ゲイ同士の結婚に反対していた、2009年に起きたホンジュラスのクーデタを支持し、その結果、2016年 3 月の環境保護運動家でフェミニストのベルタ・カセレスの暗殺を招いたなど）。Marie Solis, «Bernie Sanders official campaign site once invited supporters to “Bern the Witch”», Mic.com, 11 mars 2016.
43. Anne L. Barstow, Witchcraze, op. cit.
44. Kristen J. Sollee, Witches, Sluts, Feminists, op. cit.
45. Mæl, «Tremate tremate, le streghe son tornate ! Tremblez tremblez, les sorcières sont de retour ! – Introduction à la sorcellerie», Simonae.fr, 11 septembre 2017.
46. Starhawk, The Spiral Dance. A Rebirth of the Ancient Religion of the Goddess. 20th Anniversary Edition, HarperCollins, San Francisco, 1999.
47. Mona Chollet, La Tyrannie de la réalité [2004], Gallimard, «Folio Actuel», Paris, 2006 ; Chez soi. Une odyssée de l'espace domestique [2015], La Découverte, «La Découverte Poche/Essais», Paris, 2016.
48. Starhawk, Femmes, magie et politique, op. cit.
49. Starhawk, «Une réponse néopaïenne après le passage de l'ouragan Katrina», in Reclaim, recueil de textes écoféministes choisis et présentés par Emilie Hache, 英語からの翻訳：Emilie Notéris, Cambourakis, «Sorcières», Paris, 2016.
50. @witchpdx sur Instagram, 7 septembre 2017.
51. Manon Michel, «Le jour où Lana del Rey est devenue une sorcière anti-Trump», LesInrocks.com, 27 février 2017.
52. Alex Mar, Witches of America, Sarah Crichton Books, New York, 2015.
53. Corin Faife, «How witchcraft became a brand», BuzzFeed.com, 26 juillet 2017.
54. Jean Baudrillard, La Société de consommation, Denoël, Paris, 1970.
55. K-Hole, «K-Hole #5. A report on doubt», Khole.net, août 2015.
56. ブロガーのリリ・バーバリーによる紹介。«Lili's Week List #5», Lilibarbery.com, 18 octobre 2017.
57. Mary Daly, Gyn/Ecology. The Metaethics of Radical Feminism [1979], Beacon Press, Boston, 1990.
58. Françoise d'Eaubonne, Le Sexocide des sorcières, op. cit.
59. Guy Bechtel, La Sorcière et l'Occident, op. cit.
60. Anne L. Barstow, Witchcraze, op. cit.

New England, W. W. Norton & Company, New York, 1998.
20. Anne L. Barstow, Witchcraze, op. cit.
21. Armelle Le Bras-Chopard, Les Putains du Diable. Le procès en sorcellerie des femmes, Plon, Paris, 2006.
22. Jean Delumeau, La Peur en Occident（XIVe-XVIIIe siècle）. Une cité assiégée, Fayard, Paris, 1978.
23. Guy Bechtel, Les Quatre Femmes de Dieu. La putain, la sorcière, la sainte et Bécassine, Plon, Paris, 2000.
24. Colette Arnould, Histoire de la sorcellerie [1992], Tallandier, Paris, 2009.
25. Anne L. Barstow, Witchcraze, op. cit からの引用。
26. Carol F. Karlsen, The Devil in the Shape of a Woman, op. cit.
27. Barbara Ehrenreich et Deirdre English, Sorcières, sages-femmes et infirmières. Une histoire des femmes soignantes [1973], Cambourakis, «Sorcières», Paris, 2014.
28. Anne L. Barstow, Witchcraze, op. cit.
29. Robert Muchembled, Les Derniers Bûchers. Un village de France et ses sorcières sous Louis XIV, Ramsay, Paris, 1981.
30. Agathe Duparc, «Anna Göldi, sorcière enfin bien-aimée», Le Monde, 4 septembre 2008.
31. Anne L. Barstow, Witchcraze, op. cit.
32. Agathe Duparc, «Anna Göldi, sorcière enfin bien-aimée», art. cit.
33. «En Norvège, un monument hommage aux sorcières», HuffPost, 18 juin 2013.
34. Matilda Joslyn Gage, Woman, Church and State. The Original Exposé of Male Against the Female Sex, 1893.
35. Kristen J. Sollee, Witches, Sluts, Feminists. Conjuring the Sex Positive, ThreeL Media, Los Angeles, 2017.
36. Robin Morgan, «WITCH hexes Wall Street», Going Too Far. The Personal Chronicle of a Feminist, Random House/Vintage Paperbacks, New York, 1977.
37. Robin Morgan, «Three articles on WITCH», Going Too Far, op. cit.
38. 時代を通じた魔女の推移と文化的変容に関する詳細（挿絵を含む）は、以下を参照のこと。Cf. Julie Proust Tanguy, Sorcières ! Le sombre grimoire du féminin, Les Moutons électriques, Montélimar, 2015.
39. カナダ・ケベック州の歌手、ポーリーヌ・ジュリアンの歌をぜひ聴いてほしい（ユーチューブで視聴可能）。
40. Starhawk, Femmes, magie et politique. 英語（米国）からの翻訳：Morbic, Les Empêcheurs de penser en rond, Paris, 2003.
41. タイトルは “Rêver l'obscur”。Cf. Weronika Zarachowicz, «Tous sorcières !»,

原注

はじめに

1. Maria Gripe, Le Château des enfants volés. スウェーデン語からの翻訳：Görel Bjurström, Le Livre de poche Jeunesse, Paris, 1981.
2. Cf. Mona Chollet, Beauté fatale. Les nouveaux visages d'une aliénation féminine [2012], La Découverte, «La Découverte Poche/Essais», Paris, 2015.
3. Guy Bechtel, La Sorcière et l'Occident. La destruction de la sorcellerie en Europe, des origines aux grands bûchers, Plon, Paris, 1997.
4. «Dans le sillage des sorcières de Bruegel», Arte Journal, Arte, 8 avril 2016.
5. Guy Bechtel, La Sorcière et l'Occident, op. cit.
6. 前掲書
7. Françoise d'Eaubonne, Le Sexocide des sorcières, L'Esprit frappeur, Paris, 1999.
8. Guy Bechtel, La Sorcière et l'Occident, op. cit. 別のケースでは、反ユダヤ主義は単純な女嫌いに似ている。ドイツでは、割礼をしているユダヤ人男性は月に一度出血すると噂された。(Anne L. Barstow, Witchcraze. A New History of the European Witch Hunts, HarperCollins, New York, 1994).
9. Guy Bechtel, La Sorcière et l'Occident, op. cit.
10. Anne L. Barstow, Witchcraze, op. cit.
11. 前掲書
12. Guy Bechtel, La Sorcière et l'Occident, op. cit.
13. Silvia Federici, Caliban et la sorcière. Femmes, corps et accumulation primitive [2004]. 英語（米国）からの翻訳：le collectif Senonevero, Entremonde/Senonevero, Genève/Marseille, 2014.
14. Guy Bechtel, La Sorcière et l'Occident, op. cit.
15. 前掲書
16. Anne L. Barstow, Witchcraze, op. cit.
17. 前掲書
18. Guy Bechtel, La Sorcière et l'Occident, op. cit.
19. Carol F. Karlsen, The Devil in the Shape of a Woman. Witchcraft in Colonial

著者略歴

モナ・ショレは1973年、スイスのジュネーヴに生まれる。ジャーナリスト、エッセイスト。ジュネーヴで文学の学士号を取得後、フランスのリール・ジャーナリズム高等専門学校で学ぶ。

『シャルリー・エブド』紙でフリーの記者をつとめたのち、2016年から『ル・モンド・ディプロマティーク』紙編集長。フェミニズム、マスメディア、現代の社会的・政治的表象に関する著作多数。

訳者略歴

いぶきけい

1964年、島根県生まれ。東京都立大学人文学部（仏文学専攻）卒業。翻訳家。訳書に『暗闇の楽器』『赤外線』（水声社）、『友だちになれたら、きっと。』（すずき出版）、『ちいさな手のひら事典 ねこ』『フリーダ 切り絵でつむぐ９つの物語』（グラフィック社）、『マリー・キュリー――時代を生きた女性』（国書刊行会）などがある。

魔女（まじょ）――女性（じょせい）たちの不屈（ふくつ）の力（ちから）

2022年10月25日　初版第１刷発行

著　者　モナ・ショレ
訳　者　いぶきけい
発行者　佐藤今朝夫
発行所　株式会社 国書刊行会
〒174-0056 東京都板橋区志村１-13-15
TEL 03（5970）7421　FAX 03（5970）7427
https://www.kokusho.co.jp
装　幀　真志田桐子
印刷・製本　三松堂株式会社

定価はカバーに表示されています。落丁本・乱丁本はお取り替えいたします。
本書の無断転写（コピー）は著作権法上の例外を除き、禁じられています。

ISBN 978-4-336-07334-1